마·약·인·권·논·쟁

마약은 · 영국 편 ·
범죄가 아니다

마·약·인·권·논·쟁

마약은 ·영국 편·
범죄가 아니다

DRUGS

문성호 지음

KSi 한국학술정보㈜

 몇 해 전 저자는 삼, 즉 대마초의 범죄화 과정과 비범죄화 운동
에 관하여 『삼과 사람』(상하권)이라는 책을 낸 바 있다. 삼이 마약
에 속하지만 마약 사용자 중에서도 삼 사용자가 절대다수를 차지
하며 삼은 술 담배보다 덜 해로우므로 사용과 소지에 대해 형사처
벌하지 않는 비범죄화가 필요하다는 내용이다. 이때 해로움의 정
도만 차이가 있는 다른 마약들은 어떻게 할 것인가가 문제가 될
수 있었다. 실제로 다른 하드 드럭, 즉 강성 마약의 문제점을 해결
해 보기 위해 소프트 드럭, 즉 연성 마약의 대표격인 삼에 대해
비범죄화하는 측면도 있다.
 ‘대마초 즉 삼’의 경우 ‘비범죄화 방안’이 제기되고 있으며 네덜
란드, 영국, 스위스, 포르투갈, 독일, 프랑스, 호주, 남미국가들, 그
리고 미국 등을 비롯한 상당수 국가와 지역이나 주에서 삼 비범죄
화 정책이 실행에 옮겨지고 있다면, 이들 국가에서는 그와 동시에
헤로인, 코카인, 엑스터시 등 ‘하드 드럭을 포함한 마약 전반’에
대해서는 해악감소운동을 비롯하여 ‘합법화를 통한 다양한 합리적
규제 방안들’을 도입하도록 촉구하거나 실제로 상당수가 실행에
옮기고 있다. 이런 움직임의 근저에는 인권 문제가 가로놓여 있다.
 이 책은 이 문제를 총체적으로 드러내 정책대안을 모색하고 있
는 영국의 움직임을 중심으로 하여, 마약 전반의 인권 측면에서
‘합리적 규제’ 방안을 도출하기 위한 이론적 접근 노력과 실천적
운동 사례들을 소개하였다. 수백만 명에 달하는 마약 사용자들을

돌보며 이들의 인권 문제를 제기하는 의료계, 그리고 엄청난 수에 달하는 이들이 형사처벌을 받는 과정에서 야기되는 인권 문제 등에 대해 주목하는 법조계 등이 손을 맞잡고 마약과 인권의 괴리를 풀기 위해 지혜를 모으며 시민운동을 전개하고 있는 것이 영국을 비롯하여 많은 서구국가들의 현실이다. 이런 측면에서 보면 대마초 등급 완화라는 영국 정부의 마약정책 개혁조치는 합리적 규제 방안을 모색하는 과정에서 실행에 옮기게 된 한 가지 사례였을 따름이다.

이 책은 영국의 마약개혁운동과 마약인권을 위해 활동하는 시민운동단체인 릴리즈와 트랜스폼 측의 활동과 보고서 및 언론 등에서의 논의들을 중심으로 하여 쓰였다. 상당 부분 소개 수준에 머물러 있다. 그러나 이 분야가 우리나라에는 제대로 소개되어 있지 않은 상황에서 이런 작업도 나름대로 의미는 있다고 여겨진다.

1장은 마약이 범죄라는 입장과 아니라는 입장에서 사람들이 왜 마약을 하는지 그 원인들을 어떻게 인식하는가를 정리하였다. 현행 제도인 마약금지주의도 인권을 위해 합리적 규제 형태의 합법화 요청도 모두 왜 마약을 하는가에 대한 인식의 차이에서 비롯되는 측면이 강하다. 통상 마약은 범죄라는 입장에서는 중독론과 또래 집단의 압박론을, 마약은 범죄가 아니라는 입장에서는 즐거움이나 쾌락과 이국취향 등을 각각 사람들이 마약을 하게 되는 이유로 본다.

2장은 마약금지주의가 초래하는 문제점에 대해 영국의 시민단체 트랜스폼 보고서를 중심으로 정리하였다. 마약금지법은 5개 범죄 유형(국내외 조직범죄, 저소득 측 중독자가 주종을 이루는 획득범죄, 저소득층 여성섹스노동자 문제, 대마초만 해도 영국 국민 중 5백만 명 이상이 해당하는 마약의 생산 제조 공급 소지 범죄 등)을 창설한 것은 물론이고, 형사사법제도와 교도소 등의 위기, 수십억 파운드에 달하는 예산 낭비 및 세금탈루, 국민건강 훼손 및 해악의 극대화, 마약제조 국가들의 안정 저해, 인권훼손 등을 야기하고 있다.

3장은 대마초 등급 완화 및 대마초 사용과 소지의 비범죄화 등의 성과를 가져온 영국의 마약 합법화 논쟁을 정리하였다. 2000년을 전후로 하여 영국 의회 하원을 중심 무대로 삼아 치열하게 전개된 이 논쟁에는 언론, 시민사회, 정치권 등이 참여하였으며 마약 비범죄화나 합법화, 헤로인 처방, 해악감소전략 방안 등이 제시되었다.

4장은 마약 사용과 관련하여 국민건강과 인권 중 어느 것을 우선시할 것인가를 화두로, 『국제마약정책학회보』 지상을 통하여 전개된 학계의 마약의 합리적 규제 방안에 대한 정책 및 이론적 논쟁에 대해서 정리하였다. 이 논쟁의 주역인 닐 헌트는 이 책에서 소개하는 앤젤선언문 초안도 작성한 학자이다. 앤젤 선언은 영국 의회에서 마약정책대안을 마련하는 과정에서 마약학계 및 해악감소운동계에 대해 입장 표명을 요청하자 영국의 마약보건학계 및 마약 사용자 등이 의견을 집약하여 정부(의회)에 제출하였던 문건 이다. 이들은 마약 사용자의 "강한 인권론"에 바탕을 둔 입장을 정리한 바 있다.

5장은 영국의 일선 마약시민운동단체인 릴리즈의 역사, 활동 내 용 등을 그때그때 생생한 활동 사진들과 함께 소개하였다. 과거 우리나라 민주화 운동 과정에서 국가보안법 개정 내지 철폐운동이 나 집시법 위반자 등의 석방운동을 위한 시민단체활동과 유사하다. 영국 등 서구사회에서 전체 인구 중 1/3 정도가 연루된 마약문제 에 대해 대규모의 조직적인 시민운동이 벌어지는 것은 어쩌면 당 연한 것이라고 볼 수 있다.

6장은 2장과 함께 트랜스폼 측이 마약의 합리적 규제라는 정책대 안이 결국 현실화될 수밖에 없다며 제시한 마약 합법화 로드맵을 소개하였다. 트랜스폼의 로드맵에 따르면 세계수준에서 2007~2012 년 "마약 없는 세상"이라고 하는 유엔의 10개년 마약계획이 완전실 패로 귀착되는 시점이 되며, 진보적 국가들이 유엔 마약통제 시스템 에 대해 공개적인 도전장을 낼 것으로 보았다. 그리고 각국은 유엔 마약기구들이 제대로 활동하지 못하게 방해함으로써 유엔마약조약 이 쓸모없는 것이 되고 말 것으로 전망하였다. 2013~2018년 시기가 되면 작심한 연립국가군이 유엔마약조약을 탈퇴하기로 결정할 것이 며, 대부분의 마약들에 대하여 광범위한 국제적 합법화 및 규제 정책이 실시되고, 마약개혁을 추진하는 국가들끼리 쌍무적 마약협약이 체결될 것이라는 로드맵을 제시하였다.

우리나라에서도 외국인 노동자와 배우자, 성소수자, 양심적 병역 거부자 등과 더불어 대마초 등 마약 사용자의 인권에 대한 문제의식과 시정 노력이 힘겹게나마 진행되고 있다. 이 책은 우리나라 마약실태와 마약인권운동 등에 대해서는 숙제로 남겨두고 대신, 활발하게 마약인권 문제가 논의되면서 극히 부분적으로나마 정책 대안으로 실행에 옮겨지고 있는 영국의 사례를 짚어보는 데 집중하였다. 이를 계기로 하여 우리나라의 관심 있는 이들에게 조그마한 지침서가 될 수 있다면 하는 생각이다.

이 책을 쓸 수 있도록 릴리즈와 트랜스폼이 자료를 사용하도록 허락하여 준 데 대하여 감사드린다. 경찰학에서 마약문제의 중요성을 일깨워준 런던정치경제대학 법학과 로버트 레이너 교수, 우리나라 마약범죄학자 전경수 교수, 대마초 비범죄화 운동에 앞장서고 있는 영화배우 김부선 님, 그리고 삼포럼 분들에게도 고마움을 전한다. 마지막으로 성원을 아끼지 않은 집사람과 두 자식에게도 많은 시간을 함께하지 미안함과 함께 따뜻한 감사의 마음을 전한다.

2008년 서울 아차산 기슭에서 저자 씀

|차 례|

제1장 마약은 왜 하는가?

1. 마약은 범죄가 아니라는 입장

도대체 왜 마약을 하는가? 마약 사용자가 아닌 입장에서는 바로 이 질문이야말로 개혁적인 마약정책이 실효성을 가지기 위해서는 꼭 탄탄하게 그 이유를 파악해 두어야만 하는 핵심 사항일 수밖에 없다. 마치 범죄수사에 있어서 범행동기에 대한 문제와 마찬가지로 왜 마약을 하게 되는가 하는 점이야말로 마약 사용 패턴을 해명하며, 마약이 사용자 개인 및 사회 전반에 끼칠 수 있는 해악을 줄이는 데 동원할 수 있는 각종 전략들을 올바르게 평가하는 핵심 열쇠가 되기 때문이다. 하지만 지금까지 이 문제는 불법마약 사용에 있어서 그야말로 가장 표피적으로만 다뤄져 왔음을 부인할 수 없으며, 여전히 의문투성이인 가정들만이 지배하고 있는 실정이다.

사태가 왜 이 지경이 되었는가에 대하여 일단 채택되어 통용되는 이유는 적어도 다음 두 가지를 들 수 있다.

첫째, 마약정책은 기본적으로 '문제가 되는' 마약 사용에 대해 대처하고자 하며, 이 문제성 있는 마약 사용을 마약 사용 그 자체에 대한 모델로 설정하여 다루는 것이다. 하지만 이 문제성 있는 마약 사용자들은 여러 가지 방식으로 규정 내지는 개념정의가 이루어져 있기는 하나, 어쨌든 이는 마약 사용자 전체 중에서 차지하는 비율이 3% 남짓에 불과하며, 마약을 하게 되는 동기에 있어서도 대체로 보아 보통의 마약 사용자들과 전혀 다르다. 따라서 통상적인 마약 사용자들의 마약 사용 동기 부분은 마약정책의 핵심에 대해서 거의 관계가 없으며 오로지 스쳐지나가는 정도의 관계밖에 없다고 보아야 한다. 하지만 전체 마약 사용자 중 3%에 대해 대처하는 데 투입 가능한 인력과 예산과 시간 등의 97%를 써버리도록 하는 데 동의한다면, 보통의 마약 사용자인 이들 97%에 대해 그런 여력의 3%만이라도 쓸 만한 가치는 충분히 있고도 넘칠 정도라고 해야 할 것이다.

둘째, 의학계 및 정신의학계 측에 대해서는 좀 안 된 말이 되겠지만 '약물남용'이라는 말이 과학적 용어로 점점 더 많이 그야말로 남용이라고 할 정도로 사용되고 있음에도 불구하고, 마약 사용의 여러 동기들에 대해 명확하며 치우침 없이 알며 이해하게 되면 될수록 이 용어 자체가 다분히 가치판단 및 윤리적 설교의 요소를 포함하고 있다는 사실이 드러날 수밖에 없다. 따라서 의학계나 정신의학계의 담론이란 기껏해야 어떤 주어져 있는 이유들로 인해 마약을 하게 된다는, 전혀 해명된 바 없는 기존의 자세를 뒷받침하는 것에 불과할 따름이다.

(1) 마약을 하는 전형적인 이유로 내세워지는 두 가지

첫째, 역사적으로 마약 사용의 기본적인 설명구도는 '중독'론이다. 지금도 마찬가지이다. 이는 레빈슈타인과 크래펠린 같은 초기 정신의학자들이 내세웠던 것으로서, 미국 연방마약청의 해리 안슬링거 같은 법집행기관이 모든 불법마약 사용의 유일한 동기라는 형태로 바로 이 입장을 견지했던 바 있다. 중독론이 가지는 호소력의 핵심은 다른 온갖 동기들에 대한 논의를 모두 건너뛰게 만든다는 점에 있다. 요컨대 마약 사용자들은 단지 마약을 하지 않으면 안 되기 때문에 마약을 한다고 보는 것이다. 그러나 중독론이 가진 커다란 문제점은 예컨대 신진대사욕망, 내성, 의존증 등과 같은 특정의 임상적 증상으로서의 중독이란 심지어는 장기간 동안 마약을 사용해 온 사람들에게조차 극히 일부에 대해서만 제대로 설명할 뿐이며, 시험적으로 한두 번 해 보는 것이나 레크리에이션용 사용에 대해서는 도대체 전혀 설명하지 못한다는 점에 있다.

둘째, 이런 문제점을 인식하게 되자 이번에는 또 다른 표준적인 마약 사용 동기 설명방식이 대두하게 되는데 이는 또래들의 압박론을 들고 나오기에 이른다. 전형적으로 이른바 마약예방교육은 또래들 압박이야말로 마약에 입문하는 동기라고 보면서 이를 물리치기 위해 '난 안 해라고 말하기' 운동을 벌인다. 그러나 또래들 압박이라는 동기론 역시 실제 사실관계와는 제대로 들어맞질 않는다. 영국 엑시터대학 보건교육원 측의 연구 및 이를 뒷받침하는 미국 쪽에서 진행한 연구 등에 따르면, 한두 번 정도 시험적으로 약물을 하게 된 십대들의 경우 오히려 자존심이 보통 아이들보다 더 센 것으로 나타났다. 요컨대 이들이 또래들 압박에 굴하여 마약을 하게 될 가능성은 별로 없다는 것이다. 이 이론은 잘못 알려진 마약 사용 동기론이 부모들을 공포로 몰아넣거나 부모들로 하여금 정부 측에 대하여 우려를 금치 못하도록 만드는 데 성공했을지는 몰라도 마약예방이라고 하는 기본목표에 실효성 있게 대처하는 방법이 되고 있지는 못하다.

(2) 잘 알려져 있지 않은 다른 이유 두 가지

이상과는 대조적으로 마약정책 논의과정에서 제대로 거론되진 않지만 외부의 관찰자 입장에서 가장 명백한 동기는 쾌락(즐거움)이라고 하는 게 있다. 기본적으로 쾌락이야말로 모든 불법마약을 규정하는 질적 요건이다. 남용되는 불법마약이란 쾌락의 효능이 있으며 쾌락의 효능이 없는 마약은 남용되지 않는다고 본다. 나아가 역사상 그리고 모든 문명권에서 쾌락을 얻기 위한 마약 사용 사례는 매우 손쉽게 찾아볼 수 있으며, 로날드 지겔(Ronald K. Siegel) 같은 행동심리학자들은 쾌락을 얻기 위한 이런 식의 약물 사용은 심지어 동물세계에서까지도 널리 퍼져 있다는 사실을 밝혀냈다.

그러나 많은 마약 사용자들에게 쾌락을 얻는 게 마약을 하는 동기인 것은 분명하지만, 이 동기론은 예컨대 영국의 압도적으로 처벌 위주인 마약정책 논의과정에서는 언제나 불편하기만 한 존재였다. 쾌락이라는 동기에 대해 언급할 때는 꼭 부정적인 수식어, 즉 "사소하며 별 것도 아닌 쾌락", "표피적인 쾌락", 가장 모순적인 표현으로는 "실체가 없는 가공의 쾌락" 등으로 부르곤 한다. 마약 사용자 다수가 쾌락을 위해 마약을 한다는 점을 받아들인다면, 동일한 이유로 마약을 하여 얻게 되는 쾌락이라고 하는 게 정말 효과가 있으며 해 볼 만한 것이며 비교적 위험도 적다는 점도 인정해야 한다. 나아가 마약정책 논의과정에서 쾌락의 문제는 말은 안 하지만 매우 강력한 기반을 갖고 있다는 점도 인정해야 한다. 예컨대 쾌락은 헤로인 유지요법과 메타돈 유지요법 양자를 구별하는 가장 중요한 측면으로 되어 있기 때문이다.

그 다음, 마약을 사용하는 두 번째 동기는 일반적으로는 인정하지 않고 있으며 심지어 이 두 번째 동기를 부르는 용어조차도 제대로 확립되어 있지 않은 실정이다. 그러나 대체로 이 두 번째 동기를 '소비자의 이국취향 선호' 정도로 명명할 수 있을 것이다. 바로 이 동기 측면이야말로 영국의 경우 지난 30여 년 동안 마약예방에 수십억 파운드(한화 수조 원)를 쏟아 부었음에도 불구하고 오히려 마약 사용률은 급증해 온 현상을 가장 신뢰도 높게 설명해 준다. 예컨대 1950년대만 해도 영국시민들 대부분 아보카도라는 열대성 식용과일조차도 불신이 커서 먹으려 하지 않았다. 하지만 이제는 정말 즐거운 마음으로 슈퍼마켓에서 이 과일을 사먹고 있다. 음식, 옷, 휴가지 등을 선택할 때 모험심을 자극하는 소비문화로 인해 그리고 그런 대담한 선택을 통해 자신의 가치가 고양된다는 사실을 알고 느껴야 한다는 온갖 메시지들이 홍수를 이루게 되면서, 재미를 붙이며 관심을 가져야 하는 마약은 오로지 술에 국한해야 한다며 이를 믿고 받아들이도록 요구하는 것은 그야말로 앞뒤가 맞지 않는 모순에 불과할 뿐만 아니라 절대다수의 현대문화 현상에도 반하는 것이 되고 말았다.

또래들 압박 같은 동기론보다는 오히려 이러한 '시식 내지는 시음 문화론'(sampling culture)이야말로 오늘날 시험적으로 마약을 해 보는 약물문화가 성장해 온 것을 제대로 설명해 주며 또한 예측도 가장 잘 해 준다. 왜 마약을 하지 않는가를 둘러싼 이유에 대해 서베이 조사가 이루어진 게 거의 없지만 그나마 실시된 몇몇 서베이 조사에 따르면 마약을 하지 않는 가장 큰 동기 및 다수 사람들이 내세운 동기는 '단순히 관심이 없어서'를 꼽았으며 그다음은 '건강이 위험해질까봐 걱정되어서'라는 항목인 것으로 나타나 있다. 마약을 하지 않고 절제하는 동기로서 '마약이 불법이어서'를 꼽은 응답자는 극히 적었으며, 이는 서구사회에서 합법마약이든 불법마약이든 상관없이 마약 사용률은 자연스럽게 그 한계점에 거의 도달해 가고 있음을 나타낸다.

(3) 문제성 있는 마약 사용

왜 마약을 하며 거꾸로 왜 안 하는가에 대해 이상과 같이 개략적 설명만 보더라도 의심의 여지가 많은 중독이나 또래들 압박이라는 동기론이 제시하는 것과는 전혀 다르게 문제성 있는 마약 사용 모델을 새롭게 구축해 볼 수 있다. 기본적으로 원하기 때문에 마약을 하는 것이라면 그리고 마약 사용에서 역기능보다는 쾌락과 순기능이 훨씬 더 통상적인 것이라고 한다면, 문제성 있는 마약 사용은 도대체 왜 그리고 어떠한 조건과 환경에서 일어나게 되는 것일까?

여기서는 두 가지 서로 다른 이유를 제시하고자 한다.

첫째는 무지이다. 특히 순도나 정량에 대한 무지이며, 가장 흔한 무지는 아편제나 합성헤로인에 대한 무지이다. 아편제나 합성헤로인의 효능과 위험은 서로 비슷하다. 이 문제는 자연산 천연마약이나 식물형태보다 합성마약 혹은 농축마약에서 전형적으로 나타나는 문제점이다. 이것은 역사적으로 금지주의 정책 및 선택의 폭과 정보 부족 때문에 발생하는 문제성 있는 마약 사용의 전형적인 패턴이며, 메타암페타민 주사 사용자와 1920년대 금주법 시대 미국의 메틸알코올 음주자에서 오늘날 진정제 남용자나 유기용제 흡입자 등에 이르기까지 그 사례가 다양하게 나타난다.

다음으로 문제성 있는 마약 사용의 두 번째 이유는 마약 사용을 시작하기 전에 사용자가 처해 있는 상황이라는 요인이다. 이들이 도저히 해결할 수 없는 문제 상황에서 도피해 버리기 위하여 혹은 달리 참아 낼 수 없는 상황(가난이나 실업과 같은 사회적 박탈이나 감옥형)을 참아 보기 위한 시도로서 마약을 하게 되었다면 이는 쾌락이라는 통상적인 동기와 일치하는 것이긴 하지만, 법적인 진실성을 갖는 신진대사 중독증이 있든 없든 간에 만성적이며 기능장애가 있는 습관성이 있는 것이다. 이런 의미에서 문제성 있는 마약 사용이란 다른 대안 바꿔 말해 정공법적인 대처, 즉 자기방어보다 더 선호된다는 뜻에서만 쾌락으로 이해할 수 있는 것이다.

외부의 제3자 관찰자 입장에서 보면 처음부터 현실주의적인 재검토 입장을 취했다면 마약 사용의 이러저러한 동기들이라고 하는 게 실효성 있는 마약정책의 역할이 어떠해야 하는가에 대하여 새롭게 착상할 수 있었을 것이다. 이는 결국 문제성 있는 마약 사용이란 통상적으로 있는 흔한 일이 아닌 예외적인 것에 불과하며, 레크리에이션용 사용이나 문제성 있는 사용 모두 형사상 처벌 위주 정책을 통해서는 제대로 감소시킬 수 있는 성질의 것은 아님을 여실히 보여준다. 나아가 문제성 있는 마약 사용을 감소시키는 가장 실효성 있는 방법이란 것도 바탕에 깔려 있는 근원적인 조건들에 대한 분석과 목표설정에 입각한 정확하며 치우침 없는 지식을 제공하는 데 있다는 점도 잘 보여주고 있다.

이 부분은 마이크 제이(Mike Jay)의 다음 글을 바탕으로 하여 쓰여졌다. "Why do people take drugs?", www.tdpf.org.uk/Policy-PolicyBriefings-WhyDoPeopleTakeDrugs.htm 마이크 제이는 TDPF 이사이자 프리랜서 저술가, 기자 등으로 활동하고 있으며, '마약정

책 재검토 시민연대' 대표로 일한 바 있다. 저서로는 『19세기 마약, 꿈의 황제(Emperors of Dreams: Drugs in the Nineteenth Century)』, 편저서로 『인공 패러다이스(Artificial Paradises)』(펭귄 문고) 등이 있다.

2. 마약은 범죄라는 입장

크게 개인적 요인과 사회적 요인으로 나눠볼 수 있다. 먼저 개인의 심리적 요인으로 다음 네 가지로 정리해 볼 수 있다.

첫째, 현실도피 심리이다. 문제를 직면하여 해결하기보다는 다른 방법을 통해 정서적인 긴장, 불안, 우울, 권태, 외로움 등의 상황에서 회피하려 할 때 약물은 하나의 좋은 도피수단이 된다. 도피성 심리가 반복될수록 문제를 해결하는 능력은 더욱 떨어지게 되고, 세월이 가면 갈수록 도피심리가 더욱 심해져 심각한 약물중독으로 진행될 수 있다.

둘째, 대리만족형이다. 억압된 성(性)적, 공격적, 자기충동적, 성취적 욕구의 좌절 등이 있을 때, 이를 현실이 아닌 약물의 세계에서나마 대리로 만족을 추구한다. 이러한 경우의 약물에 의한 반응은 즉각적이다.

셋째, 종교적 영적 요소를 들 수 있다. 어떤 사람들의 경우, 영적인 각성을 위해, 종교적인 의식을 고양시키기 위해 약물을 남용한다. 약물을 남용하면 남용자의 인지변화를 일으켜 영적인 상태를 체험할 수 있다고 믿기 때문이다.

넷째, 오락이나 사회적 또래 집단들에서 유발되는 측면이 있다. 마약류 및 약물은 집단내의 동지애적 감정이나 모험심을 증가시키고 좋은 느낌에 대한 갈망이나 욕구 등을 충족시키는 수단으로 사용된다. 혹은 행복을 경험하기 위해 또는 지루함을 벗어나기 위해 약물을 남용한다.

다음으로, 마약을 하게 되는 사회적 요인도 다음 네 가지로 정리해 볼 수 있다.

첫째, 접근성 측면으로서, 약물사용 역할모델에 더 크게 노출될수록 마약을 하게 될 가능성이 커진다. 청소년들은 존경하는 사람을 닮아가려는 강력한 욕구가 있는데, 자신이 존경하는 선배, 혹은 연예인 등이 약물과 관련되어 있다면 따라할 가능성이 높다. 미국 연예인들의 마약 남용이 미국사회 전반에 커다란 영향을 미치는 것이 좋은 사례가 된다. 약물을 사용하는 또래집단과 성인과 더 많이 교제할 때, 사람은 사회적 행동을 배우고 수용하는 방법으로 집단에 참가하고 동료들의 행동에 대처하는데, 동료집단의 압력은 개인의 행동에 명백한 영향을 미친다. 약물남용이 보편화된 환경에서 생활하는 청소년들은 약물남용이 여러 나쁜 행동 중의 하나에 불과하며, 약물 남용이 일반 청소년 사이에서도 보편적으로 일어나고 있는 일인 것처럼 인식함으로써 자신의 약물남용행위에 대한 죄의식을 약화시킨다.

둘째, 미약한 처벌로 인한 측면으로서, 대부분의 일탈행동과 마찬가지로, 긍정적인 보상은 더 많은 반면 부정적인 반작용이나 처벌은 더 적을 때, 사회적 통제가 제대로 이뤄지지 않을 때 약물사용이 초래된다. 대부분의 사람들이 일탈이나 범죄행위를 하지 않는 것은 관습적 사회제도와의 강한 연결 때문이다. 이 연결이 약하거나 깨진다면 우리는 사회의 규칙으로부터 풀려나 약물사용까지를 포함한 일탈행동을 하게 된다. 사회적 관습을 더 잘 지킬수록 사회의 가치와 규범을 위반하는 행동을 할 가능성이 낮다. 즉 약물남용자는 집단 상호작용 속에서 약물남용은 격려와 보상의 정도가 처벌이나 대가를 크게 앞선다고 느낀다. 대부분의 사회적 집단이 인습적 지향성을 갖고 순응적 행동을 사회적으로 강화하지만, 다른 일탈적 집단은 약물남용을 강화하여 약물남용을 묵인하고 격려하며 약물남용을 모방한다.

셋째, 사회적 인식 측면으로서, 약물사용에 대해 중립적이거나 부정적인 정의를 하기보다 긍정적인 정의를 할 때, 약물을 사용할 가능성은 더 높아진다. 예컨대 마리화나 합법화 논란을 들 수 있다.

넷째, 미국 내의 마약 관련 이익집단 측면을 들 수 있다. 미국 내 약물사용에 우호적인 태도를 가진 특정사회집단과의 관련이 개인이 약물사용을 배우는 요인이 될 수 있다. 예컨대 미국 시민단체 NORML의 마리화나 비범죄화 운동을 들 수 있다.

마약범죄의 원인을 설명하는 이론은 심리학 이론, 사회학 이론, 생물학 이론 등 크게 셋으로 대별된다.

(1) 심리학 이론

마약남용의 심리학적 원인에 대해 설명하는 이론들에는 정신의 역동적인 면을 강조하는 정신분석이론과 성격 면에서 약물남용자의 성격이 비사용자들과 다르다는 것을 강조하는 인성이론이 있다.

1) 정신분석이론

정신분석이론에서는 인간은 본능적으로 쾌락을 찾고 고통을 피하고자 하는데 이것은 유아기와 아동기의 해결되지 않는 갈등의 결과라고 설명한다. 약물남용자들이 약물을 사용하는 것은 이러한 갈등을 본질적으로 처리하는 것이 아니라 밖으로 표출하는 미성숙한 반응이라는 것이다.

즉 적절한 행동은 자아의 세 요소 id, ego, super ego가 조화롭게 기능하는 가운데 나오는데 성공적인 발달 단계(구강기, 항문기, 남근기, 생식기)를 경험하지 못한 약물남용자는 자아의 3요소가 파괴적 상호작용을 함으로써 약물을 사용하게 된다고 설명한다. 정신분석이론은 약물중독에 대해 두 가지로 설명하는데 한 가지는 개인은 약물에 취하게 될 때 매우 유쾌하다는 것을 알게 된다는 것이다. 즉 약물로 인해 전에 없던 강한 쾌감을 경험한 사람은 그 결과가 파괴적이라 해도 남용을 하게 된다. 보통 이러한 강한 쾌감효과는 약물에 대한 직접적인 감각적 만족보다는 불안과 갈등으로부터 벗어나려는 데 그 사용원인이 있다.

또 다른 설명은 중독의 고통스러운 결과를 피하는 능력이 모자라다는 설명이다. 약물을 남용하게 되면 능력 상실 등의 부작용이 오는데 이때 이런 부작용을 알고도 피하는 능력이 없어 중독으로 가게 된다는 설명이다.

정신분석이론은 약물남용자의 자기파괴적 행동설명에 잘 적용된다. 그러나 정신분석이론은 비합리적인 동기와 내적 갈등을 강조하여 인간이 성장하면서 발전한다는 점과 환경적 요인을 무시하는 경향이 있고 중독 원인에 대해서도 충분한 설명을 하고 있지 못하다는 지적이 있다.

2) 인성이론

인성이론은 심리적 병리와 인성의 부적절성 개념에서 출발한다. 즉 특정개인의 정서적 심리적 삶에는 그들을 약물에 매료시키는 뭔가 잘못된 것이 있다고 본다. 약물남용자들은 약물을 삶의 문제를 회피하고 도취적 행복감을 느끼려고 '현실로부터의 도피' 수단으로 사용한다. 인성이론가들에 의하면, 도취는 책임감, 독립성 및 장기적 목표를 성취하기 위해 쾌락주의적 충족을 미룰 수 있는 능력이 결핍되어 있는 덜 성숙한 개인의 적응기제이다. 약물사용이 삶의 문제를 어느 정도 덜어준다고 해도 이는 전적으로 부정적 방식의 적응기제일 따름이다. 즉 문제는 해결되지 않고 가려질 뿐이며 그러는 동안 약물사용 자체가 다른 심각한 문제들을 생성해 낸다. 이러한 부적절한 성격문제를 가지고 있지 않는 정상적인 사람들에게는 약물이 매력적이지 않고 이를 사용하게 되지 않는다고 본다.

달리 아들러이론에서는 약물남용에 대한 해석을 개인의 열등감 콤플렉스에 초점을 맞춘다. 즉 개인에게 있어서 인식된 열등감은 사회적 참여회피의 원인이 되고 보상적 쾌락추구의 원인이 된다. 약물남용은 그러한 방어기제 중 하나가 될 수 있다. 스트레스에 대처하는 데 실패한 남용자들이 방어기제를 강화하기 위해서 약물을 사용하기도 한다. 그러나 약물에 의존하는 사람들은 실제로 약물이 장애를 극복할 수 있는 능력을 촉진시킨다고 믿는다.

이와 같이 부적절한 성격은 약물남용이라는 방어기제를 발생시킨다. 물론 약물남용자 모두가 같은 정도로 성격 부적절성과 결함을 공유하지는 않는다. 일부는 단순히 사회압력이나 구입가능성 때문에 실험적으로 사용할 수 있다. 그러나 성격이 부적절할수록 약물사용에 깊이 관련될 가능성이 커지고 남용의 가능성이 커진다.

(2) 사회학 이론

사회학적 관점은 사회구조적인 요인을 이론의 초점으로 삼는다. 여기에서 논의되는 중요한 요인은 개인의 특성에 초점을 맞추는 것이 아니라 개인이 놓여 있는 상황, 사회관계 또는 사회구조이다. 대표적인 이론으로 사회학습이론, 사회통제이론 및 하위문화이론이 있다.

1) 사회학습이론

사회학습이론은 행동이 보상과 처벌 또는 상황에 의해 형성된다고 본다. 특정 행위에 대한 과거와 현재의 보상 및 처벌이 개인이 추구하는 행위를 결정한다. 보상과 처벌 그리고 특정행동에 대한 규범적 규정이 중요 개념이다.

사회학습이론은 약물사용을 설명하는 데 명백하게 적용된다. 즉 약물남용은 약물을 사용하는 것이 보상을 주는 집단에 노출되는 것으로 설명될 수 있다고 본다. 이 집단들은 규정에의 노출, 모델의 모방, 특정약물의 사용 또는 절제에 대한 사회적 강화가 일어나는 사회적 환경을 제공한다. 규범적 규정은 모방을 통해 학습되고 관련된 집단의 구성원에 의해 사회적으로 강화된다. 이와 같이 약물사용 및 남용이 결정되는 것은 일정 행동에 대한 약물의 강화효과, 사회적 강화, 약물사용모델에의 노출, 약물사용 동료와의 관련을 통한 결합, 동료, 부모, 법의 부정적 체계에 달려 있다. 따라서 사회학습이론에 의하면 약물의 사용 또는 회피되는 정도는 그

행동이 대안적인 행동에 비해 어느 정도 차별적으로 강화되었느냐에 달려 있다.

그러므로 이 이론에서 약물남용은 직접적인 사회화 과정에서 나타난다고 가정한다. 즉 약물남용자는 집단 상호작용 속에서 약물남용은 격려와 보상의 정도가 처벌이나 대가를 크게 앞선다고 느낀다. 대부분의 사회적 집단이 인습적 지향성을 갖고, 순응적 행동을 사회적으로 강화하지만 일탈적 집단은 약물남용을 강화하여 약물남용을 묵인하고 격려하며 약물남용이 모방되는 상황을 제공해 준다고 본다.

2) 사회통제이론

사회통제이론은 인간이 본래부터 일탈가능성을 가지고 있으며 사회통제 및 사회적 유대와의 결속력이 약할 때 일탈적 행동을 하게 된다고 본다. 그러므로 통제이론의 주요 변수는 행동을 규제하며 약물남용에 대한 자연적 충동을 억제하는 사회통제력이다. 이런 통제는 행동의 결과로 기대되는 처벌과 보상을 포함한다. 이러한 처벌과 보상은 사적(내면적) 혹은 사회적(외부적)으로 일어난다.

사회통제이론은 아래 하위문화이론과 많은 유사성이 있으나, 차이도 있다. 하위문화이론이 약물사용의 문제를 "왜 그것을 하는가?", 즉 어떤 집단과정이 약물의 사용을 촉진하는가 하는 관점에서 접근하는 반면, 사회통제이론은 "왜 그들은 그것을 하지 않는가?"를 묻는다. 사회통제이론은 관습적 개념으로부터 일탈은 문제로 보지 않고 오락적 약물사용과 같은 일탈적 행동의 유혹을 당연시한다. 사회통제이론은 왜 대부분의 사람들은 일탈을 하지 않는가에 초점을 맞춘다. 그들이 쾌감을 느끼기 위해 왜 약물을 사용하지 않는가가 중요하다는 것이다. 약물사용을 초래하는 것은 대부분의 일탈행동과 마찬가지로 동조를 초래하는 사회통제의 부재이다. 대부분의 사람들이 일탈이나 범죄행위를 하지 않는 것은 관습적 사회제도와의 강한 연결 때문이다. 이 연결이 약하거나 깨진다면 우리는 사회의 규칙으로부터 풀려나 약물사용까지를 포함한 일탈행동을 하게 된다. 관습적 사회에 더 많이 밀착되어 있을수록 이를 위반하는 행동을 할 가능성은 낮아진다.

3) 하위문화이론

하위문화이론은 약물사용에 우호적인 태도를 가진 특정사회집단과의 관련이 개인이 약물사용을 배우는 핵심요인이라는 주장이다. 하위문화이론을 약물사용에 최초로 적용한 학자는 하워드 베커(Howard S. Becker)이다. 그는 마리화나 사용자가 되는 과정에 초점을 맞추었다. 사용자와 비사용자를 구분하는 특성, 즉 사용자를 약물로 몰고 가는 것은 사용자의 그 무엇 때문인가 하는 측면보다, 오히려 '어떻게 하여 사람은 쾌락을 성취하기 위해 계속 사용하게 될 정도로 마리화나를 사용, 경험하게 되는가'에 초점을 맞춘다. 마리화나 의존현상은 다음 3가지 상황에서 일어난다.

첫째, 마리화나의 쾌락을 알기 위해서는 마리화나를 사용하는 법을 배워야 한다. 즉 마리화나를 피우는 기술을 배워야 한다.

둘째, 마리화나의 효과는 미묘하고 모호하기 때문에, 이 효과를 인지하는 것을 배워야 한다. 즉 뭔가가 자기의 몸과 마음에 일어나고 있으며 이 효과를 내는 것은 마리화나라는 것을 깨닫도록 배워야 한다.

셋째, 그 효과를 즐기는 것을 배워야 한다. 마리화나가 생성하는 감각은 그 자체로는 본래적으로 쾌락적인 것은 아니다. 자기의 몸에 무엇이 일어나고 있는지 알지 못하고서는 마리화나 흡입 시 따라오는 느낌은 불쾌하며, 불안정하고, 방향감각이 없으며, 불편하고, 혼란스러우며, 심지어 무섭기까지 하다. 약의 효과가 유쾌한 것으로 개념화되고 규정되고 해석되어야 한다.

이 세 가지 과정이 어떻게 나오는가? 베커에 의하면 "사용자들의 집단에의 참여정도에 달려 있다. 적극적인 참여분위기에서 개인은 다른 사람의 말을 통해 마리화나 사용의 부정적 느낌이 사라지게 된다."는 것이다.

그리고 이들이 계속적으로 약물을 사용하기 위해서는 적절한 공급을 받을 수 있는 곳을 확보해야 한다. 공급을 받기 위해서는 공급이 가능한 집단에 참여해야 한다.

하위문화집단에서 신참약물사용자는 고참사용자로부터 일반 사회가 약물을 용인하지 않는 관습에 대처하는 방법을 배우게 된다. 예컨대 약물사용자들은 "알코올이 마리화나보다 더 해롭다." "마리화나는 다른 것에 비해 특별히 해롭지 않다." "마리화나의 효과는 주로 이로운 것이다." 등을 배운다. 즉 개인은 다른 사용자와 함께 있으면서 약물경험을 통해 얻은 '내부'의 관점으로 외부의 부정적 태도를 대치하게 된다. 하위문화에서 개인은 약물사용이 가능하다는 것으로 배우고, 사용과정 중에 더 많은 사용을 위한 동기를 제공하는 정당화의 기술을 배운다.

이 하위문화이론은 개인의 약물사용은 하위문화와의 관련이 핵심요인이라고 보고 있다. 사람들은 혼자서 약물사용을 시작할 수 없다. 신참자에게 사용을 설명해 주고 약물을 제공해 주고 역할모델을 제공해 주는 사회 서클이 없이는 개인의 특성은 아무것도 설명하지 못한다. 특히 정기적 사용이 일어날 수 있는 것은 다른 사용자와의 접촉을 통해서뿐이라고 본다.

(3) 생물학 이론

생물학 이론은 개인내의 신체적 메커니즘이 약물사용을 유도하거나 일단 노출 후에 남용하게 한다고 본다. 여기에는 유전이론과 생화학적 이론이 있다.

1) 유전이론

유전이론은 개인의 유전적 요소가 약물남용에 기울도록 만든다고 본다. 즉 유전자의 합성이 약물남용에 적합한 생물학적 메커니즘에 영향을 준다는 것이다. 예컨대 약물을 사용하는 경우, 사람에 따라 고통의 정도가 다르며, 약물의 정신적 영향도 다르고, 신체가 약물을 조정하는 수준도 차이가 있으며, 또한 특정수준의 취한 상태에 이르는 것이 개인에 따라 다를 수 있고, 지속적 사용에도 영향을 주는 것이 모두 유전적 요인에 기인하는 것이라고 설명한다. 이러한 유전적 구조가 환경 및 성격 요인과 결합하여 특정 개인이나 집단에 유의미하게 높은 약물중독률을 만들어 낼 수 있다고 설명한다.

약물사용에서 유전적 요인을 예시하는 연구들은 알코올 중독에 초점을 둔 것이었다. 연구결과에 의하면 입양자녀들의 알코올 중독률은 입양부모보다 원래의 부모의 알코올 중독률에 보다 가까웠다. 또 다른 연구에 의하면 알코올 중독자의 자녀 자신이 알코올 중독자가 되는 비율은 30~40%였고 일반 인구의 비율은 10%인

데, 이러한 알코올 중독의 유전율은 "당뇨나 위궤양에서 기대되는 것과 비슷"하여 알코올 중독도 유전적이라고 주장한다.

약물중독과의 유전적 연결을 탐구하는 연구자 중 어느 누구도 유전적 요인이 약물에 중독이 되는 유일한 요인이라고 단언하진 않는다. 이러한 유전은 여러 요인 중 하나이다. 다만 다른 요소들과 결합하여 유전적 요인이 그 과정을 촉진한다.

2) 생화학 이론

생화학 이론은 모든 약물에 대한 중독상황을 생화학적 견지에서 설명하는 것이다. 즉 신체가 약물에 대해 반복적으로 노출될 경우 신체는 약물분자에 대해 점진적으로 적응하게 되며 인간의 신체는 너무나 적응적이어서 약물분자는 신체적 기능을 위해서 꼭 필요한 것이 된다.

이는 메타볼리즘(신진대사)의 불균형 이론이다. 이는 의사인 빈센트 도크 마리(Vincent Doke Marie)와 나이스완더(Nyswander)의 이론으로서 약물중독은 당뇨병 환자와 매우 비슷하게 메타볼리즘(신진대사)으로 인한 고통을 받는다고 본다. 개인들이 일단 약물을 취하기 시작하면 그들의 생리는 당뇨병 환자가 인슐린을 갈망하는 것과 같이 약물을 '갈망'한다는 것이다. 약물을 반복 투약하면 신체적으로 이들을 원하는 메타볼리즘(신진대사)의 주기가 생긴다. 즉 약물이 기존의 결핍을 정상화시켜 주는 안정제로서 작용한다. 약물남용자는 약물사용에서 결코 금단할 수 없다. 중독자의 몸이 계속 약물을 갈망하기 때문이다. 이는 마치 당뇨병 환자가 인슐린으로부터 금단될 수 없는 것과 마찬가지이다. 두 경우 모두 약물은 몸이 결하고 있고, 제공할 수 없는 물질을 제공해 준다.

그러나 이는 신체적으로 화학적인 요구에 대한 메타볼리즘(신진대사)의 불균형에 상응하는 생물학 메커니즘은 아직 알려진 바가 없다는 한계점을 안고 있는 이론이다.

마약이 범죄라는 입장과 범죄가 아니라는 입장에서 제시하는 마약정책은 그 바탕이 확연하게 다르게 나타난다. 구체적인 정책대안이나 인권에 대한 시각이 뚜렷이 구별된다. 이를 표로 제시하면 아래와 같다.

양대 마약정책 비교

	현행정책 (마약은 범죄이다)	개혁정책 (마약은 범죄가 아니다)
1. 현실진단	누구도 불법마약을 해서는 안 된다.	너무도 많은 이들이 그런 메시지를 무시하고 있으며 실효성이 전혀 없다.
	불법마약을 사용하는 것은 모두 전적으로 문제성이 있다.	대부분의 불법마약 사용은 전혀 문제성이 없다.
	마약은 사람의 통제력을 상실하게 만든다.	부분적으로 통제력을 상실하기 위해 마약을 하는 것이다. (그러나 통제력이 있어야 마약을 할 수 있는 것이다.)
	마약 합법화란 전인미답의 경지에 있는 불가능의 영역에 속해 있다.	합법적 규제방식은 역사상 매우 좋은 성과를 거둔 기록을 갖고 있다.
	문제성 있는 마약 사용의 원인은 마약 사용 그 자체에 있다.	문제성 있는 마약 사용은 흔히는 사용자가 처해 있는 문제상황에 따른 한 증후일 따름이다.

	현행정책 (마약은 범죄이다)	개혁정책 (마약은 범죄가 아니다)
2. 건강	해악감소 접근은 마약 사용을 부추긴다.	해악감소 접근은 사람들 생명을 구한다.
	마약 사용률 감소야말로 가장 중요한 성공 지표 이다.	해악의 감소야말로 가장 중요한 성공의 지표이다.
	마약 접근용이도 증대는 마약 사용의 증가, 그리고 이어 오남용의 증가로 이어진다.	접근용이도 증가가 마약 사용 증가로 이어질진 모르지만, 제대로 잘 규제 하면 해악감소를 가져오는 게 확실하다.
	금지주의 법규는 개인의 건강을 보호해 준다.	금지주의 법규는 국민들 건강 및 개인의 건강을 해치고 있다.
3. 윤리	금지주의 법규는 윤리적 혼란과 현실적 무질서를 막아주는 방벽이다.	금지주의 법규는 수많은 사람들을 유혹에 빠뜨리며 현실적 무질서를 초래하고 있다.
4. 음모론	합법화의 요구는 법에 대한 존경심과 평판을 실추시킨다.	합법적 규제 방안의 지지계층은 매우 폭넓은 정치적 견해를 가진 매우 다양한 사람들과 인사들로 이루어져 있다
5. 정책의 실효성	금지주의 종식은 다국적 기업이나 조직에게 마약 거래를 자동적으로 떠맡기게 되며, 결국 이들의 공격적인 마약 마케팅으로 귀착된다.	금지주의 종식은 서로 다른 다양한 규제 및 통제 방식들 도입으로 부드럽게 연결될 수 있다.
	마약은 위험한 것이며 따라서 마땅히 금지해야 한다.	마약은 위험한 것이긴 하지만, 규제와 통제 대상이 되도록 해야 한다.

	현행정책 (마약은 범죄이다)	개혁정책 (마약은 범죄가 아니다)
5. 정책의 실효성	금지주의를 지키려다 발생하는 건강과 보건비용, 사회적 비용, 소요예산 등은 그렇게 지불할 만한 충분한 가치가 있다.	금지주의 법규는 거의 모든 지표들에 대해 별로 보탬도 되지 않으면서 터무니없이 엄청난 비용을 치르고 있다
	금지주의 법류는 매우 강력한 '윤리적입장'에 바탕을 두고 있다.	합법적 규제야말로 매우 강력한 '윤리적 입장'에 바탕을 두고 있다.
	'오남용'의 바탕에 깔려 있는 원인들은 모두 금지주의 법규에 따라 해명될수 있는 것들이다.	금지주의 법규야말로 불법마약 사용에 결부되어 있는 문제들을 초래하며, 오히려 이 문제들을 더욱더 악화 시키고 있을 따름이다.
	우리는 마약과의 전쟁에서 '항복'해서는 안 된다.	마약정책은 그 정책의 성과와 실적에 따라 상응하는 변화를 주도록 해야 한다.
	금지주의 법규는 '마약에 대해 강력대처' 하는 것이다.	금지주의는 일종의 "갱단의 권리 장전"으로 되어 있다.
6. 생산국가	마약생산국가들은 전 세계 차원의 금지주의 법규를 고의로 무시하고 있다.	마약생산국가들은 의도와는 상관없이 전 세계 차원의 금지주의 법규로 인해 불법마약생산으로 내몰렸다.
7. 인권	금지주의 관철을 위해서는 인권이라는 이슈는 얼마든지 무시할 수 있다.	인권이란 가장 중요한 이슈이다.

3. 마약과 인권

여기서는 영국의 시민단체인 '리버티' 측이 밝힌 마약 사용자 인권에 대한 입장을 소개하기로 한다.[1] 내용은 마약금지주의가 어떻게 민권 문제를 초래하였는가 짚어보고 새로운 법적 대안을 모색하는 순서로 이루어져 있다. 이 글을 작성한 로저 워렌 에반스(Roger Warren Evans)는 민권운동단체인 리버티 소속이다. 로저 워렌 에반스(Roger Warren Evans)는 법정 변호사 자격증이 있는 변호사로서 로펌 이사이자 시민단체이사이다. '커뮤니티학회' 선임연구원이자 이사를 맡고 있으며 1960년대 인종평등 입법운동을 위한 시민운동단체인 '동등권연대' 지도자였다. '런던시 지방의회 의원', '스완시 지방의회 의원' 등을 거쳤다. 그리고 2000년 영국의 시민단체인 리버티 연차총회는 다음과 같은 결의안을 채택한 바 있다.

> 금년도 연차총회는 미성년자를 보호하며 범죄를 막고 중독을 치료하며 기타 정당한 공공 목적을 위하여 법에 명시한 경우 이외에는, 성인들이 개인적 소비를 위해 정신에 작용하는 합법적인 약물공급에 접근할 수 있는 권리가 있음을 확인하고 이를 지지하며, 정부 측에 대해 현행 마약금지법을 개정하여 그와 같은 원칙에 맞추도록 할 것을 요구한다(2000년 6월 25일 리버티 연차총회 결의안).

21세기 최초의 10년 동안 각국은 마약 금지주의와 개인의 자유 사이에 그리고 자유주의와 권위주의 사이에 적절한 조절과 타협을 이루어 내야 한다. 안전벨트와 안전모 등의 문제에 있어서도 이와

---

1) 이 글은 다음 사이트에 나온다. www.tdpf.org.uk/Policy-PolicyBriefings-DrugUseAndCivilRights.htm

동일한 원칙 문제가 제기된 바 있으나, 그 반향은 그리 크지 않았다. 사적이며 개인적인 '약물' 소비 문제야말로 바야흐로 전개되는 이 논쟁의 핵심을 건드리고 있다.

인류는 역사적으로 줄곧 정신에 영향을 미치는 약물에 관심을 가져왔다. 예컨대, 맥주, 와인, 알코올 증류주, 담배, 코카, 카페인, 삼, 헤로인, 아편 팅크, 아편제, 각종 환각제 등의 약물은 모두 전 세계적으로 일상적으로 사용되고 있다. 이런 현상은 너무도 널리 퍼져 있어서 보편화되어 있다시피 하다.

하지만 약물이 널리 퍼져 있는 수많은 시민들에게 개인적 즐거움과 쾌락을 가져다주면서도, 일부 약물은 정신과 신체에 부작용을 일으키며 지속적인 해악을 초래하기도 하며 또한 이들 약물은 모두 정도의 차이는 있으나 중독성을 가지고 있다. 그러나 단지 사용자 개인에 대해 해악이 있을 수 있다는 가능성만으로는 여기에 국가가 개입하는 것을 정당화할 만한 충분한 이유가 되지는 못하며, 국가가 그렇게 개입해야 할 정당성이 있다는 가능성조차도 인정할 근거가 되지 않는다. 도대체 자유사회에서 국가가 어떠한 권리나 법적 근거를 가지고 이런 약물사용에 대해 간섭할 수 있다고 주장할 수 있는 것인가? 제1의 원칙 차원에서 강제적 개입방식을 동원하는 것은 처음부터 불가능하다는 점을 지적한다.

괴테는 '인간의 생각은 자유롭다.'고 갈파했다. 인간의 정신은 궁극적인 자유의 영역에 속하며 여기어 어떠한 국가도 개입해서는 안 된다. 전체주의 국가의 경우 이와는 반대로 정신의 궁극적인 자유 및 개인의 최종적인 자기주권 등을 거부하는 것이 그 특징이다. 그래서 전체주의 국가에서는 정치와 정신 차원에서 불관용 및 박해가 자행된다.

국가가 여러 가지 '적법한 공급' 방안들을 규제하는 것에 대해서는 전적으로 받아들인다. 그러나 정신에 작용하는 어느 한 약물에 대한 소비 행위가 사적이며 사적인 결정에 따라 이루어지고 그에 따른 영향이나 효과가 개인에게 국한되는 경우, 어떠한 국가도 이와 같은 약물 소비, 약물 입수, 공급 등에 대해 미리부터 예방목적으로 여기에 개입할 근거는 전혀 있을 수 없다.

(1) 다섯 가지 제한 원칙

사회의 개입이 정당성을 갖는 상황은 분명히 있다. 물론 이 경우에도 인간의 자유를 박탈하는 것으로 인식해서는 안 된다. 이때 국가의 개입이 전적으로 타당성을 갖는 다섯 가지 영역이 있으며, 이는 앞서 지적한 자유주의 원칙에 대한 예외가 아닌 자유주의 원칙의 구체적 적용이라고 보아야 한다.

1) 청소년 성숙

자유 그 자체는 성숙한 성인에 국한된다. 청소년들이 정신에 작용하는 약물 소비를 금지하기 위해 적극적인 교육 및 공급규제 등을 위해 국가 인력과 예산 등의 자원을 동원하는 것이 충분한 정당성이 있다는 점에 대해서는 폭넓은 공감대가 이루어져 있다.

2) 계약이행

어느 한 개인이 정신에 작용하는 어느 한 약물 혹은 모든 약물을 하지 않기로 실제로 동의한 경우 이 계약을 이행하도록 하기 위해 국가가 개입하는 것은 통상 충분한 정당성을 가지고 있다.

일부 고용 분야의 경우 이런 강제는 매우 적절하다고 입증되고 있다. 항공기, 열차, 버스, 택시 등과 같은 공공교통 수단의 운전자 및 기타 중요한 안전이 필요한 종사자들의 경우 모두 이런 강제를 받아들이며, 이 약속을 지키는 것이야말로 공공의 이익에 부합한다. 이때 리트머스 시험지는 각 개인이 담당업무를 제대로 수행하는가 하는 능력에 달려 있으며, 이때에도 계약에 따른 이런 강제가 이런 기준을 넘어서서는 안 된다.

3) 형법집행

정신에 작용하는 약물 제공 문제는 오랫동안 형사법원의 핫이슈로 되어 있다. 예컨대 약물 이외의 다른 법 위반 사항이 함께 고소된 경우, 약물에 취해서 그랬다는 변명 등은 변론으로 사용될 수 없다는 것이 확립된 법체계로 되어 있다. 그리고 환자의 동의 없이 정신에 작용하는 약물을 투약하는 행위 역시 환자에 대한 중대한 폭력행위로 되어 있으며 마땅히 그러해야 한다. 끝으로 정신에 작용하는 약물 소비가 저변에 있는 정신질환자에게서 함께 이루어진 경우 매우 어려운 판단을 요한다. 이상과 같은 사례들을 모두 제대로 이해한다면 개인의 자유라는 원칙을 재확인하는 것이 되며, 다른 정당한 사회적 이해관계들과 올바른 화해를 반영하도록 해야 한다.

4) 사회적 상호작용에 대한 강제

예컨대 약물 소비가 공개적으로 이루어지거나 다른 사람들 눈에 거슬리는 경우 혹은 사적으로 약물을 하더라도 약물 소비가 불행한 결과를 수반하면서 집단적인 형태로 이루어지는 경우 등과 같이 약물 소비가 적절하게 법의 규제를 받도록 되어 있는 여러 가지 상황들이 있다. 각각의 사회별로 그리고 각각의 연령대별로 '위험'하다고 판단되는 다른 사람이 관여되어 있는 경우에 대해서는 개입의 원칙들이 정해져 있다. 이러한 원칙을 실제로 적용하기는 매우 어려우며, 여러 가지 적용사례들은 숱한 논란을 거쳐야 했다. 예컨대 '간접흡연' 논쟁이 그러했으며, 스패너사건(the Spanner Case)에 대한 법원 측의 판결도 마찬가지였다. 스패너사건의 경우 사적인 합의에 따라 이루어진 사디즘과 마조히즘 관행이 불법인 것으로 판결이 났다. 그럼에도 불구하고 개별 사례들이 논란이 있을 수는 있지만 정당한 국가개입의 원칙은 무너지지 않는다.

5) 국민건강

무엇보다도 우선시되는 국민건강이라는 요인이야말로 개인의 권리에 대한 국가 개입과 박탈을 정당화하는 여러 가지 조건과 상황들이 분명 있다. 이 점은 잘 정리 개발되어 있으며 폭넓게 이해되고 있다. 즉 사회는 어느 경우에도 소비자의 약물 해악 위험을 피해도록 보장하며 보호해야 하는 것이 맞다. 리버티 측은 개인의 자유의 우위를 지키도록 한다는 핑계로 이러한 국가 권한의 실효성을 줄이도록 하거나 없애도록 할 생각은 없다고 밝혔다.

이상과 같은 다섯 가지 명제는 단지 약물 소비자의 권리란 성인에만 국한하며, 약물소비가 다른 사람에게 해악을 끼칠 위험이 있는 것으로 보이는 경우 다른 정당한 사회적 이익을 지키기 위해 그러한 약물 소비자의 권리는 유보될 수 있음을 강조하기 위한 것일 따름이다. 요컨대 이상의 규제들도 정신에 작용하는 약물의 특징이 여하한 것일지라도 다른 사람에게 해악을 끼친다는 증거가 전혀 없는 경우에는 성인의 약물 소비의 자유에 대해서는 전혀 속박할 수 없다.

(2) 다섯 가지 오류

이 논쟁에서 다섯 가지 허구적인 논리가 나타났으며 이는 끝없는 혼동을 초래하고 있다. 이 다섯 가지 오류는 다음과 같다.

1) 잘못된 인과론

마약 관련 범죄가 급증하기 때문에 마약금지는 정당성을 가진다고 주장한다. 그러나 마약범죄 급증을 제대로 설명하는 것은 '마약' 소비 그 자체에 있는 것이 아니라 마약을 봉쇄하려는 바로 그 금지절차에 있다는 점을 분명히 해야 한다. 사회적 영향과 파급효과라는 측면에서 보면 '마약과의 전쟁'이 초래한 해악은 소비로부터 비롯된 그 어느 해악보다도 비할 수 없을 정도로 실로 엄청나게 더 크다. 금지로 인하여 불법마약가격과 불법수익은 매우 높아졌으며 이로 인해 더욱더 가난해진 소비자들은 소비자금을 조달하기 위해 범죄로 내몰리고 있다. 금지로 인하여 범죄조직망이야말로 합법적인 기관들에 대해 뇌물을 줘 위증시켜 가며 주류사회로 진입하는 이상적인 출발점으로까지 자리잡았다. 해악을 당했다고 주장하는 바로 그 사람이야말로 범죄행위자가 되고 마는 이 같은 상황에서, 이 '피해자 없는' 범죄의 증거를 수집해야 할 필요 때문에 바로 형법 모델은 아직도 해결을 보지 못하고 불안정 상태에 있는 실정이다. 침입하여 개입해서 벌여야 하는 형태의 감시활동, 함정수사, 범죄를 저지를 의사가 없는 사람을 억지로 범죄를 저지르게 하기 등과 같은 경찰의 관행은 현행 마약법에서 동전의 다른 면으로 되어 있으며 직접 관련자를 넘어서는 수많은 시민들에 대해 프라이버시 침해를 자행하고 있는 실정이다.

2) 잘못된 개인행위 누적론

이 논쟁을 혼란으로 몰아가는 여러 가지 오류들 중에서도 이 오류는 가장 단순하면서도 가장 기만적이다. '한 명이 마약하는 건 좋다고 치자. 그러나 모든 사람이 마약을 하면 어떻게 되겠느냐? 그렇게 되면 익히 아는 사회질서를 무너뜨리는 건 확실하지 않느냐?' 개인행위의 누적효과는 물론 받아들일 수 없을 정도로 파괴적인 것이 되고 말 것이다. 하지만 리버티 측은 민권 측면에서 어느 한 개인의 어느 한 민권을 행사하는 것이 단지 다른 개인들의 행위들과 누적 합산하는 것만으로 잘못된 것이 된다고 볼 수 있는 상황은 결코 존재하지 않는다고 보았다.

3) 잘못된 위험 과장론

금지론자 및 '마약' 소비를 처벌하는 데 형법을 동원해야 한다고 주장하는 이들은 공통적으로 소비자 자신이 영위하는 생명과 건강에 대한 위험을 과장함으로써 자신들의 주장을 정당화하곤 한다. 그러나 입수가능한 모든 통계자료들을 보건대 중상이나 사망 위험은 극히 낮은 것으로 되어 있다. 정신에 작용하는 모든 위험 약물 중에서도 가장 위험하다는 담배와 알코올의 위험조차도 예컨대 스포츠맨과 도로이용자가 무릅쓰는 위험보다는 낮다. 리버티 측은 물론 이런 식의 통계조작에 대해 상종해서는 안 되며 이런 식의 잘못된 논점들은 떨쳐 버려야 한다고 본다.

4) 잘못된 보건당국 부담론

금지가 정당하다고 주장할 때 공통적으로 마약소비가 의학적으로 해악을 가져오며 이는 보건당국에 대해 비용을 증기시키기 때문이라고 주장한다. 영국의 일부 보건 당국 소속 의사들은 동일한 논리에 입각하여 담배를 많이 피운 사람들에 대한 치료를 거부하기도 했다. 이런 식의 주장은 그야말로 잘못된 생각에 불과하다. 이런 근거로 법적 강제를 해야 한다는 것은 도대체 아무런 정당성도 없다. 이 주장이 타당한 것이라고 한다면, 어떤 나라라도 의료보험 강제가입 제도를 도입하면 곧 위험을 무릅써야 하는 모든 개인적 활동을 금지시켜야 하며 이는 그야말로 엄청난 개인적 자유들을 소멸시키도록 해야 하는 것이 되고 만다.

5) 잘못된 거래금지론

영향력이 큰 중간 '입장'에서는 성인의 마약소비는 공식규제에서 제외하되 다른 모든 측면, 즉 소지, 보관, 공급, 배포, 거래 등은 불법으로 하자고 주장한다. 자유주의 원칙의 입장에서 보았을 때 이 뒤죽박죽인 사고방식은 받아들일 수 없다. 성인의 소비가 적법한 것이 되면 여기에 상응하여 거래도 적법해야 한다. 마약거래가 미성년자에게 영향을 끼친다면 합법적인 대응조치들을 취하는 것은 정당화될 수 있다. 그러나 이것이 논점은 아니다. 각각의 사회가 적법한 마약공급에 대해 규제할 권리가 논점이 되는 것도 아니다. 방법은 담배와 술의 경우에서와 마찬가지로 국가독점 방식이며, 기타 등록, 규제, 라이선스 등의 여러 가지 방안들을 손쉽게 생각해 볼 수 있다.

(3) 책임있는 성인의 마약 사용

리버티는 성인이 자발적으로 정신에 작용하는 약물을 사용하는
것은 박탈되어서는 안 되는 개인의 자유에 속한다는 지극히 간단
한 입장을 견지한다. 물론 다른 모든 법적 원칙에 맞추어 예외는
있다. 그러나 이때 예외는 예외를 주장하는 측에게 그 입증책임이
있다. 증명의 부담은 개인적 자유를 누려야 하는 측에게 있는 것
이 아니라 제한을 가해야 한다고 주장하는 측에게 있다.

영국의 마약 관련법들은 원칙 측면에서 정당성이 없으며 실제
측면에서 대단히 불쾌한 것이다. 이 법 제도는 폐지하고, 대신 개
인에 대한 존중 및 소박하기 짝이 없는 개인의 자유에 바탕을 둔
새로운 자유주의 시민질서로 대체하도록 해야 한다. 어느 한 정신
에 작용하는 약물을 성인이 소비하는 것이 개인의 결정으로 단지
개인에게만 이러저러한 영향을 초래하는 사적인 행위를 나타내는
것이라고 보는 경우, 형법이든 민법이든 불문하고 국가가 개입해
야 할 근거가 전혀 없다. 알코올과 담배의 경우와 같이 이와 관련
하여 모든 범죄 규정은 폐지해야 한다.

제2장 마약금지주의의 문제점

우리나라는 마약 청정국이라 하여 대마를 포함하여 마약 사용 인구가 서구에 비에 극히 낮은 수준이며, 철저한 금지와 처벌 위주로 단속이 이루어져 왔고, 대마 혹은 마약의 합법화 내지 비범죄화 문제를 전담하는 시민운동단체도 존재하지 않으며, 이 문제를 범죄학 내지는 사회정책학 차원에서 접근하는 연구 성과도 그리 많지 않은 실정이다.

최근 김부선 씨의 대마 흡연을 둘러싼 재판에서 마약류관리법 관련 조항들에 대해 위헌법률심판제청을 한 것을 계기로 하여 대마의 유해성 여부, 비범죄화 여부 등을 둘러싼 논란이 계속되고 있다. 그간 이 문제는 김부선 씨 외에도 문화예술계의 입장표명을 비롯하여, 경검 담당부서의 반론, 한국마약범죄학회의 합리적 마약정책 수립 촉구, MBC-TV 손석희 100분 토론 등지에서 상당 부분 공론화되고 있는 실정이다. 물론 영국과 미국을 포함한 세계 각국에서도 이 문제에 대한 논쟁은 한창 진행 중이며, 2005년 1월 12일 BBC에서도 'If'라는 논쟁 프로그램에서 이 문제를 다룬 바 있으며, 이에 대한 시청자들의 의견이 수백 건 올라오기도 했다 (www.bbc.com/if).

우리나라 마약 문제는 아직 서구처럼 엄청난 사회문제로 등장하고 있지는 않다. 그러나 최근 공론화 과정에서 엿볼 수 있는 것처럼 서구보다 소수라고는 해도 이들 마약 사용자의 인권문제(소수자운동) 차원이나, 말 그대로 합리적인 마약정책 수립에 필요한 기초자료 축적이나 연구 차원에서 학문적인 접근 필요성도 절실하게 대두하고 있다.

여기서는 최근 마약논쟁이 치열한 영국에서 트랜스폼이라는 한 시민단체가 발간한 보고서를 중심으로 영국의 마약 합법화에 대한 논의수준을 정리 소개하고자 한다. 아직은 상황이 크게 다른 우리나라의 경우 이를 직접 적용하기는 힘들지만, 영국 트랜스폼의 보고서와 입장은 마약 합법화 운동의 세계적 동향을 접하게 해 주며 우리나라 대마 비범죄화 혹은 마약 합법화 운동의 미래를 점검하는 논의의 단초를 제공해 줄 수 있다.

1. 영국시민단체 트랜스폼

트랜스폼(Transform Drug Policy Foundation, 홈페이지 www.tdpf.org.uk)은 직원이 총 11명(상근직원 3명, 위원 8명)에 불과하지만, 영국의 마약정책 개혁운동 시민단체 중 지도적인 위치를 차지하고 있다. 물론 영국에는 릴리즈라고 하는 훨씬 크며 역사가 아주 오래된 마약문제를 전담하는 시민운동단체가 있다. 릴리즈가 마약 사용자가 공권력과 부딪치는 현장에서의 구조 활동을 중심으로 하고 있는 데 반하여, 트랜스폼은 마약정책전문 연구 및 마약 합법화 실현을 위해 활동하고 있다는 차이가 있다. 그리고 전현직 경찰관 중심으로 구성된 LEAP(Legal Enforcement

트랜스폼 대표 대니 쿠쉴릭

against Prohibition) 영국 지부 측의 마약 합법화 운동도 돋보인다.

트랜스폼은 마약중독 등 마약 사용 문제에 대한 업무를 하던 대니 쿠실릭(Danny Kushlick)이 1996년 설립했으며, 마약 합법화와 규제정책을 모색하는 시민운동단체로서 출범했다. 이 단체의 기본 운동노선은 합리적 접근 및 대결이 아닌 접근방식을 추구하고 있으며, 초창기 3년 동안의 활동자금 확보에 성공하게 되면서부터는 다양한 이익집단 설득논리 개발에 박차를 가해왔다. 이때 무기는 설득력 있는 발표와 발표문이라는 방식이 동원되었다. 마침내 트랜스폼은 영국에서 마약정책 개혁문제를 정치적 논쟁으로 끌어올리는 데 성공하게 된다. 여기에는 경찰, 법원, 정치, 교회, 언론, 의료계, 학계, 경제계 등의 명사들의 지지를 확보해 낼 수 있었던 것이 큰 힘이 되었다.

한편 마약정책 개혁의 당위성(why?)에서 방법론(how?, 정책대안) 문제로 논의가 진전되면서 단체 명칭을 변경하기에 이르렀다. 1996년 설립 당시 'Transform Drugs Campaign Ltd'라는 명칭에서 'Transform Drug Policy Institute'로, 그리고 2004년 다시 'Transform Drug Policy Foundation'으로 개칭하게 되었다. 트랜스폼은 2002년 영국하원에 NGO 싱크탱크 단체로 등록한 바 있으며, 2004년 비영리법인으로 전환하였다. 우리나라 1970, 1980년대 사회변혁운동(Social Transformation Movement)에서 보듯 이 시민단체 명칭도 일종의 사회변혁운동과 같은 맥락에서 이해하면 된다.

트랜스폼은 국내 및 국제 수준에서 마약에 대한 규제와 통제를 보다 더 올바르며 인간적이고 실효성 있는 시스템을 통해 이루어지도록 함으로써, 마약이 개인 및 커뮤니티들에게 가하는 해악을 최소화하는 데 그 활동목표를 두고 있다. 트랜스폼은 이를 위해 ○

연구, 정책분석, 혁신적 정책개발, ㅇ 합리적이며 사실에 기초한 증거들을 입증함으로써 정부정책에 대해 도전장을 냄, ㅇ 의회, 정부, 정부기관 등에 대해 정책대안 채택을 요구함, ㅇ 다른 시민단체들과 연대활동 및 마약정책 수립에 영향력 있는 시민단체에 대하여 각종 자문활동, ㅇ 영국 정부의 마약정책 및 국제 수준의 마약정책에 대한 공개토론이나 언론사 주최의 토론회 적극 참여 등과 같은 활동을 벌여 오고 있다.

그리고 트랜스폼은 내세우는 비전은 다음과 같다.

ㅇ 소외계층 및 주변부 계층의 인권 및 인간의 존엄성을 회복하며, 박탈계층의 재생을 꾀함으로써, 사회정의를 추구한다.

ㅇ 획득범죄 및 길거리 매춘의 최대원인인 마약문제를 종식시키며, 부수적으로는 폭력범죄가 아닌 범죄로 인한 재소자 수를 획기적으로 감소시킴으로써, 사회적 비용을 크게 줄이도록 한다.

ㅇ 조직범죄 및 폭력범죄을 일으키는 기회 및 그런 길로 빠지는 인센티브를 근원적으로 줄이도록 함으로써, 중대범죄 발생을 획기적으로 줄이도록 한다.

ㅇ 마약 관련 법집행에 소요되는 엄청난 비용을 줄이는 동시에, 마약규제 과정에서 얻어지는 막대한 조세수입을 통해, 정부예산확보에 도움을 준다.

ㅇ 마약 사용이 체계적으로 관리되며 마약 사용자들이 보다 건강한 삶을 영위할 수 있는 환경을 조성함으로써, 국민건강을 증진시킨다.

ㅇ 마약의 생산과 제조, 공급, 중간거래 등에 있어서 공정거래원칙을 포함하여 윤리적인 기준과 원칙을 확립토록 함으로써, 윤리수준을 제고시킨다.

ㅇ 마약 생산 제조국 및 이전국가들에서 야기되는 분쟁 및 정치
적 불안의 원인인 불법마약거래를 종식시킴으로써, 전쟁 및
분쟁을 획기적으로 줄인다.

2. 트랜스폼 보고서

트랜스폼 보고서의 원제는 『마약과의 전쟁 이후 통제전략』
(After War on Drug: Options for Control, Oct 2004 : 이 글엔서
"트랜스폼 보고서"라고 부르기로 한다)이며, 이것은 그간 이 트랜
스폼 단체가 벌여 온 연구 및 활동성과들을 집대성하여 마약 합법
화 경로에 관한 정책대안을 모색한 보고서이다.

이 보고서의 필자는 스티브 롤즈(Steve Rolles), 대니 쿠쉴릭
(Danny Kushlick), 마이크 제이(Mike Jay) 세 사람으로 되어 있다.
그리고 이 보고서를 내기 위한 준비작업으로 2004년 5월에서 7월
사이에 '마약정책대안 마련을 위한 연속 세미나'를 런던정치경제대
학 '범죄학 및 형사사법을 위한 만하임 연구센터' 주최로 개최한
바 있다. 한편 트랜스폼(TDPF) 대표인 대니 쿠실릭은 형사사법기
관에서 마약상담사로 일하다가, 마약금지주의 제도야말로 마약 사
용 그 자체보다 훨씬 더 많은 문제점들을 야기하고 있음을 뼈저리
게 인식하면서 1996년 형사사법기관 근무를 그만두고 '트랜스폼'
을 설립한 바 있다. 트랜스폼은 마약에 대한 합법적 규제와 통제
원리를 도입하도록 하는 것이야말로 실효성 있는 마약정책이 될
수 있다고 보며 이 분야에서 지도적인 시민단체로 역할을 다하고
있다. 쿠실릭은 언론 기고와 방송 출연 등을 통해 그리고 마약정
책 당국과 NGO 사회에서 마약정책개혁 논의를 이끌어 가고 있다.

『마약과의 전쟁 이후 시대를 위하여: 통제대안들』(2004)의 공동저자이며, '국제해악감소연합회' 상임이사, 영국범죄학회 자문위원회 위원 등을 맡고 있다.

트랜스폼의 목표는 요약하여 말하면 마약의 합법화 정책을 실시하여, 그간 수백 명의 시민들을 범죄자로 낙인찍고 엄청난 범죄수익을 올리는 위험하기 짝이 없는 불법마약시장을 조직폭력에게 내맡겨 버린 마약금지정책의 실패를 종식시키자는 것이다.

트랜스폼 보고서 출판기념회에서 나온 축하의 말들을 소개하면 다음과 같다.

> 트랜스폼이 경탄스러운 이 보고서를 출간한 것에 대해 축하해 마지않는다. 나는 영국정부 당국이 이번만큼은 정말 합리적인 이 목소리에 대해 경청해 주기를 바라마지 않는다. 현재 시행하고 있는 마약정책은 전혀 먹혀들고 있지 않고 있으며 앞으로도 전혀 작동하지 않을 것이라고 하는 점에 대해 너무도 명백하게 이를 입증하는 사실과 증거들이 넘쳐나고 있음에도 불구하고 지금까지 이를 무시하는 것으로 일관해 왔으며, 그로 인해 충분히 예방할 수 있는 사태들이 끊임없이 발생하고 있는 실정이다. 나는 이번 트랜스폼 보고서가 특히 당연히 관심을 기울여야 할 명백하고도 분별력 있는 로드맵과 합법화 경로에 대해 너무도 잘 보여주고 있음을 높이 평가하고 싶다(전 교도소 수석감찰관, 데이빗 람스보탐 경).

> 트랜스폼 보고서는 가장 뛰어난 보고서이다. 금지정책이 실패했다는 건 누구나 다 아는 사실이다. 하지만 실제로 이 금지정책을 어떻게 바꾸어 나가겠다고 의지를 밝힌 것은 이 보고서가 최초이다(사이먼 젠킨스, 전 더타임즈 편집국장. 현재 이브닝 스탠더드 및 더타임즈 칼럼니스트).

트랜스폼 보고서는 엄청나게 중요한 의미를 갖고 있다. 이는 마치 금세 무너질 것처럼 기우뚱거리고 있는 금지정책의 성벽을 붕괴시킨다고 외치는 천둥과도 같은 트럼펫 소리와도 같다(폴 플린 하원의원, 각정당 마약오남용 문제대책모임 부위원장).

트랜스폼 보고서는 매우 탁월하며 개척자적인 보고서이다(가디언 신문 폴 토인비 논설위원).

트랜스폼 보고서의 탄생은 금지정책을 보다 더 실용적이며 인간적인 마약정책으로 바꾸는 데 있어서 중추적인 역할을 하게 될 것이다(벤자민 맨크로프트 경. 영국 선도위원모임 대표).

바로 그 각종 마약법들이야말로 전 세계 교도소의 위기를 불러왔으며 재소자 수를 더 이상 지속할 수 없는 수준으로까지 치솟게 만든 장본인이다. 트랜스폼 보고서는 이 위기사태 및 인류가 당한 피해를 완화하며 교도소가 그 본연의 보호 역할을 다하도록 하는 방법을 명확하게 제시해 주고 있다(비비앙 스턴 남작 부인. 국제교도소학회 연구소 특별 선임연구원).

나는 20년 이상을 경찰 간부로 있으면서, 마약 합법화 문제에 대한 내 자신의 견해가 어떤 것인지 종종 자문해 보곤 했다. 난 직관적으로 금지정책이 미국에서 실패한 경험을 판박이로 영국에서도 되풀이하면서 전혀 먹혀들지 않고 있음을 잘 알고 있었다. 하지만 난 이 문제에 대해 철두철미 정통해 있었던 것은 아니며 짧고 요령 있게 이 문제를 남들에게 설명해 보려는 시도조차 거의 할 수 없는 지경이었다. 그런데 이제 시민단체 트랜스폼 측에서 이 분명한 사항들에 대하여 온갖 증거들을 곁들여가며 단도직입적이며 명약관화한 문장과 표현들로 이루어진 보고서를 내놓게 되었다. 시장의 힘과 위력을 지지한다고 입버릇처럼 말하는 영국 정부 당국은 해법이 그토록 간단명료함에도 불구하고 수많은 범죄자들에게 그토록 엄청난 돈벌이를 하도록 방치하고 있다는 점에 대해서, 경제학자로서 나는 가소롭기 짝이 없는 노릇이라고 본다. 이제 영국은 트랜스폼 보고서를 계기로 하여 마약 거래자들이 사기 칠 수 있는 동기 그 자체를 아예 제거해 버림으로써 모두를 위해서 그중에서도 특히 우리 아이들과 손자들을 위해서 더욱더 안전한 나라를 만들 수 있는 호기를 맞이했다. 나는 선거를 통해 당선된 정치인이든, 그렇지 않더라도 마약정책을 담당하도록 임명된 공직자들이 이런 호기를 놓치지 않기를 진심으로 바라마지 않는다(전 서섹스 자치경찰청 청장, 폴 화이트하우스 QPM(여왕이 수여하는 경찰훈장을 받은 인사)).

아래에서는 이 보고서를 중심으로 마약금지주의 실태를 정리해 보기로 한다.

3. 마약금지정책의 실패는 필연적

마약금지정책의 최근 사례는 미국의 금주정책(1920~1932)을 들 수 있다. 이 정책은 특별히 저소득층의 음주로 인한 질병에 대한 사회적 우려에서 비롯된 것이다. 이 정책은 당시 미국정부가 가부장적인 데다가 금주와 절제를 외쳤기 때문에 가능하기도 했다. 하지만 이 '고상한 실험'은 실시와 거의 동시에 국민들 지지기반을 상실해 버렸으며, 폐지될 때까지 13년 동안 이 정책으로 인하여 주류에 대한 불법거래가 판을 쳤으며, 부패와 폭력의 범죄문화를 고조시켰고, 미국의 조직범죄 및 마피아 조직의 설립을 확고하게 자리잡게 만들었다.

1921년 아인슈타인은 미국에 대한 첫인상으로 바로 이 정책의 문제점을 거론했을 정도로 심각한 상황을 초래했다. "정부의 위신은 두말할 나위 없이 금주법으로 인해 크게 손상되었다. 결코 시행될 수 없는 법을 통과시킨 것보다 더욱더 정부 및 국가의 사법제도에 대한 존중심을 파괴시키는 것은 따로 없는 실정이다. 미국이라는 나라에서 위태로울 정도로 범죄가 급증하는 원인이 바로 이 금주법에 있으며, 이와 긴밀하게 연관되어 있다는 점은 공공연한 비밀로 되어 있다.”

이 알코올 금지정책이 폐지되던 당시 미국은 금지대상을 신생 마약들로 바꾸게 되었다. 이후 세계는 유엔마약조약(1961년, 1971년, 1988년)을 통해 마약금지정책을 세계화하는 과정을 거쳐 나오게 된다. 그러나 마약금지정책 역시 실패의 연속으로 점철되어 왔다.

영국을 중심으로 하여 마약금지정책의 실패 사례들을 정리하면 다음과 같다.

첫째, 마약가격이 그 어느 때보다 싸졌으며 더욱 손쉽게 손에 넣을 수 있게 되었다. 지난 10여 년 동안 서유럽 국가에서 인플레이션을 감안하더라도 마약가격은 코카인의 경우 45%, 헤로인의 경우 60% 정도 떨어졌다.

둘째, 세계적 마약 사용 수준은 지속적으로 급증하고 있다. 92개국이 2001년 실태를 보고하여 유엔이 자체보고서로 만든 ‘2003 불법마약 추세’ 자료에 따르면 15%에 속하는 국가만 마약 사용이 감소했으며 85%는 같은 수준이거나 아니면 증가한 것으로 되어 있다.

셋째, 영국의 경우 증가추세는 특히 지난 20여 년 동안 가장 문제가 심각한 헤로인과 크랙 코카인에 있어서 더욱 두드러진다. 심각한 불법마약 사용자 수가 1971년 6천 내지 1만 5천 명 수준이었으나, 2002년 16만 1천 내지 26만 6천 명 수준인 것으로 밝혀졌다.

한편, 금지된 제품에 대한 수요가 낮을 때에는 금지정책이 그 제품에 대한 이용을 막을 수도 있다. 그러나 일단 수요가 일정 수준에 이르게 되면 금지정책의 효과는 공급자와 소비자 간에 고도의 중개구조(공급자가 마약을 사는 즉시 되팔아 차익을 남기는 거래)를 확립시키며 결과적으로 엄청난 수익이 남는 범죄시장을 고무시키는 역할을 하게 된다. 영국의 경우 30여 년 전에 도달한 바로 이 지점에서부터 마약금지정책이란 곧 일종의 '깡패 권리헌장'으로 전락하고 말았으며, 본래의 마약문제는 온데간데없이 사라지고 대신 엄청난 범죄경제구조 속에 편입되고 말았다.

시장이 경찰 등의 단속을 피하는 비용을 포함하여 각종 리스크를 흡수하게 되면서부터, 마약의 도매가격이 2000%까지 급등했다. 이 마약가격 급등이 가져온 매우 불행한 파급효과는, 마약거래가 조직범죄집단에게 엄청나게 매력적이며, 마약소비자 가격을 급등시켜 중독자들의 경우 그 마약비용을 대기 위해 흔히는 획득범죄를 저질러야 하는 상황으로 내몰린다는 점이다. 결국 마약금지정책은 마약 사용과 결부된 해악을 감소시키기는 고사하고 실제로 마약 관련 해악을 극대화시키며 현재의 형사사법제도를 위기에 빠뜨리고 있다.

4. 마약금지정책이 초래한 해악

마약오용에서 비롯된 해악과, 마약정책, 구체적으로 마약금지정책 시행이 초래한 해악, 이 둘은 명확히 구별해야 한다. 이 중 후자에 대한 영국의 전개상황을 정리해 보면 다음과 같다.

1) 5개 범죄유형 창설

㉠ 조직범죄집단과 그 구성원(국제적 차원): 폭력범죄조직이 연간 1천억 파운드(한화 약 200조 원) 이상의 국제마약거래 및 연간 총 거래액 3천억 파운드(한화 약 600조 원)에 달하는 시장에 대해 통제력을 행사하고 있다.

㉡ 조직범죄집단과 그 구성원(국내적 차원): 영국의 경우 마약거래 등을 둘러싼 이득에서 일정 부분 자기 몫을 챙기기 위해 조직범죄집단끼리 벌이는 싸움은 반사회적 행위 및 길거리 폭력사태의 주원인이 되고 있으며, 이와 같은 '구역쟁탈전'은 최근 영국국민들을 놀라게 만들고 있는 총기범죄, 살인, 폭행, 협박 등의 범죄급증의 원인제공자이고, 일부 이너시티 구역들에 대해서는 사실상의 출입금지지역으로까지 변모시키고 있다.

㉢ 획득범죄(저소득층의 마약중독자 문제): 저소득층 마약중독자들(주로 헤로인과 크랙 코카인)은 급등한 불법마약 구입비용을 대기 위한 범죄를 저지르는 경우가 빈번하다. 마약금지정책은 상대적으로는 소수에 불과한 마약중독자들이 상점절도, 주거침입 강도, 자동차 절도, 강도의 절대 다수를 차지하게 만들었으며, 모든 사기사건의 절반 정도를 저지르도록 내몰고 있다(unpublished Number 10 Strategy Unit report, 2004).

㉣ 길거리 섹스노동자(저소득 여성 마약중독자 문제): 아무런 소득원이 없는 여성 마약중독자의 경우 흔히 매춘이 마약 구입비용을 대기 위해 가장 동원하기 손쉬운 방법이다. 영국 국무부는 길거리 매춘 종사자의 95%가 마약중독자인 것으로 추산하고 있다. 이들은 섹스노동 중에서도 가장 가시적이며 위험에 노출된 계층으로서, 폭력의 피해자로 전락하는 경우가 허다하다.

ⓜ 마약금지법상 범죄('1971년의 마약오용금지법'에서 열거하고 있음): 마약금지법은 특정 마약의 생산 제조, 공급, 소지 등에 연루된 모든 행위를 범죄로 규정(범죄화)하고 있으며, 실제로 이들 범죄자는 전체 국민들 중 커다란 비율을 차지하고 있는 실정이다. 2002년 영국의 ICM 여론조사 결과를 보면 마약을 정기적으로 사용하는 인구수는 대마초 510만 명, 엑스터시 240만 명, 암페타민 210만 명, 코카인 200만 명, 헤로인 42만 6천 명 등인 것으로 나타났다. 만일 평생 단 한 번만이라도 마약을 한 경우 등까지를 여기에 포함시킨다면 마약금지법은 전체 성인인구의 4분의 1, 그리고 청소년층의 절반 정도를 범죄화하고 있는 셈이다. 이 범죄는 투옥 가능한 중범죄로 되어 있으며 항상 뒤따라 다니는 범죄기록은 취직, 주택 구입이나 세 얻기, 여행, 개인금융 등에 심각한 악영향을 미치고 있다.

2) 형사사법제도와 교도소 등의 위기

최근 영국경찰이 작성한 '제10회 정책전략과 보고서, 미발행'에서 시인하고 있는 것처럼, 영국경찰 등 법집행기관은 기껏해야 국지적이며 일시적이고 주변적인 효과밖에 거두지 못했으며 불법마약 공급에 대한 어떠한 의미 있는 충격파도 던져주지 못했다. 마약과의 전쟁이 전례 없이 엄청난 강도로 진행되는 미국의 경우에도 마약시장은 여전히 번영을 구가하고 있으며 마약가격은 영국처럼 과거 그 어느 때보다 저렴해지고 손에 입수하기가 용이해졌다. 이 마약거래를 솎아 내려는 경찰 측의 노력은 이것이 엄청난 수익이 남는다는 바로 그 이유로 인해 언제나 실패로 귀착될 수밖에 없다. 범죄 주모자들은 마약가격의 급등과 거래에 따른 엄청난 수익을 감안하여, 경찰과 세관의 근절노력에 대해 이를 단지 직업상의 리스크쯤으로 여기고 말 뿐이다. 어느 한 구역에서 경찰의 일제단속이 실시되면 그 마약시장은 단지 다른 곳으로 구역을 옮기면 그만인 셈이다. 한 밀거래 조직이 분쇄되면 이내 다른 밀거래 조직이 등장하여 그 진공상태를 메워준다. 한 밀거래자가 체포되면 이를 대신하려는 사람들의 대기행렬이 넘쳐나는 실정이다. 영국의 경우 심지어 철통같은 보안 속에 있는 교도소조차도 마약으로 가득 차 있다. 마약수요가 그토록 많으면 마약금지정책은 결코 성공할 수 없는 법이다.

끝 모를 심연에 처해 있는 교도소제도의 위기는 마약금지정책과 관련된 범죄에서 비롯되었다. 지난 10년 동안 마약사범은 기하학적으로 급증해왔다. 1992~2002년 사이에 여성 재소자는 10배, 남성재소자는 8배 증가했다. 영국의 교도소장들이 말하는 일화들을 종합해 보면, 전체 재소자의 50% 이상이 불법마약 구입비용을 대기 위해 저지른 범죄로 인해 교도소에 들어왔다고 한다. 오늘날 영국의 여성 재소자중 거의 절반이 마약범죄로 인해 교도소에 들어왔으며, 절반 이상이 16세 미만인 때에 아이를 낳았고, 75% 정도는 마약 문제를 경험한 것으로 되어 있다. 현재 영국은 EU 국가들 중에서 재소자 비율이 가장 높다.

마약 관련 법집행기관의 재량권이 폭넓기 때문에 형사사법제도틀 내에서 마약 관련 법집행이 편견과 인종차별의 진원지가 되어왔다. 특히 정지 및 수색권 행사 분야에서 더욱 그러하다. 영국의 경우 흑인 범법자들에 대한 처우가 형사사법절차의 모든 단계에서 백인보다 훨씬 더 가혹하게 이루어지고 있다. 정지 및 수색을 당하며, 체포되고, 기소될 가능성 등이 백인보다 훨씬 더 높으며, 백인보다 훨씬 더 긴 형량을 선고받고 있다. 결과적으로 마약 사용자 비율에 있어서 전체 흑인이 전체 백인보다 낮음에도 불구하고, 흑인으로서 마약 관련 범법자로서 재소자가 되거나 기소 당한 비율 통계에 있어서는 실제 흑인 인구 비율보다 훨씬 더 높게 나타나고 있는 실정이다.

국무부가 수행한 한 연구결과에 따르면 2000년 잉글랜드와 웨일즈 지역에서 A급 마약 사용에 따른 경제적 비용 및 사회적 비용은 111억 파운드 내지 174억 파운드(한화 약 22조 2천억 원 내지 34조 8천억 원)에 달하는 것으로 추산되었다. 이 중 99%는 마약중독자로 인한 것이며 88%(연간 100억 파운드 내지 160억 파운드)는 마약중독자가 저지른 범죄로 인한 비용이라고 한다.

3) 수십억 파운드에 달하는 예산 낭비 및 세금탈루

'2002/3년도 전국마약전략'에서 '마약문제 대처'를 위한 직접적인 연간예산만 해도 10억 2천 6백만 파운드(한화 약 2조 5백 2십억 원)이었으며, 이 중 약 3분의 2는 집행비용으로 쓰였다. 이 외에도 모든 범죄의 3분의 1이 불법마약과 관련되어 있다는 정부 측 통계에 입각하여 보았을 때, 경찰, 법원, 교도소, 보호관찰소 등 형사사법기관에 쏟아 붓는 모든 자원 중 상당 부분이 마약금지정책을 시행하거나 그로 인한 부정적 결과들을 처리하는 데 쓰이고 있다. 이렇게 낭비되고 있는 정부예산의 정확한 규모는 계산해 내기 힘들지만, 연간 수십억 파운드에 달한다.

영국의 불법마약 시장규모는 인색하게 잡는다 해도, 세금을 내지 않는 범죄수익규모가 연간 약 66억 파운드(한화 약 13조 2천억 원)에 달하는 것으로 추산되고 있다. 대마초 시장만 따로 떼어내

셈하더라도 그 수익규모가 50억 파운드(한화 약 10조 원)에 이른 다. 정확한 수치가 어찌 되었든 간에 연간 수십억 파운드에 달하 는 실질적인 조세수입이 마약금지정책으로 인해 불법 수익자에게 돌아가고 탈루되고 있는 실정이다.

4) 국민건강 훼손 및 해악의 극대화

마약금지정책은 마약의 생산과 제조 및 범죄조직으로 공급 등에 대해 통제하기를 아예 포기했으며, 이로 인해 마약 사용과 관련된 각종 리스크들은 최대로 증폭되어 가고 있는 실정이다. 불법마약 은 효능과 순도를 알 수 없게끔 되어 있으며, 불순물 포함 여부에 대해서도 그 리스트에 대해 아무런 기재도 하고 있지 않고, 건강 이나 안전에 대해 어떠한 안내문도 부착하고 있지 않다. 현재 영 국은 유럽 국가들 중에서 마약 관련 사망자 비율이 최고수준에 속 하는 나라로 되어 있다.

불법마약 사용에 따른 리스크 중에서 특히 에이즈 바이러스 감 염률이 높은 주사기를 이용하는 마약 사용자들 경우가 더욱더 위 험하다. 잉글랜드와 웨일즈 지역에서 주사기를 이용하는 마약 사 용자 중 3분의 1은 C형 간염에 감염되어 있는 실정이다. 2000년 한 해만 해도 생물학적으로 불순물이 섞인 헤로인 주사 단 1회만 을 맞고 사망한 사람이 50명 이상에 이르렀다.

5) 마약제조 국가들의 안정 저해

아프가니스탄, 콜롬비아, 자메이카 등과 같은 핵심적인 마약생산 제조국가 및 이전국가의 불법마약시장은 그 나라 경제에서 매우 중요한 비중을 차지하고 있으며, 사회적, 경제적, 정치적 안정을 크게 훼손하고 있다. 불법마약 수익은 정치, 사법, 경찰, 군부 등 모든 분야에서 부패한 관리들의 먹잇감이 되고 있다. 콜롬비아의 마약 카르텔들의 경우 관리들에 대한 뇌물 제공을 위해 연간 미화 1억 달러 이상을 쓰고 있는 것으로 추산된다. 불법마약 수익은 전 세계적으로 준군사조직, 게릴라조직, 테러단체 등에게 자금을 지원하여 무장하도록 지원하고 있으며 이들은 분쟁지역에서 폭력 행사를 부추기고 있다.

6) 인권훼손

불과 수십 년 전만 해도 영국에서 마약 중독자들은 그들이 처해 있는 상황 그대로 도움을 받아야 하는 취약한 사람과 같은 대접과 대우를 받았다. 마약금지정책은 개인적으로 실질적인 생계수단이 없는 이들의 절대다수를 버림받은 범죄세계로 내몰고 있으며, 이렇게 해서 사회적 배제를 더욱 공고히 하여 이들의 처지를 악화시키고, 한 걸음 더 나아가 취직, 주택 구입이나 세 얻기, 개인금융, 전반적으로 보아 생산적이며 건강한 삶을 영위토록 하는 데 있어서 장애물을 던져주고 있다.

수백만 명의 국민들이 자의적이며, 정의에 맞지 않은 채 올바르지 않고, '유럽인권헌장'과도 양립되지 않는 형태로 범죄화되고 있는 실정이다.

'유엔인권헌장'을 위반하여 마약사범에 대해 사형 제도를 광범위하게 활용하기까지 하는 경우도 있다. 중국은 일상적으로 매년 유엔이 정한 마약 반대의 날에 즈음하여 마약사범을 대량으로 처형하는 식으로 이날을 경축해 오고 있다. 2001년 6월 27일 54명을 처형한 데 이어 2002년 6월 27일에는 64명을 처형했다. 태국에서는 2002년 개시한 마약 '소탕작전' 기간 동안 2천 명 이상이 사망했으며, 이 중 많은 사람들이 경찰 측의 초사법적 권한을 동원한 처형으로 인한 것으로 보고 있다.

전 세계적으로 2백만 명 정도가 마약사범으로 감옥에 갇혀 있으며 이는 전체 재소자의 4분의 1에 해당한다. 이런 사태는 투옥으로 인한 장점이나 혜택이 무엇 무엇이라는 데 대해 아무런 증거도 없는 상태에서 단지 전체 사회에 대해 엄청난 재정적 비용 및 인간적 희생을 초래하는 것일 따름이다.

상당수 마약제조 국가들의 경우 지역특산의 마약 수확물(코카, 아편, 대마 등)을 의료목적 및 의식진행 목적으로 사용하는 오랜 전통을 갖는 토착문화를 가꿔왔다. 그런데 마약금지정책은 전통적 관행에 대한 범죄화 및 공격적인 박멸 프로그램 추진 등을 통해 이런 토착문화를 공격해대는 우를 범하고 있다.

불법마약 사슬에 있어서 가장 취약한 연결고리(마약재배 농민, 마약 '운반책', 마약 중독자 등)야말로 마약 법집행으로부터 충격을 가장 크게 받을 수밖에 없는 계층이다. 반면 가장 중한 범죄자들은 법의 영향권을 벗어나는 데 필요한 충분한 자원을 가지고 있으며, 설사 체포되는 경우에도 정보원으로서 플리바기닝을 통해 사법처리를 최소화할 수 있는 역량을 갖추고 있다.

5. 해악감소정책과 마약치료정책의 한계

지난 20여 년 동안 영국에서 발전되어 온 마약정책의 특징은 서로 맞물려 있는 두 가지 중요한 측면들로 요약할 있다. 그중 하나는 새로운 마약정책 패러다임으로서 해악감소정책의 등장이며, 다른 하나는 실질적인 마약치료를 위한 자원증대정책이었다.

영국의 경우 해악감소정책과 마약치료정책 모두, 거의 전적으로 비교적 소수인 불법마약중독자들에게 초점이 맞춰져 있으며, 마약 금지정책으로 인해 초래되거나 악화된 건강상의 해악들(혈액을 통해 전파되는 질병) 및 마약 관련 범죄를 감소시키는 것을 목표로 하고 있다. 하지만 이와 같은 두 가지 정책의 실효성은 역효과만을 내는 형사사법처리 위주의 정책이 초래한 최악의 증상들을 그저 완화시키는 데 국한되어 있을 따름이다. 이 두 정책은 긍정적인 효과가 미미하게나마 없진 않지만, 이마저도 불법마약의 생산 제조와 공급 측면에 결부되어 있는 핵심문제 영역에 대해서는 극히 제한적일 수밖에 없다.

1) 해악감소정책

마약정책 사고구조에서 해악감소정책 패러다임이 발전되어 나온 것은 대체로 주사기를 이용하는 마약 사용자들 사이에 에이즈 감염 확산사태에 대한 대응책으로서였다. 1980년대 후반과 1990년대 초반 에이즈 확산사태에 직면한 보수당 정부는 주사기 교환해 주기 등을 포함한 일련의 획기적인 해악감소정책을 수립 시행했다. 이런 정책적 이동은 노동당정부도 계승했으며, 노동당정부는 '2002년 최신 마약전략'에서 이 정책을 '마약문제를 대처하는데 우리가 보유한 가장 강력한 수단들' 중의 하나로서 '해악의 최소화' 정책이라고 명명한 바 있다.

그리고 마약금지주의 틀 내에서 해악감소정책이 등장하게 된 것은 매우 뿌리 깊은 정책상의 모순을 초래함을 뜻할 뿐이다. 왜냐하면 국민건강을 지켜야 한다는 필요성과 당위성은 그간 줄곧 교조적인 법집행과 충돌을 일으켜 왔기 때문이다. 마약금지정책에서 형사사법이 전반적인 확산을 감소시키는 데 전력투구한다는 자세로 인해, 이제는 국민건강에 초점을 맞추며 마약 사용에 대한 실용주의적 수용태도(해악감소정책 패러다임의 바탕에 깔려 있는)와 불편하나마 동거해야만 하는 모순 상황에 빠져들고 말았다. 이 모순상황은 2003년 주사장비보급이 비로소 합법화되어 '주사장비 한 세트(청결한 면봉, 접합제, 구연산 등)'를 주사기를 이용하는 마약 사용자들에게 제공하기 시작했을 때, 이를 홍보하는 그래픽 자료를 통해 극명하게 드러난 바 있다. 그럼에도 불구하고 마약공급 그 자체는 여전히 아무런 규제도 받지 않는 거리의 밀거래자들 손에 내맡겨 두고 있는 실정이다.

이런 정책가치의 충돌사태는 유엔 차원에서도 드러났다. 해악감소정책에 대한 유엔 마약통제기구 측의 극도의 경계자세는, 세계보건기구(WHO), 유엔개발계획(UNDP), 유엔에이즈기구(UNAIDS) 등이 신속하게 이 정책을 수용한 것과는 극명한 대조를 보여주었다. 후자의 기구들은 해악감소정책을 아주 당연한 것으로 활용했다. 2001년 에이즈에 관한 유엔총회 특별회의는 '마약 사용과 관련된 해악감소 노력'을 경주하는 동시에 '살균 처리된 주사장비 등을 포함하여 기본적인 제품들에 대한 접근권을 확대'하도록 요청하는 결의안을 채택한 바 있다.

해악감소정책은 국내와 국제수준의 마약정책 사고구조에 있어서 환영할 만한 발전을 뜻한다. 반면 이는 최초단계에서 금지주의 정책이 초래한 국민건강에 대한 여러 가지 최악의 해악들에 대응한 것이었으며 이 사태를 중화시키는 역할에만 국한되는 것이었다는 점 역시 명약관화하다. 불법마약시장은 사용자들을 더욱더 농축된

(따라서 더욱더 수지맞는) 마약주입방법으로 내몰아갔다. 기본적으로 아편제의 경우 아편에서 헤로인에 이르는 경로를, 코카를 원료로 한 마약의 경우 코카 음료에서 코카인 및 크랙 코카인에 이르는 경로를 밟아나가게 된다. 이와 유사하게 불법마약시장 역시 주사방식을 흡입방식으로 채택하도록 부추겼다. 이는 마약 사용자들이 순도가 낮은 헤로인 '한 방을 맞고자' 노력하기 때문이다.

사실, 해악감소정책은 다른 사회정책 분야에서는 진작부터 당연시되던 컨셉이었다. 오히려 마약정책 분야에서 이 정책이 매우 뒤늦게 가서야 채택되었으며, 그나마 이마저도 마지못해 채택되었던 것이다. 이렇게 진보의 방향으로 나아가는 것을 방해한 것은 정서에 호소해야 하는 정치적 분위기였다. 이것은 영국 정부가 헤로인 주사실 허용을 계속해서 방해하며 거부한 사실에서 명확히 드러난다. 헤로인 주사실 허용이 긍정적인 효과를 거두었다는 증거는 이미 유럽 본토의 각국들, 호주, 캐나다 등지에서 입증되었으며, 이 제도는 영국 내에서도 여러 경찰관들 및 대부분의 마약 관련 기관들까지도 적극 지지해 마지않았던 정책이었음에도 불구하고 이 정책의 시행이 마냥 미루어져 오고만 있는 것이다.

해악감소정책의 원칙은 합법마약과 불법마약에 대한 정책을 국민들에게 제대로 안내 홍보하도록 하는 것이 당연한 수순이었다. 그러나 해악의 극대화를 꾀하는 금지주의정책 틀 내에서 이루어지는 해악감소정책의 시행은 합리적이거나 지속가능한 정책이 될 수는 없다. 불법마약의 오용에 따른 건강상의 부정적인 해악들에 대해 올바르게 대처하는 것이야말로 매우 유용한 자세이다. 하지만 이 해악감소정책은 불법마약의 생산제조 및 공급 측면과 결부되어 있는 해악들에 대해서는 영향력을 전혀 미칠 수 없다.

2) 마약치료정책

영국에서 '마약치료가 잘 먹힌다.'는 말은 마약정책 분야에서 매우 친숙한 기도소리가 되다시피 했다. 이 용어는 불법마약 중독과, 마약구입비용을 대기 위해 저지르는 범죄라는, 쌍둥이 문제 상황에 대한 아주 멋진 해법의 경구가 되었다. 노동당과 보수당 둘 다 형사사법기관을 활용하여 마약중독 범죄자들을 절제와 금단을 바탕으로 한 치료를 받도록 강제하자는 정책을 추진했다.

이 용어는 '마약에 대해 강경대처'하면서도 그와 동시에 외형상 동정적이며 공정하다는 느낌을 줌으로써 강력한 정치적 매력을 갖는다. 노동당의 경우 '마약치료가 잘 먹힌다.'는 정책은 마약문제 해법의 핵심으로서 '교도소가 잘 먹힌다.'는 정책의 자연스러운 계승자가 되었다. 하지만 이 정책 역시 과도한 진술에 불과하다는 사실이 판명되었다.

원래 '마약치료가 잘 먹힌다.'는 기도가 등장하게 된 것은 매우 영향력 있는 '전국치료결과연구학회(NTORS)' 측이 마약치료에 쓴 1파운드는 형사사법 분야에 쓴 3파운드 예산을 아낄 수 있다고 쓴 결론 부분의 제목을 딴 것이다(미국의 경우 170억 달러의 치료예방 예산을 투입하고 있으며, 형사처벌은 7배가 들며, 치료를 통해 정상생활로 이끌었을 때의 이득까지 감안하면 치료비는 12배의 효과가 있다고 함, 손석희 100분 토론 중 조성남 국립부곡병원장 지적). 이를 위해 증가일로에 있는 국무부 예산을 형사사법기관이 관리하는 마약치료 분야로 돌려 써왔으며, 자치경찰 예산의 일정비율 역시 그 용처를 돌려 해당지역 마약서비스 분야에 쓰도록 재배정하였다.

그러나 이 전략에는 두 가지 중대한 문제점들이 도사리고 있다.

첫째, 위 학회의 연구에서 연구대상의 25%는 어떠한 치료에도 참여하지 않았다. 이들은 주거지를 떠나기를 원치 않는 사람들로서, 가장 질서가 없으며 범죄를 많이 저지르는 범법자들일 가능성이 농후하다. 둘째, 이 정책에서 무엇을 주장하고 있는가를 검토해 보아야 한다. 요컨대 과연 무엇에 비교해 보았을 때 마약치료가 잘 먹혀든다는 말인가? 법집행기관에 대한 예산지출은 너무도 역효과만을 가져오고 있으므로, 법집행예산을 그 밖의 다른 아무 곳으로나 돌려쓴다 해도 이전보다는 더 나은 결과를 가져올 수 있기 때문이다.

형사사법기관이 마약치료 예산을 관리해야 한다는 아이디어는 기본적으로 본말이 전도된 것이다. 형사사법기관이 관리하는 치료의 특성은 모색되는 것이기보다는 강제되는 것이며, 출발선상에서의 유지보완이기보다는 절제나 금단 위주가 되고, 환자와 의사 둘 사이의 협의에 의한 것이기보다는 법원의 결정에 따른 것이 되며, 강제적인 소변검사와 위반 시 구금하겠다는 위협을 통하여 시행될 수밖에 없다. 이런 식의 치료 프로그램이 거둔 초라하기 짝이 없는 성과밖에 거두지 못한 점에 대해서는, 최근 세 곳에 이르는 신규 시범실시지역에 대한 중앙회계감사원 측 보고서가 제대로 밝혀낸 바 있다. 이 보고서에 따르면 명령을 위반한 마약사범 중 80%가 2년 이내에 재범을 저지른 것으로 드러났다.

영국에서 형사사법기관이 관리하는 치료프로그램이 거둔 성과가 지극히 빈약하다는 증거들에도 불구하고 이 치료 프로그램들은 계속해서 가용자원의 절대 다수를 차지하고 있는 실정이다. 마약중독자 치료를 위한 지출규모는 이제 알코올 중독자나 담배중독자 치료를 위한 지출규모보다 400% 이상 많으며, 준비단계에 있는 것까지 포함하면 훨씬 더 많다. 알코올 중독과 담배중독이 다른 모든 마약중독을 모두 합친 것보다 엄청나게 큰 차이로 훨씬 더 심각함에도 불구하고, 실제 예산지출은 정반대로 되고 있다. 참고로 영국에서 알코올과 담배 관련 사망자 수는 매년 13만 명 수준인 데 반하여 그 밖의 다른 모든 마약 관련 사망자수를 모두 합하더라도 그 수는 대략 3천 명 정도에 머물러 있다.

영국에서 마약치료에 필요한 새로운 자원이 등장하지 않았던 점은 분명했다. 그 이유는 일반국민들 사이에서 마약중독자들에 대한 동정심이 폭발적으로 분출했다는 사실, 즉 마약중독자들에 대해 강제적인 절제나 금단토록 하는 정책을 시행함으로써나마 이것이 범죄발생을 감소시킬 수도 있다는 새로운 인식 때문이었다. 지금 마약치료에 흘러들어가고 있는 자금은 보건부가 아니라 오히려 국무부가 관리하고 있으며, 따라서 기본적으로는 범죄감소를 위한 조치로 이해되고 있다. 하지만 마약치료 비용이 얼마가 들어가든 상관없이 절대다수 마약 사용자들은 여전히 마약을 계속할 것이며, 그중 소수가 불법마약을 하는 데 드는 돈을 대기 위해 범죄를 저지르는 것도 계속될 수밖에 없다.

마약금지정책의 시행이야말로 범죄자들을 만들어 내고 있으며, 기본적으로 범죄발생을 감소시킬 목적에서 이들 범죄자들에게 치료를 받도록 강제하기 위해 똑같은 형사사법기관을 활용하고 있다고 하는 악순환 상황에 빠져들고 있다. 본말이 전도된 일의 연속이다.

6. 마약 합법화=마약에 대한 규제와 통제

'마약 합법화'라는 용어는 단지 일반국민들의 대중적 이해를 돕기 위한 목적으로 매우 느슨하게 정의하여 사용하는 개념이며, 현재 진행되는 논쟁에서 적지 않은 혼란을 초래하고 있는 것이 사실이다. 용어와 관련하여 금지, 비범죄화, 합법화 이 삼자를 명확히 구분해야 한다.

첫째, 우선 금지란, 현재 전 세계를 지배하고 있는 마약정책 패러다임으로서, 특정 마약의 생산 제조, 공급, 사용 등을 범죄화하는 동시에, 인류사회에서 마약을 아예 제거하여 근절시키려는 목표를 추구하고 있다.

둘째, 그다음, 비범죄화란 일부 마약 혹은 현재 불법으로 규정되어 있는 마약의 생산 제조, 공급, 사용 등에 대하여 (법개정을 통하여 혹은 경찰의 단속을 완화하는 방식으로) 형사처벌을 배제하는 것을 가리킨다. 이것은 네덜란드, 포르투갈, 스위스, 최근 러시아에 속한 대부분의 국가들 등지에서 시행하고 있는 정책이다. 하지만 예컨대 벌금과 같은 민사적 제재나 행정처벌은 계속해서 존속시키는 경우도 있다.

한편 정치적 담론 및 미디어는 이 비범죄화라는 용어가 폭넓게 사용되고 있다. 하지만 이 용어는 법적으로 정확하지 않은 것이기 때문에 혼란을 야기하고 있다. 왜냐하면 현재 세계의 모든 국가에서 여전히 마약소지는 불법으로 규정되어 있기 때문이다. 하지만 현실에 있어서는 사실상의 비범죄화 조치들이 이루어지고 있으며, 그 방식은 앞서 지적한 대로 경찰력 행사의 재량권에 따라 관용을 베풀거나 아니면 아예 집행을 하지 않는 방식을 동원하고 있고, 보다 더 일반적인 방식은 체포, 유죄평결, 투옥 등과 같은 형사처벌을 흔히 벌금납부나 치료회부 등과 같은 민사상 조치나 행정처벌로 대체하는 방법이 있다. 비범죄화 방식은 보다 더 정확하게는

'민사적 조치나 행정처벌을 통한 금지정책'이라고 보아야 하며, 비범죄화조치 시행과 더불어 마약의 공급 및 밀수출입 범죄에 대한 처벌을 한층 더 강화하는 조치가 함께 시행되는 경우가 흔하다는 점을 주목해야 한다.

셋째, 마지막으로 '합법화=규제와 통제'란 마약의 생산 제조, 공급, 사용 등을 범죄화하고 있는 유엔마약조약을 전면 재검토하거나 아예 폐지한 다음, 개별 국가들로 하여금 마약문제에 대하여 합법적으로 규제 및 통제를 할 수 있도록 허용하는 정책을 말한다. 이 정책에는 이 새로운 규제틀 바깥에서 벌어지는 여러 가지 마약 관련 활동들에 대해서는 계속해서 범죄화하도록 하는 정책방안도 포함되어 있다.

트랜스폼은 보다 구체적인 개념정의를 사용하고 있다. 즉 마약 합법화란 곧 '현재 불법마약의 생산 제조, 공급, 사용 등에 대한 규제와 통제'라는 개념이 바로 그것이다.

이 개념정의는 '합법화'라는 용어 속에 내포되어 있는 금지주의 정책에 대한 폐지를 뜻하는 것이면서, 그와 동시에 금지주의 정책 대신 어떤 정책으로 대체할 것인가 하는 점을 훨씬 더 명확하게 구체적으로 드러내 보여주고 있다. 트랜스폼은 일부 자유극대화론 자나 자유시장 경제학자가 지지하는 마약자유시장 합법화론은 옹호하지 않는다.

합법적인 마약의 생산 제조와 공급 등에 대한 규제정책 대안들은 매우 다양하다. 트랜스폼은 '모든 사람들이 자유롭게 접근토록 하는' 마약정책대안을 지지하지 않는다. 트랜스폼은 이것은 오늘날 범죄세계에서 운영하고 있는 마약시장 바로 그것과 다름없다고 본다. '마약금지정책'과 '마약통제'를 동일하다고 보는 것은 그야말로 사회정책상의 엄청나게 커다란 아이러니가 아닐 수 없다. 왜냐하면 현실에 있어서 마약금지정책이란 곧 마약범죄조직에 속해 있는 갱들 및 아무런 규제도 받지 않는 마약 밀거래자들에 대한 통제의 포기를 뜻하는 것이기 때문이다. 이와 대조적으로 합법화란 기존 불법마약시장에는 아예 존재하지도 않았던 규제와 통제를 제대로 가하도록 하자는 것을 가리킨다.

합법화 정책모델 틀 속에서는 마약 관련 활동들이 상당수는 여전히 금지된다는 점을 유의해야 한다. 현재 합법적인 것으로 되어 있는 유흥(레크리에이션) 마약이나 처방에 의한 마약에서와 마찬가지로, 마약 합법화가 이루어지더라도 과연 누가 마약을 생산 제조, 판매, 구입, 접근할 수 있는가, 이들 관련자들이 과연 언제 어디에서 마약을 소비할 수 있는가 등에 대해서는 여전히 제약이 가해질 것이기 때문이다. 마약 관련활동이 이런 합법화구조 바깥에서 이루어지는 경우 민형사상 처벌도 가할 수 있다. 이것은 현재 미성년자에게 알코올과 담배를 판매하는 경우 받게 되는 처벌과 유사하다. 공공장소에서의 마약 사용 역시 계속해서 불법인 것으로 규정할 수 있다. 트랜스폼은 이런 규제방식이 마약 사용을 안전하게 해 주지는 않는다는 점을 재확인하고 있다. 마약 사용이란 결코 리스크로부터 완전히 자유로운 것이 될 수는 없다. 그럼에도 불구하고, 규제와 통제를 통해 리스크를 상당 부분은 감소시킬 수 있다고 본다.

7. '합법적 규제'의 장점

1) 모든 차원의 극적인 범죄감소

합법적 마약이나 처방에 의한 마약 사용 중독자들이 범죄를 저지르지 않는 반면, 불법마약 중독자들이 엄청나게 많은 범죄를 저지르는 이유는 기본적으로 경제논리 때문이다. 즉 불법마약은 비싼 반면, 합법마약은 비싸지 않기 때문이다. 처방전을 발행하거나, 아니면 돈을 대기 위한 범행이 필요 없을 정도로 낮은 가격을 매기면서, 헤로인과 코카인의 공급을 합법적으로 규제한다면, 즉각 개별적인 마약중독자들에 의한 대물획득범죄를 절반 정도는 획기적으로 줄일 수 있다. 이와 같은 효과는 유럽각국의 여러 도시들에서 실시된 수많은 헤로인 처방프로젝트들에서 이미 입증된 바 있다. 그와 동시에 길거리 매춘과 마약 밀거래는 일소될 것이며, 구역 쟁탈전, 갱들의 폭력범죄와 총기범죄 등도 크게 줄게 될 것이다.

조직범죄집단에게 최대의 단일 수익원이 증발하며, 그와 함께 경찰부패의 최대 단일 요인도 함께 사라질 것이다.

2) 형사사법기관의 부담완화 및 폭력범 아닌 재소자의 획기적 감소

불법마약시장이 해체되면서 수백만 명에 이르는 마약 사용자들이 더 이상 범죄자로 규정되지 않으며, 마약중독자들도 이제 더 이상 마약비용을 대기 위한 범행으로 내몰리지 않게 되면서, 경찰과 세관에서 법원, 교도소, 보호관찰소 등에 이르기까지 형사사법기관 전체적으로 엄청난 인적 물적 자원의 투입부담을 덜 수 있게 된다.

재소자 수도 금방 3분의 1 내지 절반 정도 감소하며, 현재 교도소 시스템에서 초래되고 있는 운영자금 압박 및 재소자 과밀위기 사태도 종식될 것이다. 예컨대 가난 때문에 마약 운반책이 되고 그래서 영국의 감옥에 갇혀 있는 카리브 해 국가들 출신 4백여 명에 달하는 여성재소자의 경우, 이들에 대한 1인당 연간 수감비용은 3만 5천 파운드(한화 약 7천만 원)에 달하고 있다. 그러나 마약 합법화가 이루어지게 되면 그 부수효과로 인해 이들은 가족 품으로 돌아갈 수 있으며, '마약 운반책'이라는 개념 자체가 역사 속으로 사라져 버리게 될 것이다.

3) 수십억 파운드의 예산낭비 제거 및 탈루세금 회수

현재 마약금지정책을 시행하면서 이 금지정책이 초래한 부정적인 결과들을 뒤처리 하는 데 쓰이고 있는 수십억 파운드의 예산이 절감될 것이다. 이렇게 마약과의 전쟁을 종식시키면서 덤으로 절감하게 되는 '평화배당금'은 형사사법기관의 다른 프로그램을 위해 쓰일 수 있다. 그렇지 않더라도 이 돈을 마약치료나 마약교육 분야로 재배정할 수 있으며, 마약중독자 문제의 바탕에 깔려 있는 사회적 박탈사태를 완화하는 데 투입해야 하는 장기적 투자비(요컨대 마약과의 전쟁 이후시대(post-drug war)에 시행해야 하는 '마샬 플랜' 추진비용)로 쓸 수도 있다.

영국의 불법마약시장은 최소한 연간 66억 파운드(한화 약 13조 2천억 원) 규모로 추산된다. 이 마약시장을 규제하고 세금을 부과하게 되면 마치 알코올과 담배 경우처럼 가격통제는 물론이고 막대한 조세수입을 확보할 수 있다.

4) 국민건강증진 및 마약 관련 해악의 실질적 감소

마약금지정책이 초래하는 해악극대화 효과가 제거되고, 그 대신 실효성 있는 치료, 교육 및 해악의 최소화 프로그램이 진행될 것이다. 이런 사업추진을 위한 자금은 법집행기관 지출예산의 재배정을 통해 지원될 것이다. 숱한 마약 관련 사망사건들도 획기적으로 감소할 것이다. 마약중독자들은 이제 더 이상 순도가 떨어지는 길거리 마약으로 인한 리스크라든가, 간염과 에이즈 같이 혈액을 통해 전파되는 질병 등에 직면할 필요가 없어질 것이다. 이들은 범죄화의 위협을 당하지 않으면서도 양질의 마약서비스를 받을 수 있게 될 것이다.

5) 주변계층 및 소외계층의 인권과 존엄성 회복

민권 및 인권에 대한 침해사태가 더 이상 마약과의 전쟁이라는 기치 아래 자행되지 않게 될 것이다. 범죄화의 위협이 없었더라면 평생 동안 법을 준수하며 살아 나갔을 수백만 명에 달하는 시민들에 대하여 그와 같은 범죄화의 장애물이 제거될 것이다.

6) 마약생산제조국가 및 이전국가의 안정회복

콜롬비아, 아프가니스탄, 자메이카, 버마 등 마약생산제조 및 이전 국가들의 경우 지금까지는 그 총규모에 있어서 석유와 무기 거래규모에 필적하는 불법마약시장에 대한 왜곡되고 부패한 세력의 영향력 행사로 인하여 거의 무정부상태에 빠져 있었다. 마약시장에 대한 합법적 규제야말로 이들 국가들의 안정회복에 있어서 필수적인 전제조건이 되고 있다.

8. '합법적 규제'의 단점

마약 합법화 정책이 '마약문제'에 대한 만병통치약이 될 수는 없다. 마약이 합법적이든 아니든 관계없이 소수의 사람들은 계속해서 무책임하게 마약을 사용할 것이며, 어떤 사람들은 그로 인해 해악을 입게 될 것이고, 또 어떤 사람들은 그로 인해 사망에 이르기도 할 것이다. 마약 합법화와 규제 정책은 단지 마약금지정책 시행에서 나타난 문제점 및 마약금지정책이 만들어 낸 마약범죄시장등을 제거만 할 수 있을 따름이다. 이 정책은 대부분의 마약오용 바탕에 깔려 있는 근본원인들에 대해서는 직접적으로는 아무런 해명도 하지 못한다. 여기서 말하는 근본원인이란 가난, 실업, 홈리스, 권태, 기회 결핍, 정신건강의 이상 문제, 남용 병력, 피보호 경력 등과 같은 것을 말한다.

마약금지정책이 종식된다고 해서 조직범죄가 근절되는 것도 아니다. 마약 합법화 정책은 기존하는 조직범죄망에게 중요한 수익원을 제거하며, 총수익의 하락을 초래할 것이다. 그러나 불법마약 거래의 수익이 감소하거나 사라지게 됨에 따라 다른 분야에서 그 대신 조직범죄활동이 증대될 가능성이 크다.

마약법 개정의 한계를 인정한다면 이제 보다 폭넓은 사회정책이라는 맥락에서 깊이 있게 논의가 이루어져야 한다. 트랜스폼은 마약금지정책이 초래한 온갖 혼란들을 종식시키는 것이야말로 보다 포괄적인 사회개혁의 필수조건이 된다고 본다. 마약금지정책은 마약중독문제에 대한 실효성 있는 정책적 대안을 발전시키는 데 있어서 엄청난 장애물로 작용하고 있는 이미 시대에 뒤쳐진 법률통제 형식이 되고 말았다.

이에 대한 타협시도 노력 역시 엄청난 모순 및 부당한 조치들로 난마처럼 얽혀 있어서 거의 아무런 실효성도 찾아볼 수 없는 실정이다. 마약 관련 해악들, 마약 관련 범죄, 마약 관련 사회적 배제 등을 줄이기 위해 취해지고 있는 새로운 조치들이라고 하는 게 고작, 해악을 적극적으로 극대화하며, 범죄를 조장하고, 도움을 가장 절실하게 필요로 하는 바로 그 사람들을 배제시키고 마는 마약 금지주의 정책 틀 내에서 단지 어떻게든 해 보려는 수준에 머물러 있기 때문이다.

마약문제 이슈에서 수십 년 동안 기승을 부리고 있는 정치적 포퓰리즘 및 '마약과의 전쟁' 이데올로기 선전공세 등을 제거하는 것이야말로, 실제로 마약문제란 무엇인가를 명확하게 해명할 수 있는 지름길이다. 요컨대 국민건강 및 사회정책 차원에서 이 문제를 풀어가야 한다.

장기적 안목으로 바라보았을 때 마약중독을 줄이는 유일한 방법은 근본원인들을 다스리는 데 있으며, 간단히 말해 이것은 대부분의 마약중독 출발점인 사회적 박탈사태를 줄이는 동시에, 마약정책을 보다 폭넓은 정책적 맥락에 통합시키는 것을 일컫는다. 마약중독은 사회적 병리현상에 대한 바로미터이며, 이 문제가 기존 문제점들을 악화시키는 것일지는 몰라도 원초적 원인은 아니다. 트랜스폼은 결국 마약금지정책이란 마약, 마약 사용자, 마약 밀거래자 등을, 숱한 사회문제들에 대한 그저 찾기 쉬운 편리한 희생양으로 삼아버리고 마는 정책에 불과하며, 결국 마약금지정책이란 곧 다른 사회정책 분야에서 실패로 얼룩진 사태들을 가리는 연막전술과 하등 다를 바 없다고 본다.

제3장 마약 합법화 논쟁

1. 영국의 마약문화

영국의 노동당 정부가 대마초 등급을 완화할 때 이에 대해 영국에서는 큰 논쟁이 벌어진 바 있다. 2002년 6월 11일자 가디언지 사설은 만시지탄의 감이 없지 않지만 뒤늦게나마 환영할 만한 개혁조치라고 평가하였다. 그해 6월 10일 블렁킷 국무부장관이 하원 발언을 통해 대마초의 등급완화를 밝힌 것은 커다란 의미를 갖는다. 모든 계층과 계급을 망라한 수만 명의 청소년들이 당시 대마초 등급완화 조치로 혜택을 본 것이다. 영국은 유럽에서도 가장 엄격한 마약법을 가지고 있다. 그러면서도 가장 높은 비율의 청소년층 마약 사용자층을 가지고 있는 형편이다.

영국에서 대마초를 피우는 국민들 수는 연간 대략 2백 5십만 명선으로 추산되고 있다. 영국정부는 현행 영국 마약 관련법이 이들 청소년들의 마약 사용을 억제하지도 못하고 있을 뿐만 아니라 이들을 범죄자로 몰아가고 있으며 막대한 경찰활동 인력을 낭비하고 있는 실정이다. 그래서 가디언지는 당시 마약법 개정 방침에 대해 만시지탄의 감이 없지 않다며 크게 환영해 마지않았다.

영국에서는 현재 모든 마약범죄의 약 90퍼센트는 마약소지혐의이며 단지 10퍼센트만 밀매혐의로 되어 있다. 마약소지범죄의 약 75퍼센트는 대마초와 관련된 것이며 이는 매년 약 9만 건 수준이다. 이 소지범죄 한 건당 경찰의 처리소요 시간은 약 5시간 정도이다. 이들 마약소지 범죄자에게 내려지는 처분은 그야말로 제비뽑기와도 같은 형국이다. 영국의 각급 자치경찰청에 따라서 훈방률이 22퍼센트에서 72퍼센트에 이르기까지 커다란 편차를 보이고 있기 때문이다. 물론 현재는 영국경찰의 이 훈방 제도라는 것 자체가 아직은 국민들이든 경찰이든 동의를 거친 것은 아닌 상황이다.

여론조사 결과를 보면 영국국민들 중 약 60퍼센트는 마약소지를 범죄라고 보아서는 안 된다는 의견을 보였으며, 99%의 국민들은 이 문제가 경찰활동의 우선순위에서 맨 꼴찌라야 한다고 보는 것으로 나타난다. 간부급 경찰들은 마약 관련 정책 개혁을 열망하고 있으며 마약 중에서도 습관성이 큰 하드 드럭에 대해 보다 더 집중적으로 경찰력을 투입하기를 바라고 있다.

향후 영국에서 대마소지 혐의로 붙잡히면 통상 마약은 압류되지만 전혀 체포되지는 않게 된다. 가디언지는 영국정부가 대마를 가장 덜 해로운 등급에 속하는 C등급으로 재분류한 것은 매우 올바른 것이라고 평가하고 있다. 국무부 측은 반대 목소리를 의식하여 어린이가 대마를 한다든지 대마 소지자가 경찰관 면전에 대마연기를 뿜어 대는 도발을 하는 특수한 경우엔 체포할 수 있도록 하는 조항은 그대로 두기로 하였다. 영국에서는 전에도 대마소지 혐의로 감옥에 가는 사람은 거의 없는 상황이었지만 앞으로는 그 수가 더욱더 줄어들 것이다. 영국에서 대마소지는 당연히 감옥에 보내는 정도의 범죄에서 배제되어 마땅하다는 여론이 절대다수를 점하고 있다. 밀매범죄의 경우 계속해서 B급 마약에 해당하는 형(최고 14년)을 받게 되어 있는데, 이 역시 형량이 대마를 나누어 피우는 경향이 있는 학생계층을 커다란 위험에 빠뜨릴 수 있는 너무 과중

한 것이라는 우려도 만만치 않은 상황이다.

2. 마약정책 담당자 항의 사임

마약퇴치정책 분야의 책임자였던 케이트 헬라웰은 2002년 7월 10일 대마 등급완화 등과 같은 개혁정책에 정면으로 반기를 들고 항의의 표시로 사임을 강행하였다. 하지만 정작 대마 등급 재분류 자문은 바로 케이트 헬라웰 그 자신으로부터 나왔다는 점을 상기한다면 그야말로 아이러니가 아닐 수 없다. 과연 그는 등급완화 정책을 통제할 위치에 있지 못했는가?

지도적인 위치에 있는 법조인과 마약전문가를 뒷받침한 두 명의 자치경찰청장이 주도했던 바 있는 영국의 경찰연구재단 전국위원회 측은 헬라웰이 사임하기 벌써 2년 전 당시와 같은 개혁정책의 시행을 자신들 단체에게 권고한 바 있다. 그 당시 헬라웰의 권고를 수용한 경찰연구재단 측 견해는 그 뒤 마약오남용자문위원회 및 하원국내문제상임위원회 측으로부터도 지지를 받았다.

그리고 그와 같은 정책은 이미 런던 남부 브릭스톤 지역에서 시범 실시되어 심각한 습관성 마약과 그렇지 않은 마약 밀매자들(소지 혐의자 아닌)을 더욱더 많이 체포하는 것과 같은 성과를 거두기에 이르렀으며, 2002년 6월 10일 이후 확대실시 방침이 나오기 이전부터 벌써 런던 전역으로 확대 실시키로 한 방침이 이미 확정된 상황이었다. 이 정책을 상당히 단호하게 반대하던 보수당과 달리, 영국 자치경찰청장협의회는 2002년 7월 10일 이 개혁조치를 지지한다고 밝혔다.

3. 영국 마약의 역사

이와 같은 변화야말로 현재와 과거의 큰 차이이다. 1960년대와 1970년대 마약 대량 사용의 첫 번째 파고가 겉으로 드러난 것은 환각제였으며, 사회적으로 마약은 상류층 취향에 국한되어 있었다. 1980년대의 경우 마약은 영국사회 전반에 대해 위협적인 것으로 비쳐지기 시작했다. 그다음 1980년대 후반 열광과 도취의 시기가 왔다. 환각상태와 마약 사용 경험은 영국 청소년층의 상당수에게 통과의례가 되다시피 하였다.

하지만 몇 가지 점에서 마약에 대한 시각은 오히려 협소해지고 말았다. 1980년대 초기 마약공황사태의 가장 뚜렷한 특성 중 하나는 사회적으로 마약을 포용되게 되었다는 점이었다. 당시 영국에서 마약문제 하면 헤로인 문제였다. 헤로인은 마약 사용의 종점이었을 뿐만 아니라 사회와의 관계를 끊어버리는 과정의 한 상징이기도 했다. 헤로인은 대처 정권의 경제개혁이 가져온 끔찍한 부산물로 인식되었다. 즉 헤로인은 산업적 토대가 붕괴한 지역의 취약해진 주민들과 계층들에게 퍼져 나갔기 때문이다. 동시에 헤로인은 위대한 평등주의자로 인식되었다. 지방자치단체 소유의 공공주택단지에서 살아가야 하는 마약중독자들에 관한 여러 소설들이 쏟아져 나왔으며, 이는 농촌지역 주택에서 성장한 국민들 사이에 마약중독에 관한 기사들과 함께 읽혀졌다. 부유한 계층이 가난한 계층에 대해 책임이 있다는 컨센서스에 틈이 생겨나 그 틈이 점차 커지게 되면서, 헤로인에 관한 이야기와 소설 속에서 부자나 가난한 사람이나 헤로인 속에서는 모두 하나라고 느끼게 되었던 것이다.

오늘날 편안한 계급에 속하게 된 사람들 다수는 자신들과 같은 풍요로움을 제대로 향유하지 못하고 있는 사람들에 대해 과거에 느꼈던 죄의식을 표출하고 있다. 그리고 헤로인은 공개적 논의에서는 거의 나타나지 않고 있다. 일반적으로 불법마약 사용이란 풍요로움 속에서, 즉 잘 사는 사람들 사이에서 가장 흔한 범죄인 측면이 있는 반면, 헤로인은 그에 비하면 예외적인 현상에 속한다. 요컨대 헤로인은 부자 계층이나 중간계급보다는 오히려 가난한 계층 사이에서 훨씬 더 유행하고 있다. 따라서 헤로인은 가난한 사람들의 어려움을 대변하고 상징하는 것으로서 이해되기보다는 아예 무시되고 마는 경향이 있다.

수년 전 라첼 휘트이어의 비극적 죽음을 둘러싼 논란은 예외적인 현상에 속한다. 어린 휘트이어의 부모는 헤로인 과다사용으로 사망한 이후 발견된 딸의 시신 사진을 공개한 바 있다. 휘트이어는 예외적으로 중간계층 출신으로서 일반적인 헤로인 중독자들과는 판이한 충격을 불러일으켰다. 하지만 영국에서 통상 가난한 계층에 속해 있는 헤로인 중독자들은 일반적으로는 그저 무시되고 간과되고 있을 따름이다.

1) 폭력범죄

영국에서는 공포의 근원인 다른 마약들도 헤로인처럼 무관심의 대상이 되고 마는 경우가 허다하다. 예컨대 영국에서 도시 지역의 마약주사는 마약 밀매자들 간 라이벌 싸움 탓으로 돌리는 경우가 흔하다. 이는 마약을 둘러싼 싸움을 과장하는 것일 뿐만 아니라 폭력사태란 것이 보다 더 넓은 사회에 대한 위협이라고 보기보다 오히려 내부적인 일에 불과하다는 인식을 적나라하게 드러내는 것이다. 이것은 총잡이들이 살아가고 있는 지역사회라는 게 다른 사람들에게는 아무런 관심사도 아니라고 보는 인식과 다름없기 때문이다. 여기에는 인종차별적 요소가 개재되어 있다. 물론 영국범죄통계 서베이 조사에 따르면 영국의 흑인 및 다른 소수 인종들은 백인보다 오히려 마약을 덜 하는 것으로 되어 있다. 그러나 인종이 관건이 아닌 경우에조차도 여전히 계급장벽이 존재한다고 하는 점을 주목해야 한다.

2) 여가문화

영국에서 마약에 대한 인식을 아예 무관심으로까지 크게 바꾼 것으로는 여가문화 차원도 있다. 시대적 분위기 그 자체가 활활 타오르는 불꽃과도 같다. 우리나라도 마찬가지지만 영국에서는 여가문화의 구구한 측면들에 대해 불쾌해하거나 충격을 받는다는 건 시대감각에 뒤지는 것으로 되어 있다. 그런데 영국에서는 바로 이 여가문화에 마약이 자리잡고 있다. 게다가 한때는 험악하기 짝이 없는 계층으로 인식되던 록스타들이 이제는 아주 재미있는 인물이 되었으며, 과거 열광과 도취의 세대가 이제는 젊은 중간관리직 전문가로 성장하게 된 그간의 나이 먹어감의 과정을 생각할 때, 영국에서는 마약이 아예 가정에까지 침투하는 과정이 이미 진행되었다.

이것은 처음부터 이미 아는 뻔한 결론과도 같다. 마약이란 게 쾌락과 흥분을 추구하는 문화와 경제에 있어서는 '맞아, 바로 이거야' 하는 것과 같이 어떤 번쩍이는 예외적 존재나 다름없다. 예컨대 영국에서 지금까지 지난 4반세기 동안 여성은 각종 잡지와 소설을 통해서 개인적 발전과정에서 그리고 그 자신을 위해서 성적 쾌락을 추구하도록 권장되어 왔다. '스타워즈'와 '코스모폴리탄' 같은 잡지들은 엄청난 환호를 받았다. 같은 시기 동안 시청자들은 점점 더 스펙터클한 영화들 앞에서 놀라움을 금치 못했다. 음악 분야에서 스피커 수가 기하급수적으로 증가하였으며 저음은 더욱 더 낮아져 가고 있다.

영국에서 마약이 하는 역할이란 바로 이런 유형의 문화와 관련되어 있다. 마약으로 마음을 고조시키고 싶어 하는 욕망은 영국문화의 큰 부분이 되다시피 한 쾌락과 즐거움 추구에 잘 반영되어 있다. 영국에서 마약은 대체로 문화에 대해 영감을 불러일으켜 주며 영국문화의 많은 부분들이라고 하는 게 마약 없이는 존재할 수 없는 지경에까지 와 있다. 그 장소와 내용이 적절한 것이냐의 의견 차이가 있기는 하나, 섹스와 스펙터클한 쾌락에 대해 거의 모든 사람이 긍정하고 있으면서도, 많은 사람들이 마약투약은 여전히 그 자체로서는 잘못된 것이지만 감각적 쾌락의 한 방식 정도쯤에 불과하다고 생각하는 경향이 있다.

영국에서는 감각적 쾌락은 반드시 결혼한 성생활과 같이 보다 고귀한 가치를 위해서만 추구해야 한다고 하는 윤리적 지주란 이미 오래전에 산산조각 부서져 버렸다. 영국에서 오늘날 쾌락의 추구 문제와 관련하여 윤리 도덕적 우려를 표명하는 것 자체가 이미 부질없는 일이 되어 버렸으며, 따라서 그와 같은 우려는 마약 사용자들이 부닥치는 현실적인 위험함에 관한 우려로 바뀌고 있다. 요컨대 마약이 옳은가 그른가 하는 문제는 이제 건강과 안전에 관한 문제로 대체되어 가기에 이른 것이다.

4. 마약정책의 전환

영국의 마약정책 역시 이와 비슷한 경로를 밟아왔다. 윤리적 압력이 완화됨에 따라 영국정부는 자원봉사 시민단체의 조언을 따르게 되었으며 마약의 '해악감소' 정책을 발전시켜 왔다. 영국 국무부는 '관용제로' 경찰정책을 그만두었으며, 마약과의 전쟁을 선언하는 대신, 마약 사용에서 나타나는 해악감소와 관련된 실적목표치를 설정하기에 이르렀다. 마약 해악감소에 소요되는 비용은 잉글랜드와 웨일즈 지역에서 연간 1백 6억 파운드(한화 약 21조 2억 원) 내지 1백 8십 8억 파운드(한화 약 37조 6천억 원)에 이르는 것으로 추정되고 있다. 그 대부분은 '마약 사용 문제집단'에 속하는 28만 1,125명의 상습적 마약 사용자들에게 지출되고 있다. 최근 이 분야에서 영국경찰의 업무 방향은 '관리'이다. 영국 국민들이 정부가 적당히 꾸며댄 말에 약하다는 것은 정부 측에게는 매우 다행스럽다고 봐야 한다. 즉 대마초의 경우 많은 영국 국민들이 이제 대마초란 합법적이라고 마음먹음으로써 여러 모순된 상황을 해결하려 한다. 자신들의 기호품인 '리즐라스' 대마를 아이들에게 숨기기를 포기한 중간계급에 속하는 부모들 세대들이 이제는 대마초를 합법적이라고 보는 실수를 하게 된다면, 불법 마약이라는 게 과연 무얼 의미하는가에 대해 10대 청소년들이 단지 흐릿하게만 알고 있다는 데 대하여 그 누구도 그들을 책망하기 힘든 상황이 되고 말았다.

그렇지만 마약 및 마약정책과 관련하여 그간의 진흙탕 속 같은 혼란 속에서도 영국에서는 2001년 총선 이후 2002년 전후로 한 시기 동안 마약을 둘러싸고 전례 없이 공개적인 대화와 공론화가 이루어져 왔다. 전체 언론이 대대적으로 그리고 심층적이며 지속적으로 이 문제에 대해 보도했으며 지금까지도 그런 자세를 견지하고 있음은 물론이며 의회 차원에서도 여론을 수렴하고 올바른 마약정책 개혁을 위한 공론화 작업을 벌여 오고 있다. 당시 영국의 분위기는 2002년 '아처'지의 한 에피소드 기사에서 10대인 팔론 로저스가 엑스터시를 한 상태에서 어머니를 매우 사랑한다고 말하는 자극적인 장면에서 전형적으로 잘 드러났다. 이때, 로저스의 어머니인 졸렌 여사는 딸에 대해 경고하는 듯한 전형적인 모습을 하면서도 그런 딸을 멀리하지는 않겠다고 하는 모습을 보여주었다.

최근 영국은 역설적으로 마약에 대해 비교적 편안한 상황이다. 그 이유는 부분적으로 영국이 최근 어느 때보다도 안정적인 상황에 다다른 것처럼 보이기 시작했기 때문이다. 영국에서 마약은 1980년대 초기 격변기 및 최근 10여 년 만에 비약적으로 성장한 소비경제의 부산물이라고 할 수 있다.

5. 대마 비범죄화 논쟁

우리나라 마약은 서구에 비해 극히 미미한 수준이다. 그러나 전 세계적으로 이른바 '마약과의 전쟁'에 소요되는 비용을 정확히 계산해 내기란 불가능에 가깝다. 제3세계의 왜곡된 경제상황, 투옥되었거나 사망한 수십 만 명에 이르는 사람들, 돈이 필요한 절망적인 중독자들이 저지르는 강절도 등은 그 피해 사례들의 일단에 불과하다.

하지만 대강 추산한 바에만 따른다고 해도 전 세계 마약시장은 연간 3천억 파운드(한화 약 6백조 원) 규모로 알려져 있으며 점점 더 커지고 있다. 이 규모는 전체 국제무역의 8%를 점하며 석유와 무기 다음가는 커다란 품목에 속한다. 그 대부분의 소득이 조직범죄 수중으로 들어간다. 영국도 불법마약 거래규모는 연간 100억 내지 200억 파운드(한화 약 20조 내지 40조 원)에 이르는 것으로 알려져 있다.

서구로 유입되는 마약의 대부분을 생산하는 콜롬비아의 경우 무허가 코카인과 헤로인 생산으로 인해 내전이 발생하였으며 이로 인해 지난 20여 년 동안 5만여 명이나 사망하였다. 이 지역 마약 카르텔은 잠수함까지 건조하여 카리브 해를 잠수하여 미국에 대해 자신들의 마약제품을 밀수출하고 있다. 이 마약 밀수출 항로 중간에 위치해 있는 궁핍하기 짝이 없었던 하이티 같은 나라들은 이를 극복하기 위하여 과거 크게 위축되어 있던 관광산업을 비약적으로 발전시키기 위해 노력하고 있다.

미국의 경우 총재소자 2백여만 명 정도 중에서 4분지 1 정도가 마약 관련 사범이다. 영국의 경우에도 1999년 총재소자 5만여 명 중 8천여 명이 순전히 마약 관련 사범이었다. 마약투약으로 인한 국민건강 문제도 심각한 실정이다. WHO는 최근 에이즈 환자 40% 정도가 마약주사기 공유과정에서 발생한 것으로 추정하고 있다. 영국의 경우에도 비슷한 이유로 인해 간암의 원인이 되는 C형 간염이 약 30만여 명에게 전파된 것으로 추정하고 있는 실정이다.

1) 마약을 보는 세 가지 시각

우리나라에서 마약은 무조건 범죄로 처벌되고 있다. 마약 혐의로 입건된 연예인 중에는 죄의식을 못 느끼는 경우가 있다 하여 이들을 비난하는 여론이 들끓은 적도 있었다. 그러나 서구에서는 워낙 마약이 만연된 탓에 그리고 금지나 처벌 일변도 정책의 역기능 등으로 인해 이에 대처하는 방식이 여러 가지로 분화되고 있는 추세이다. 서구에서 마약을 바라보는 시각이 대략 다음 세 가지가 있다.

첫째, '금지론'이다. 마약은 국가를 위태롭게 하는 것이므로 끈질기면서도 비타협적인 방식으로 마약과의 전쟁을 전개해 나가야 한다고 본다. 마약밀매단속, 은밀한 감시체계, 정보원 활용 등을 총동원해야 하며, 예컨대 대마 합법화는 악당들에게 득이 되지 나머지 모든 사람들에게는 해롭다고 본다. 우리나라 경우에도 전문가나 일반국민 모두 거의 전적으로 이 견해에 동조하고 있다.

둘째, '합리적 취급론'이다. 현행 금지 일변도의 마약법을 유연하게 개정하여 보다 합리적이며 일관성 있는 마약단속을 전개해야 한다는 것이다. 이것은 다시 '마약 비범죄화론'과 보다 급진적인 '마약 합법화론'으로 대별된다. 한마디로 담배나 술처럼 허가제로 합법화하되 일정한 등급의 마약에 대해서는 보다 실효성 있는 단속을 하며, 여기서 발생하는 막대한 조세 수입은 재활치료나 마약 연구에 집중 투자토록 해야 한다고 본다.

셋째 '마약 해악감소론 내지 마약 해악최소화론'이다. 이 입장은 마약금지가 최선이라는 점에서는 금지론과 일치하는 면이 없지 않지만, 그래도 마약을 하는 사람이 있다면 안전하게 하도록 해야 한다고 주장한다. 이들은 마약피해에 대한 교육과 정보 프로그램을 일관되게 강조한다. 특히 이들은 주사기를 통한 합성마약인 메타돈이 HIV나 AIDS 전파 경로가 되는 현상에 대해 크게 우려하고 있다. 이 입장에서는 과도한 사법처리 우선주의를 고집하면 역효과를 가져오므로, 지역사회 및 개개인에게 피해를 줄이기 위한 교육 및 개입정책을 강화해야 한다고 본다.

2) 비범죄화 이론

영국에서는 오래전부터 마약의 비범죄화 혹은 합법화 논쟁이 있었지만, 2001년 총선 이후 본격적으로 공론화 단계에 접어들었다. '마약 합법화론'은 모든 상품의 자유시장 경제를 주장하는 사람에서부터, 마약 범죄화론이라고 하는 것은 시민적 자유에 대한 침해에 불과하다고 간주하는 사람, 금지 일변도 정책이 너무도 값비싼 대가를 치르며 역효과만을 낳고 있다고 보는 사람에 이르기까지 그 편차가 매우 다양하다.

마약 합법화론자들은 술이나 담배처럼 마약판매 허가제를 실시하면 일정한 규제를 가할 수 있으며, 그렇게 되면 마약의 순도가 떨어져 건강을 해치는 현상 및 이윤 동기 등을 줄임으로써 마약 관련 범죄를 크게 줄일 수 있다고 본다. 동시에 이로부터 거둬들이는 막대한 세금은 마약연구나 재활프로그램에 쓰자는 것이다.

반면, '비범죄화론'은 대마 및 댄스마약에 관한 '마약법 유연화'를 주장한다. 예컨대 네덜란드의 경우 법적으로 대마가 여전히 불법으로 규정되어 있지만 형법에서 '편의주의'에 따라 공공기소자(=검사)에게 공공의 이익에 따라 5g 이하 소량의 소지에 대해서는 처벌하지 않도록 하고 있다. 이것은 대마를 보다 해로운 마약으로부터 '시장의 분리'를 이루어 내기 위한 목표로 시행하는 '마약 비범죄화' 정책의 한 사례이다.

대마의 경우 범죄시장을 억압 일변도로 다스리면 세금을 내지 않는 불법거래로 인해 가격은 높아지고 하층노동자들에 대해서까지 그 거래가 확산되며 결국 이들은 형사사법기관에 대해 업무부담만 가중시킨다. 그러면서 젊으면서도 가난하며 교육받지 못한 계층(흔히는 흑인)이 또다시 그 빈자리를 메우는 악순환이 반복된다. 바로 이러한 현상을 막기 위해 마약의 비범죄화가 필요하다는 논리이다.

영국의 경우에도 사실상 진즉부터 마약 비범죄화 정책이 시행되어 오고 있다. 즉 영국에서는 대마 소지에 대한 훈방 조치가 1987년 31%에서 1997년 58%로 증가한 것이다. 영국에서는 술이 폭력행위와 연계되어 있는 경우가 많지만 대마의 경우 폭력행위와 연루된 사건이 거의 전무하다는 연구결과가 나와 있다. 마치 자살용 끈이나 로프의 판매 등을 법으로 금지하거나, 결국 몸을 내던지는 형태의 자살을 유발할 수 있는 고층빌딩은 아예 짓지 못하게 한다고 해서 자살률을 낮출 수 있는 것은 아닌 것과 꼭 마찬가지로, 헤로인이나 코카인을 금지한다고 해서 마약의 오남용 사태 그 자체를 막을 수는 없다는 것이 이런 마약 합법화 내지 비범죄화 시각의 기본 출발점이다.

3) 마약정책 변화의 배경

영국은 그간 혼란과 당황과 충격 속에서 마약문제에 대해 그리 편치 못한 사태를 누적시켜 왔었다. 이는 온갖 법조문 규정, 국민적 공감대를 형성한 온갖 비극적 사건들, 마약에 노출된 온갖 유명인사들, 총기가 사용되고 마약이 그 원인제공자인 온갖 사건들 등등에서 적나라하게 그리고 더욱더 분명하게 그러한 당혹감들이 드러나곤 해 왔던 것이다.

많은 영국 국민들은 불법마약이 재앙을 가져오며 근본적으로 잘못된 것이라는 인식을 고수하고 있다. 기본적으로 영국 국민들의 이런 태도는 마약이 영국의 국가적인 문제로 취급되기 시작한 15년 내지 20년 전과 비교하여 그리 큰 변화를 겪지 않은 것이라고 볼 수 있다. 그러나 최근 분위기는 급변하고 있다. 마약논쟁이 온 갖 언론의 헤드라인을 장식하고 있어도 공황분위기는 사라진 점이 주목된다. 많은 영국 국민들은 마약을 좋아하진 않으며 일부 국민들은 혐오하기까지 한다. 그렇기는 해도 영국 국민들 모두가 공감하는 바는 어찌되었든 간에 마약과 함께 더불어 살아나가는 수밖에 다른 도리가 없지 않느냐 하는 시점에 다다랐다는 점에 대해서이다.

과거 많은 영국 국민들은 마약에 대해 보고 들으면 들을수록 더욱더 놀라움을 금치 못하곤 했었다. 그러나 이제는 길거리에서 새로 신고가 들어오거나 사건이 터져도 '아, 그래 마약이라는 게 여기에도 있었군요' 하고 마는 정도에 그치고 만다. 영국 국민들은 마약에 익숙해지게 되었으며 점차 마약이란 게 무엇인지 나름대로 잘 가늠할 수 있게 되었다. 부모들은 청소년층이 마약으로 인해 죽어 나간다는 언론기사를 보면 유가족을 동정하지 않을 수 없었으며, 많은 국민들은 과연 자기 자식들은 위험에 빠지게 되진 않을지 걱정하게 된다. 옵서버지 여론조사 결과를 보면 영국 국민들 중 절반 정도는 자기 자식은 마약을 하지 않을 것이라고 생각하고 있다고 한다. 영국 국민들이 마약 밀매자들끼리 싸움을 벌이면 전율을 금치 못한다. 그러나 아마도 개인적으로는 총격전이 벌어진 바로 부근에만 살고 있지 않는 한 아무런 위험이나 위협도 느끼지 않는다.

4) 마약에 관한 영국여론

영국에서는 오늘날 마약은 한바탕 웃음거리에 지나지 않는 경우가 흔하다. 사회적 영향력이 큰 유력 신문에 게재되는 칼럼들은 만일 법원에서 증거로 제시하기만 하면 필시 실형으로 징역형을 선고받을 수 있는 마약 관련 일화들을 소개하면서 독자들을 즐겁게 만들고 있다. MTV는 '킬리'와 함께하는 주말 프로 이상의 논란은 불러일으키지 않을 것이라는 자신감을 갖고 영국 시청자들을 대마초의 향연장으로 초대하기까지 한다. 이 모두 마리화나 광고나 네덜란드 같은 대마초를 구입하여 피울 수 있는 커피숍 같은 것에 대한 광고만 없을 뿐이지 그와 똑같은 모습을 보여주고 있는 것이다.

영국에서는 초저녁 가족들이 모여 앉아 시청하는, 눈가리개를 하고 데이트하기와 같은 프로그램에서조차도 '마약에 중독된 모습으로 찰리에게 푹 빠진' 경험에 관한 조크들이 용인될 정도가 되었다. 이런 류의 조크와 출처를 안다는 것은 합법마약과 불법마약에 대한 태도와 가치관들이 한군데로 수렴되고 있다는 징후이다. 공원에서 술 마신다든가 음주운전으로 인한 피해자가 있다고 해도 술 마시기에 대해 제3자가 조크를 하는 사람들을 탓하진 않는다. 영국에선 지금 마약에 대해서도 그와 같은 현실수준에 다다르게 되었다. 하지만 영국에서도 마약과의 전쟁이라고 하는 가혹하며 거칠기 짝이 없는 분위기 속에 젖어 있던 과거로 되돌아갔을 때 신중하지 못한 말을 하면 적과 야합하는 것으로 전락하는 것이 되고 말았던 시절도 있었다.

영국의 경우 역설적으로 이상과 같은 마약에 대한 자신만만함이란 게 마약금지정책에 대한 지지 자세와 공존할 수도 있음을 잘 보여주고 있다. 이와 같은 영국인들의 일관적이지 못한 태도는 일부 마약은 합법적이지만 다른 마약은 불법이라고 하는 것과 같이 마약의 합법성 여부에 관한 것으로부터 시작하여, 많은 마약 투약자들이 법에서는 금지하고 있지만 자신들은 그 법을 넘어서서 마약을 할 자격이 있다고 보는 태도에 이르기까지 여러 다양한 모습들에서 잘 드러나고 있다. 마약에 대한 스스럼없는 이같은 태도는 결국 영국 사회가 마약에 대처하는 방식의 변화와 개혁을 지지하는 쪽으로 전환될 수밖에 없는 여론의 유연화를 웅변적으로 대변하는 것 그 자체에 다름 아니다.

영국에서 여론의 대세는 한 여론조사에서 제시된 '당신은 대마초 피우는 게 담배나 술보다 더 나쁜 게 아니라는 시각에 대해 찬성 하나요 아니면 반대하나요?'라고 하는 질문에 대한 국민들 답변에서 잘 나타난다. 1997년 전엔 동일한 이 질문에 대해 단지 3분의 1에 해당하는 국민들만이 찬성 쪽이었다(대마초는 술이나 담배보다 더 해로운 것은 아니다). 그러나 2002년 옵서버 지의 여론조사 결과를 보면 다수 국민들은 대마초가 술이나 담배보다 덜 해롭다고 보고 있는 것으로 나타난다. 중요한 것은 바로 이 점이며 제대로 이해하기만 해도 전체 사회 못지않게 영국 국민들 스스로에 대해서도 보다 더 잘 이해한 것이 될 수 있다.

영국에서 마약 금압 정책이 시행되고 그렇게 하고도 정례적이다시피 한 마약으로 인한 공황사태가 발생한 지 80여 년 세월이 지난 지금, 그리고 그 어느 때보다도 마약 사용이 최고 시점에 이른 것이 분명한 지금에 와서, 과연 온갖 걱정과 불안들이 과연 왜 더 커지기는커녕 누그러져 완화되게 되었는가? 옵서버지 여론조사 및 영국범죄통계 서베이 조사 결과가 보여주듯이 마약 사용에 관련된 몇 가지 지표를 발견할 수 있다. 옵서버 여론조사 및 2000년 영국범죄통계 서베이 조사 수치들을 보면 영국 국민들 열 명 중 세 명 꼴로 자신의 생애 중 적어도 한 번 이상 불법마약을 했다고 밝히고 있다.

그리고 25세 이하 국민들 중에서는 절반 정도가 생애 중 한 번 이상 불법마약을 한 것으로 나타난다. 그리고 25세 이하 중에서 거의 3분의 1 정도가 바로 전해에 불법마약을 한 것으로 나타나며, 5분의 1 정도는 바로 전달에 불법마약을 한 것으로 나타난다. 이는 영국이 유럽 국가들 중 불법마약 정도가 가장 많다는 것을 뜻한다. 이것은 물론 영국 국민들이 알코올에 대한 태도를 반영한 것이 아니다. 영국인의 알코올 소비량은 유럽의 평균치에 근접하는 수준에 머물러 있기 때문이다.

전체 영국 국민들 수준에서 보았을 때 마약 사용은 비교적 완만하게 증가해왔다. 급증하고 있는 코카인의 경우는 예외로서 주목 대상이다. 이 코카인 문제는 마약에 대한 영국 국민들의 최근 느슨해진 태도에 바탕을 두고 있다고 볼 수 있다. 영국 국민들은 정확한 통계는 의식하진 않지만 마약에 대한 주변 사람들 생각이 어떤지 잘 알고 있으며, 마약 소비가 증가하고 있긴 하나 사태가 극히 악화되고 있는 것은 아니라는 자신감들을 가지고 있다.

5) 시민단체활동

영국에서 마약 합법화 운동을 주도하는 시민단체로 브리스톨에서 활동하는 '금지 위주의 마약정책의 전환을 촉구하는 시민들 모임(약칭 '트랜스폼' www.transform-drugs.org.uk)'이 있다. 영국 정부 측으로부터 활동비도 지원받고 있는 이 트랜스폼 웹 사이트는 마약정책 전환을 실현하기 위해 노력해 온 그간의 방대한 활동성과들에 관한 풍부한 콘텐츠가 들어 있기도 하다. 이 단체는 마약정책이 '일정한 규제 틀 내에서' 변화해야 할 필요가 있다고 주장하고 있다. 이들에 따르면 각기 다른 마약은 각기 다른 제도를 필요로 하며 마약이 위험한 것일수록 그 출구를 더욱 엄격하게 규제하면 된다고 주장한다. 제대로 된 마약교육도 필수적이라고 본다. 이 단체 코디네이터인 스티브 롤스는 다음과 같이 지적하였다.

> "다른 제품들은 이미 여러 가지 적정모델들이 시행되고 있어요. 일정한 나이가 되면 물건을 살 수 있는 펍이나 담배 가게 같은 소매 라이선스제가 있는가 하면, 제품을 카운터 안에 두고 훈련받은 약사가 건강문제에 대해 자문하면서 파는 제도도 있으며, 의사의 처방전이 있어야만 팔 수 있도록 되어 있는 시스템도 있어요."
> "헤로인과 코카인 같은 것은 의사의 처방전이 있어야만 구입할 수 있도록 하면 되죠. 헤로인은 이미 법정 마약이에요. 라이선스제를 따르도록 되어 있는 마약이나 의약품에 대해서는 규제 장치가 이미 마련되어 있어서 생산, 가격, 품질, 포장 등에 대해 규제를 가하고 있어요. 이득이 많이 남고 위험하기 짝이 없는 마약시장에 대한 독점적 장악권을 조직범죄단과 규제가 전혀 없는 밀거래자들에게 온통 내맡겨버리고 만다면, 과연 실제 소비자나 생산자는 어떤 덕을 볼 수나 있는 것인가요?"
> "불법마약에 관한 온갖 터부들이 난무하고 있는 것 자체가 이미 현재 교육이 잘못되고 있으며 지극히 실효성 없이 이루어지고 있음을 뜻해요. 보다 더 균형 있는 접근자세를 통해 마약교육과 관련된 정보제공을 확대 강화하는 것이야말로 여러 문제점들을 시정할 수 있어요."

6) 콜롬비아 마약과의 전쟁의 교훈

하지만 영국에서도 정치적으로 마약에 대한 법적 금지를 푼다는 건 오랫동안 상상하기조차 힘든 일이었으며, 따라서 그동안 여러 등급으로 나누어 마약을 허가제나 건강지침을 갖추어 합법적으로 판매토록 하는 방안들은 신중히 검토하는 기회를 갖지 못했다. 그러다가 정작 2001년 총선이 끝난 후 7월 4일 케이트 모리스 전 주콜롬비아 영국대사가 가디언지에 "마약과의 전쟁은 결코 승리할 수 없다."는 기고문을 통해 코카인 합법화의 공론화를 시도하고, 온라인을 통해 영국 국민들과 공개논의를 벌이게 되면서 관련 논의가 매우 활발하게 진행되는 계기를 맞이했으며, 그 후 의회도 이 문제를 다루는 조사위원회(위원장: 크리스 물린)가 구성되기 이르렀다.

모리스 경은 콜롬비아 대사로서 '마약과의 전쟁' 현장을 직접 자세히 겪었던 경험을 바탕으로 하여 마약 합법화가 필요하다는 공론화를 주도하였다. 1990년 그는 콜롬비아 대사 부임 당시 콜롬비아가 발전하고 있었기 때문에, 냉전의 종식과 더불어 협상을 통해 1960년대 중반부터 공산반군과의 저강도 전쟁을 종식시키도록 하는 데 기여할 것이라고 보았다. 하지만 콜롬비아는 평화 대신 폭력과 부패가 급격하게 증가하고 말았다. 그 이유는 이윤이 많이 나오는 코카인에 대해 금지령이 내려졌기 때문이었다. 그래서 마약 거래상은 코카인 제조시설을 지키기 위해 마르크스주의 게릴라들과 공생할 수밖에 없었다. 나아가 그 자신들이 군벌화되어 갔다.

한편, 당시 콜롬비아 정부는 미국의 압력에 못 이겨 마약 밀거래자들을 미국으로 인도해야 했다. 이에 대한 보복으로 포브스지에서 당시 세계 갑부 7위로 기록되어 있던 파블로 에스코바르는 마약테러리즘 전쟁을 개시하게 된다. 1989년 8월 이후 불과 1년 사이에 이 암살단은 세 명의 대통령 후보들을 살해했으며, 100명 이상의 승객이 탑승한 한 항공기를 폭파했고, 수십 건에 이르는 차량폭탄 사고를 일으켰으며, 메델린 지역에서만 해도 200여 명의 경찰관들을 살해하였다. 이런 연유로 해서 당시만 해도 마약과의 전쟁은 마치 자위수단인 것처럼 비쳐졌다. 미국, 영국, 기타 유럽 각국은 에스코바르가 대표하고 있던 콜롬비아라는 국가에게 직접적 위협이 되는 세력에 대해 대항하도록 하기 위하여 즉각적으로 훈련과 장비 등의 지원을 제공하기 시작했던 것이다.

이것은 엄청난 딜이었다. '마약과의 전쟁'을 통하여 서구의 마약 소비국 입장에서 보면 공급을 저지할 뿐만 아니라, 마약 선행 물질의 공급을 분쇄하며 그들의 돈세탁을 막고 마약의 서구유입을 감소시킬 수 있으며 마약과의 전쟁에서 승리할 것으로 믿어 의심치 않았다. 물론 당시 마약과의 전쟁이 실제로 전혀 성과가 없었던 것만은 아니었다. 콜롬비아 경찰은 서방 측 지원과 자문에 대해 너무도 잘 부응해 주었다. 당시 에스코바르는 범인인도 위협이 사라지자 이 작전에 몰입했으며 나중에 가서 1년 동안 도피생활을 했다. 그러나 결국 그의 조직은 궤멸되었으며 1993년 12월 살해당했다. 그러나 이때 미국은 즉각 에스코바르는 오랫동안 지엽적인 존재에 불과했으며 정말 큰 문제는 '칼리 마약 카르텔'이라고 브리핑에서 밝혔던 것이다.

마약과의 전쟁에 그토록 많은 노고를 아끼지 않았으며 많은 인명피해가 있었음에도 불구하고 마약무역은 이전과 마찬가지로 그때까지도 크게 성행했다. 바로 이때부터 모리스 경은 마약과의 전쟁의 승리를 의심하기 시작했다고 한다. 그의 우려는 적중했다. 미국은 1994년 삼페르 대통령이 선출된 지 이틀 후 그가 칼리 마약 카르텔 측으로부터 5백만 달러를 지원받았다고 비난하기 시작했다. 미국 정보기관들은 공공연하게 통신 도청을 했던 것이다. 미국 행정부는 제재조치를 취했으며 남미 국가들 중 가장 안정적인 경제를 구가하던 콜롬비아의 대외 신인도를 크게 훼손하고 말았다.

당시까지만 해도 사기가 충천해 있던 콜롬비아 정부군은 대통령이 동맹국으로부터 공격당하는 것을 보고 사기가 땅에 떨어졌다. 당시 유일한 수혜자는 마르크스주의 게릴라들과 이들의 우익 대칭적 존재이던 군벌뿐이었다. 아이러니컬하게도 최근 미국은 다시 콜롬비아 공산주의의 위협을 심각하게 받아들였으며 콜롬비아 정부군의 강화 조치들을 취하고 있다. 하지만 콜롬비아 전쟁은 이데올로기 아닌 마약무역에서 나오는 바로 그 돈이 동기가 되고 있다.

콜롬비아는 지금까지 수십여 년 동안 미국의 압력으로 '마약과의 전쟁'을 수행해 왔다. 즉 1970년대에는 마리화나, 1980년대와 1990년대에는 코카인, 그리고 1990년대에는 헤로인 등이 그 마약과의 전쟁 대상이 되었던 것이다. 그리고 그 후 10여 년간 마약과의 전쟁을 위한 강력한 국제협력관계가 이루어져 왔다. 하지만 그간, 콜롬비아는 수십만 명이 사망해야 했으며, 1백만 명 이상이 고향을 떠나야 했고, 정치 경제적 안정이 붕괴되었으며, 국가적 이미지가 완전히 실추되고 말았다.

7) 콜롬비아주재 전 영국대사, 모리스 경의 마약 합법화론

모리스 경은 이제 마약매매를 규제하는 합법화 조치를 취하면서 이로부터 나오는 조세수입은 공동선을 위해 사용토록 하자고 촉구했다. 영국-콜롬비아 양국 상공회의소 창립위원장이기도 한 그는 마약으로 인해 파탄 난 경제를 지원해 달라는 라틴아메리카 정부 측 요청에 부응해야 한다고 지적했다. 그는 영국정부가 대마금지 정책을 완화시키기 시작해야 하며 현실적으로 이미 금지정책은 포기되었고 쉽진 않겠지만 법적으로 마약규제를 위한 최선의 방안이 무엇인지 강구해야 하며 다만 습관성 마약 사용은 보건 당국에 등록을 의무화하고 의사의 처방에 따라서 마약을 구입토록 해야 한다고 주장하였다.

> "모 모울램 마약정책 담당자가 제시한 것처럼 습관성이 없는 마약은 알코올이나 담배 판매처럼 팔도록 하며 대신 순도 테스트를 거치도록 하고 과세토록 해야 한다. 마약에서 거둔 세금은 마약과 관련된 의학적 연구, 교육 및 치료의 개선에 쓰도록 해야 한다. 처음에는 아마도 많은 비용이 소요되며 보다 많은 마약 사용자와 중독자 그리고 전혀 예상치 못한 문제들이 생길 수 있다. 그러나 마약 사용자들의 생명, 건강, 자유 및 전체 국민들의 생명, 건강, 재산 등에 대한 이점이 훨씬 더 크다."

모리스 경에 따르면 마약무역의 공급 측면을 공격하여 단속하는 정책이나 전쟁은 마약선행 화학물질, 돈세탁 및 마약수요 등과 같은 다른 요인들을 함께 단속하지 않는 한 반드시 실패할 수밖에 없다. 콜롬비아에서 벌인 마약과의 전쟁이 이를 입증하고 있다. 뿐만 아니라 마약선행 화학물질은 결코 딸리는 법이 없으며, 지금까지 이들의 자금 흐름을 중단시킬 수 있는 어떠한 가시적인 조치들도 취해지지 않고 있고, 마약 생산국들까지도 마약중독 현상이 확산되면서 마약수요가 급증하고 있는 실정이다.

정상적인 청소년층이 마약을 마치 오락용으로 사용하는 문화적 변동마저 확산되고 있으며, 이제 순간적 만족이나 쾌락을 요구하는 것은 전 지구적 소비사회의 한 부분이 되다시피 했다. 영국에서는 마약금지법만으로는 이를 시정할 수 없는 상황에까지 와 있다. 마약금지를 고수하는 법체계를 가지고서는 고작 전 세계적으로 5천 억 달러 규모인 범죄 산업을 유지 확대하는 역할밖에 할 수 없다고 보았다.

8) 영국 정치권의 반응

모리스 경에 따르면 마약의 비범죄화 방안만으로는 모두에게 불만만을 가져올 뿐인 잠정적이며 어정쩡한 해결책이 되기 십상이라고 지적한다. 그 이유는 이 방법은 마약생산국에는 아무런 도움도 주지 못하면서 마약무역을 범죄자 수중에 내맡겨 놓고 마는 결과를 초래하며, 거꾸로 마약 소비자들에게 대해서도 안전한 마약제품을 보장해 주지도 못할뿐더러, 마약 밀매자들 압력에서 벗어나게 해 주지도 못하기 때문이다. 사실 모리스 경이 이전까지 마약의 합법화를 주장하기 힘들어 했던 이유는 사실 그가 함께 근무했던 사람 그리고 마약으로 인해 죽어갔던 사람들 가족들에게, 마약과의 전쟁이라고 하는 게 실상 불필요하며 쓸데없는 전쟁에 불과하다고 말하기가 현실적으로 불가능했기 때문이었다고 한다. 그는 이제 오히려 더 이상의 피해가 발생하지 않도록 노력하는 것이야말로 자신에게 도덕적 명령이 되고 있다고 지적했다.

그는 영국의 정치인들은 주로는 종교적인 이유로 어떠한 마약 합법화 조치도 반대하거나 아직도 마약과의 전쟁을 잘 끌고 나가기만 하면 이길 수 있다고 생각한다고 지적한다. 영국의 정치인들은 개인적으로는 마약 문제가 결코 개선될 수는 없다고 보면서도 영국의 유권자들 및 확실하게는 미국 행정부까지도 결코 급진적인 마약의 합법화 조치를 수용하지 않을 것이라고 생각하는 경향이 있다. 모리스 경은 그 자신 확신이 서는 건 아니라면서도, 청소년층은 이 문제를 다르게 보고 있으며 오늘날 정치적으로 불가능한 것이 내일 가서는 당연한 도덕적 당위가 될 수도 있다고 주장한다. 2001년 당시 모리스 경의 마약의 합법화 공론화 시도는 우연하게도 남부 런던의 람베트 지역 경찰당국이 소량의 대마를 소지한 시민들에 대해서는 입건하지 않고 훈방하는 대신 더욱더 심각한 범죄들을 처리하는 데 경찰력을 집중시키는 실험을 하기 시작한 시점과 때를 같이했다.

사실 노동당 정부는 전부터 2001년 총선 이후 이 문제를 논의할 수 있다는 입장을 밝힌 바 있으며, 총선이 끝난 후인 같은 해 7월 초 모 모울램 전 내각부차관은 "마약금지 정책이 먹혀들지 않고 있다는 것은 영국 정부 스스로 잘 알고 있다."면서 대마의 비범죄화를 촉구한 바 있다. 영국정부의 마약정책 책임자이던 그는 당시 선데이 미러지에 쓴 칼럼에서 다음과 같이 밝혔다. "제가 과거 정부의 마약정책에 관여하기 시작한 이후 줄곧 대마는 비범죄화해야 한다고 하는 결론을 내렸지요. 마약거래를 합법화하여 정말 제대로 규제대상으로 삼도록 해야 해요. 그렇게 되면 우리는 검증을 거친 보다 더 안전한 마약제품을 사용할 수 있으며, 보다 위험성이 더 큰 다른 마약제품들의 출구는 더욱 철저하게 봉쇄할 수 있고, 과세도 가능하게 될 겁니다." 모 모울램은 마약에서 나오는 모든 조세수입은 중독자들에 대한 치료에 사용해야 한다고 주장했다. 2001년 총선에서 모 모울램이 의원직에서 은퇴한 이후 영국정부의 마약정책은 그 담당부처가 내각부에서 국무부로 바뀌었다.

현재 마약 합법화 논의는 대체로 보수당의 자유주의 진영에 속하는 의원들 진영으로부터 오히려 더 강하게 표출되고 있는 경향이 있다. 예컨대 보수당 정권시절 재무부장관을 지낸 바 있는 필립 오펜하임은 2002년 "마약범죄를 계속해서 범죄화하는 상태로 방치하면 막대한 자금을 계속해서 조직범죄단 수중으로 들어가게 만드는 결과가 되고 맙니다. 마약은 위험하기 짝이 없는 것이라는 점을 인정하지만, 합법화는 차악을 선택하는 것과 다름없습니다."고 밝힌 바 있다.

영국 국민들의 반응은 대마보다 훨씬 해로운 파이프 담배를 피우고 있는 상황에서 다른 마약은 몰라도 대마만은 비범죄화 또는 합법화해야 한다고 보는 의견이 지배적이다. 그러나 코카인에 대해서는 합법화 반대 의견이 많다. 대표적인 반응으로 73세의 어느 한 고고학자의 의견을 보면 다음과 같다.

"전 전혀 대마를 하지 않지만 일생동안 대마보다 훨씬 더 위험한 파이프 담배를 피워왔죠. 네덜란드처럼 대마를 허용하지 말아야 할 아무런 이유가 없어요. 네덜란드가 잘못된 게 전혀 없어요. 하지만 코카인의 경우 합법화해서는 안돼요. 엑스터시 같은 합성마약의 합법화도 반대해요."(73세 고고학자)

9) 합법화 방안과 각국 사례

하지만 마약의 합법화에는 여러 가지 문제점들이 도사리고 있다. 우선 누가 어떤 체제로 마약을 어떻게 팔도록 할 것인가 하는 점이 문제가 된다. 나아가 예컨대 비행기 조종사가 코카인을 복용한 후 비행에 나서지 못하도록 막기 위한 보다 엄격한 테스트제도를 과연 도입해야 하는가, 그리고 마약 사용자가 환각제를 복용하고 자동차를 운전하는 것을 규제하기 위해서 추가적인 테스트 장치를 도입해야 하는가 하는 문제들도 대두되고 있다. 한편 영국의 교통관련 법규에 따르면 반사회적 행위를 규제하는 측면과 관련하여 "음주 혹은 마약을 복용해 적정하지 못한 상황에 놓였을 때" 자동차를 운전하는 것을 불법으로 간주한다고 규정하고 있다. 영국 국무부에 따르면 1999년 기소가 받아들여진 교통관련 사건은 모두 92,486건이었으며 이 중 단지 1,800여 건만이 마약복용을 이유로 한 것이었다.

마약 합법화와 관련하여 과연 누가 이득을 보는가 하는 문제 역시 명쾌하게 해명되어야 하는 문제로 떠오르고 있다. 마약으로 인한 소득에 대해 과세하는 경우 영국정부 측은 이 수입을 보건(=국민건강) 업무에만 쓰도록 지정해야 할 것인가? 과연 마약 제조자는 광고행위를 할 수 있도록 할 것인가? 담배나 알코올 제품의 광고에 대해 가하고 있는 제한보다 더 엄격한 제한조치를 가해야 하는가?

시민들에게 마약 관련 자문을 제공하고 있는 영국 시민단체 '릴리즈' 측은 그간 오랫동안 마약관계법을 검토해 온 왕립위원회 측의 방안을 지지한다고 입장을 밝혔다. 이 단체의 그레인느 웨일리 씨는 "많은 국민들이 예컨대 헤로인을 복용한 사람이 희생양이 되어서는 안 된다고 평가하게 될 때까지는 법을 바꾸어서는 안 됩니다."고 밝혔다.

2000년 영국경찰노조총연맹 측이 영국의 낡은 법에 관하여 독자적으로 벌인 연구조사에서 국제법은 국내법이 어떻게 마약 사용자들을 다룰 것인가에 관하여 상당히 커다란 재량권을 인정하고 있다는 사실을 밝혀내면서 마약논쟁이 한층 더 뜨거워졌다.

같은 해 런시만 보고서에서는 영국의 바로 그 마약금지법에 해당하는 '1971년의 마약류 오남용금지법'상의 여러 규제 장치들에 대하여 면밀한 검토 작업을 벌인 바 있다. 80개 항에 이르는 이 보고서의 권고사항들은 대마의 등급을 현재의 B급에서 C급으로 낮추며 그 소지 행위에 대해서는 체포대상 범죄에서 제외토록 하자는 정책도 들어 있었다. 이 런시만 보고서는 물론 마약에 대해 비범죄화라든가 합법화 방안까지 제시하진 않았다.

당시 영국정부는 이 보고서의 권고사항 중 24개항을 거부하는 서툰 모습을 보여주었다. 물론 이 일은 2001년 총선 전해에 일어난 일이었다. 사실 마약의 해악이나 해로움에 대한 현대적 분석방법에 따라 그 등급을 재분류한 런시만 보고서는 매우 유용한 논의의 출발점이 되고 있다. 예컨대 이 보고서에 따르면 대마 소지 행위는 합법화하는 조치를 취할 수 있게 된다. 영국의 수석재판관(대법원판사)도 1993년 당시 바로 그와 같은 접근 방안에 대해 운을 뗀 바 있었기 때문이다.

한편 세계적으로 각국이 마약무역을 불법행위로 규제하고 있는 상황에서 단지 영국만 혼자서 마약을 비범죄화한다든가 아니면 합법화하게 된다면 필연적으로 상황이 훨씬 복잡하게 꼬이게 될 것이라는 우려도 있다. 우리나라도 마찬가지지만 영국은 이미 '마약류 및 향정신성 물질 금지에 관한 1988년 유엔조약'에 조인한 국가이다. 이 조약은 몇몇 마약 종류의 화학물질 합법화를 제한하고 있다. 그래서 완화 여지가 없는 것은 아니지만 이 협약은 마약의 합법화 논의에서 필연적으로 맞닥뜨릴 수밖에 없는 장애물이 되고 있다.

이 조약은 각국으로 하여금 개인적으로 소비할 목적으로 불법마약류를 소지, 구입, 재배하는 행위를 형사사범으로 다루도록 규정하고 있으나, 그 처벌에 대해서까지 구체적으로 규정하고 있지는 않다. 현재 많은 국가들은 이 조약이 허용하는 범위 내에서 융통성을 발휘하고 있다. 예컨대 이탈리아의 경우 금전수수가 없는 마약공유는 형사사범이 아닌 것으로 처리하고 있다.

1976년부터 대마 판매를 허용하고 있는 네덜란드의 경우 주말에 국경 너머 독일에서 마약을 사기 위해 들어오는 사람들이 많아져 오히려 마약이 더욱더 많이 유입되고 있는 실정에 있기도 하다. 그래서 2003년 여름 네덜란드 측은 국경근처 도시인 벤로의 외곽 지역에 관광객들이 차에서 내리지 않고 지나가면서 마약을 살 수 있는 그런 커피숍 두 곳을 오픈하도록 허가했다. 이미 당시 네덜란드의 1천 5백 여 모든 커피숍들은 고객들 손바닥에 구입 시간을 적어주면서 습관성이 없는 마약을 판매해 오고 있다.

호주는 마약 관련 국민여론을 바꾸도록 하는 게 얼마나 힘든지를 잘 보여주는 케이스가 되고 있다. 2000년대 초반 시드니의 유흥가 지역에서는 세계 최대 규모의 "마약주사 맞혀주는 곳"인 합법적인 헤로인 주사실이 처음 개장한 바 있다. 하지만 이렇게 개장하여 18개월 동안 시범 실시되고 있는 이 방안을 시행하게 된 동기는 마약 과다 복용으로 인한 사망자가 1964년 6명에서 1999년 958명으로 급증했기 때문이었다. 하지만 호주에서 이 방안이 시행되기 위해서는 호주의 총리뿐 아니라 로마 교황 측의 비판도 극복해야 하는 어려움을 거쳐야만 했다.

10) 마약치료와 헤로인 처방 확대

2002년 영국의 새로운 마약정책의 다른 두 가지 주목되는 정책은 마약치료시설 확충 및 헤로인처방 프로그램 확장 시행에 대해서이다. 이것은 마약중독을 범죄로 다루는 것으로부터 벗어나 의학적 치료 및 과거 시행되었다가 중단된 바 있는 보다 더 지각 있는 접근 방법으로 방침을 전환한 것을 뜻하였다.

전통적으로 영국의 마약정책은 치료보다는 강력한 법집행에 치중하는 일방적 것으로 일관해 왔다. 즉 제대로 작동도 하지 못하는 법집행 분야에 75%의 예산을 써온 반면 치료에 대해서는 단지 13%만을 써왔던 것이다. 1998년 이후 치료 건수는 매년 8%씩 증가했지만 여전히 극히 일부 지역에 국한되어 있는 실정이었다. 그래서 2002년 추가로 3개년에 걸쳐 1억 8천 3백만 파운드를 투입하기로 방침이 정해졌다. 엑스터시의 경우 마약정책 개혁론자들은 현재 A등급에서 B등급으로 낮추기를 희망했지만 정부 담당부처는 이를 거부했다.

6. 영국의회 마약보고서 캐치프레이즈:
마약과의 전쟁 vs 마약 관용정책?

영국에서는 정치권까지 나서서 마약정책의 일대 전환을 꾀하고 있다. 이것은 기본적으로 영국 국민들 여론을 반영하는 것이다. 국제정치 수준에서 그리고 마약이 이미 영국 사회 전반에 폭넓게 만연되어 있다는 차원에서 볼 때 결코 '마약과의 전쟁'은 승리할 수 없는 것이라는 주장도 제기되고 있다. 영국경찰의 경우 보편화되다시피 한 대마 사범 단속에 경찰력을 빼앗기기보다는 이들에 대해 훈방에 그치도록 하면서 보다 중대한 헤로인 마약 사범이나 다른 범죄에 경찰력을 투입해야 한다는 인식에서 경찰정책의 변화도 모색하고 있는 실정이다.

2002년 5월 21일 영국 하원 국내문제 상임위원회(위원장: 노동당 소속 크리스 뮬린)는 대부분의 청소년 및 청년 계층에 있어서 마약 오남용이 '장기적인 측면에서는 거의 아무런 피해도 입히지 않는 일종의 통과의례'에 불과하다며 이들에 대한 형사처벌은 피하고 대신 형사처벌은 마약 밀매자들에게 국한해야 한다는 점을 처음으로 공식 인정하였다. 이와 같은 시각의 영국 의회마약보고서는 5월 9일 인쇄되었지만 5월 21일 일반에게 최초로 공개되었으며, 인터넷 사이트에서 누구나 열어 볼 수 있게 되어 있다. 이 보고서가 있는 인터넷 주소는 http://www.publications.parliament.uk/pa/cm200102/cmselect/cmhaff/318/31802.htm이다.

이 보고서 내용을 보면 우선 영국에서는 주말마다 수천여 명이 댄스 마약으로 사용하고 있는 엑스터시의 경우, 현재 헤로인 및 코카인과 함께 가장 해롭다고 하는 A등급에 속해 있으나 이를 B등급으로 낮추도록 해야 한다고 밝히고 있다. 이 보고서를 채택하면서 당시 의원들은 '영리 목적의 마약공급죄'를 새로 신설하여 법원에서 과하는 처벌에 있어서 대규모 상업적 마약 밀매자들과 단지 친구들 사이의 "교제를 친밀히 하기 위한 마약 주고받기"는 엄밀히 구분해야 한다는 견해를 밝히고 있다. 영국 정치권이 마약 정책과 관련하여 작성한 획기적인 이 보고서에서 의원들은 "지각 있으며 사려 깊은 국민들"에 의해 마약 합법화 논의가 지속적으로 이루어지고 있음을 최초로 공식 인정하였다. 이들은 마약 합법화 그 자체에 대해서는 당장은 반대한다고 하면서도 향후 미래 세대는 다른 견해를 가질 수 있으며 따라서 영국 정부 측은 마약 합법화 방안이 전 세계 차원의 마약 문제 해결에 어떻게 역할을 할 수 있는 것인지에 대한 국제적 논의를 앞장 서서 주도해 나가야 한다고 밝혔다.

1) 대마 등급완화

이 보고서는 미리 예상되었던 대로 대마에 대한 국무부장관의 완화 방침에 힘을 실어 주었다. 나아가 의원들은 A등급의 불법마약시장 및 마약 관련 범죄들을 크게 줄일 수 있도록 보건소의 헤로인 처방 범위를 획기적으로 확대하는 동시에, 고질적인 마약중독자들을 길거리의 공개적인 장소에서 눈에 띄지 않도록 하기 위해 이들에게 유럽 국가들이 시행하는 '마약주사 맞는 모임'과 같은 안전한 마약주사실 공간을 즉각 제공토록 요청하기도 했다. 한편 이 보고서는 데이빗 블렁킷 당시 국무부장관이 주창하는 만성적인 마약중독자들에 대한 헤로인 처방의 제한적 확대 방침보다 한 발짝 더 나아가고 있다. 즉 크리스 물린 위원장은 이 보고서에서 다음과 같이 지적하고 있다.

"좋든 싫든 간에 어차피 엄청나게 많은 청소년 및 청년 계층이 마약을 하고 있다고 하는 사실을 직시해야 합니다. 마약 투약 또는 복용자들에 대하여 우리는 손쉽게 치료 및 해악 감소를 위한 현실적인 마약교육에 중점을 두어야 합니다. 무엇보다 우선적으로 자기 자신은 물론 가족 등 주변 사람들에 대해서까지도 비참한 생활 속에 빠뜨리고 마는 비교적 소수의 마약 중독자들에 대해서 초점을 맞추어야 합니다. 형사처벌은 마약 밀매자들을 대상으로 해야 합니다. 정부 측 정책은 이미 이 방향으로 나아가고 있으며 저역시 이 보고서가 정부 측이 보다 자신 있게 그 방향으로 밀고 나가도록 힘을 실어 주는 것이 되기를 바라 마지않습니다."

2) 의회와 정부 측 이견

하지만 블렁킷 국무부장관은 의회마약보고서가 공개되기 전날 대마 관련법을 완화하는 조치를 발표하여 의회 마약보고서에 대해 물타기를 시도하였다. 그리고 엑스터시 마약의 등급 완화라든가 마약주사실 설치 문제 등에 대해서는 전혀 고려하지 않고 있다며 의회 마약보고서와는 다른 입장을 밝혔다. "엑스터시는 예기치 않게 생명을 앗아갈 수도 있으며 도대체 안전한 투약이란 있을 수 없습니다. 본인은 엑스터시는 계속해서 A등급으로 놔두어야 한다고 믿고 있습니다. 정부에서는 엑스터시 등급완화 문제를 전혀 고려하고 있지 않습니다. 이미 본인은 헤로인 처방 범위의 적정한 확대 조치에 대해서는 유의하고 있음을 명확히 밝힌 바 있으나, 마약 주사실 설치만큼은 전혀 고려하고 있지 않습니다."

그러나 블렁킷 국무부장관은 의회마약보고서가 마약으로 인한 피해를 최소화하기 위한 교육 및 각종 방안 마련에 초점을 맞추고 있는 데 대하여 환영해 마지않는다면서, 같은 해 7월 말까지 마약밀매, 마약중독, 대마, 마약피해 최소화 등에 대한 정책 대안을 마련하겠다고 밝히기도 했다. 국무부 측은 에스텔 모리스 당시 교육부장관이 학교 부근에서 활동하는 마약 밀매자들에 대해 처벌을 강화하겠다든지 마약교육에 있어서 "충격적 내용을 담은 비디오"를 사용하겠다는 것에 대해서는 일정한 선을 긋기도 했다. 즉 국무부 측은 이미 학교 부근의 마약 밀매 지점들을 주목하고 있다고 밝히면서, 법원 측은 이미 청소년들에게 마약을 파는 밀매자들에게 보다 중형을 내리는 방향으로 나가고 있지 않느냐고 지적했다.

3) 각계 반응

이상과 같은 의회마약보고서에 대해 경찰, 마약 관련 단체, 자유민주당 등은 지지를 표명했다. 우선 '경찰 총경협의회' 측은 지금까지와 같은 마약범죄 강력 단속이라는 법집행 위주에서 마약 해악감소 방향으로 대전환을 꾀한 것에 대하여 환영을 표하고, "영리 목적의 마약공급죄" 신설 방침에 대해서도 지지를 표했다. 영국의 지도적인 마약 관련 시민단체인 '드럭스콥(Drugscope)'의 로저 하워드 씨는 의회마약보고서가 "영국 마약정책의 다음 단계"를 마련했다면서 정부 측이 너무도 뒤처져 있는 각종 마약 관련 법률들의 정비에 나서야 한다고 촉구하였다. 자유민주당 소속 사이먼 휴즈 의원은 의원들이 더욱 앞선 입장을 취하지 않은 것에 대해 유감을 표하면서, 대마를 개인적으로 소지하거나 복용하거나 피운 것에 대해서는 기소하여 처벌하지 않도록 해야 하지 않느냐는 입장을 밝히기도 했다. 보고서 작성위원회 소속의 보수당 소속 데이빗 카메론 의원은 "영국의 마약정책은 수십 년 이상 뒤처져 있습니다. 본인은 이번 보고서가 새로운 사고방식과 새로운 접근법을 개발하도록 자극했으면 좋겠습니다."라고 지적했다.

하지만 기본적으로 마약 합법화 논쟁에 의해 정치권이 나서서 매우 심도 있는 의회마약보고서를 작성했으면서도, 영국에서 이 보고서는 아직 본격적인 마약정책의 변화를 꾀하기보다는 그 논의의 시발점을 제공했다는 의의가 더 크다. 영국에서도 아직은 마약의 비범죄화나 합법화를 당장 추진하기에는 마약피해나 마약을 범죄시하는 여론이 만만치 않기 때문이다.

7. 열려 있는 논쟁구도

모리스 경의 경우 제한적인 형태의 마약 합법화 방안을 모색하고 있다. 1988년부터 지금까지 영국의 이코노미스트 지나 선데이 텔레그라프 지 같은 우익 신문들은 마약의 합법화 방안을 강력하게 주창해 왔다. 이에 따르면 20여 년 이상 계속되어 온 '마약과의 전쟁'은 실패를 거듭하고 있으며, 많은 청소년들을 범죄자로 만들고, 전혀 규제를 받지 않는 지하 범죄세계가 마약을 오염시키고 있으며, 무엇보다도 불법적인 마약제품에 대해 고가의 돈을 지불해야 하기 때문에 마약 사용자들이 범죄에 빠져드는 경우가 급증하고 있다. 만일 마약을 합법화하게 되면 마약제품의 깨끗함을 보다 더 개선할 수 있으며 마약생산자들에게 세금을 거둬들여 보다 더 많은 마약치료인력을 확보할 수 있다는 것이다.

반면 영국에서 마약의 합법화를 반대하는 세력과 논거 또한 만만치 않다. 즉 마약을 합법화하게 되면 마약중독을 급증시킬 것이며, 마약 사용을 중단시킬 인센티브를 더욱 약화시키고, 이미 벌어지고 있는 온갖 마약으로 인한 피해들을 더욱 급증케 만들 뿐이라고 지적한다. 많은 마약중독자들이 마약을 끊기를 간절히 소망하고 있다. 크랙 코카인, LSD 등이 유발하는 피해는 심각하다. 더욱이 마약중독은 자기 자신뿐만 아니라 주변 사람들에 대해서도 커다란 피해를 입힌다. 즉 마약중독은 교통사고를 일으킨다든지 주변 사람들도 마약중독에 빠지게 만든다든지 가족의 중요소득원을 없애고 마는 등의 결과를 초래한다는 것이다.

나아가 국제법적으로 중대한 문제들도 제기될 수밖에 없다. 즉 1920년으로 거슬러 올라가기도 하며 이미 앞서 지적한 세 개에 이르는 각각의 유엔마약금지조약(1961, 1971, 1988)에 따라 영국 정부는 마약밀거래를 형사범으로 처벌해야 하는 의무를 지고 있다. 더군다나 습관성 환각제를 합법화하게 된다면 조직범죄단이 불법적인 대체제를 만들어 내지 못하도록 막을 수 없게 될 것이다.

2002년 5월 영국 하원국내문제상임위원회에서 마약보고서를 채택하면서, B등급으로 되어 있는 대마와 A등급으로 되어 있는 엑스터시를 각각 한 등급씩 낮추도록 권고하였다. 이에 7월 10일 블 렁킷 국무부장관이 하원 발언을 통해 대마에 국한해서나마 등급완 화를 밝힌 것은 커다란 의미를 갖고 있다. 이와 같은 정책변화로 인해, 모든 계층과 계급을 망라한 수만 명의 청소년들이 혜택을 보게 되었다. 그간 영국은 유럽에서도 가장 엄격한 마약법을 가지 고 있었다. 그러면서도 가장 높은 비율의 청소년층 마약을 해 오 고 있다.

그러나 영국 하원마약보고서나 정부 당국 역시 마약의 비합법화 혹은 합법화 방안에 대해서는 반대 입장을 고수했으며, 하원마약 보고서는 향후 영국 정부가 국제무대에서 마약 합법화에 관한 논 의를 주도해 나가야 한다고 권고하였다. 어쨌든 영국 정부가 나름 대로 마약의 비범죄화 혹은 합법화를 위한 실천방안을 찾기 위해 서는 많은 시간이 소요될 것으로 전망된다. 마약수요 혹은 마약범 죄가 서구에 비해 극히 낮은 수준에 머물러 있는 우리나라 입장에 서는 아직은 이 문제가 강 건너 불 차원에 불과한 것이 사실이다. 그러나 마약의 급속한 확산이 이루어지고 있는 현실임을 감안할 때 우리나라에서도 형사정책 당국은 물론 관련 의약학계와 정치경 제학계 등이 연계하여 이런 논의의 진행과정에 주목하고 대안을 마련할 수 있어야 한다.

제4장 국민건강과 인권, 그리고 앤젤선언

1. 앤젤선언의 배경

영국 정부와 의회는 수많은 토론회, 대정부 질의, 각종 위원회 활동, 서면질의 등을 벌이며, 이를 통하여 정책목표를 추구하는 데 있어 그 실효성을 확인하고자 노력하고 있다. 2002년 이른바 '품질관리' 위원회 중 하나인 '국내문제특위'(우리나라 법사위와 행정자치위를 합한 국회 상임위에 해당함) 측은 현행 마약정책의 실효성을 검토할 예정이라고 밝혔다. 이에 따라 영국의 '마약 합법화 운동' 진영에 속해 있는 수많은 다양한 인사들과 단체들은 자신들 논리와 주장을 찬찬히 정밀 검토해 본 다음, 전반적이며 완전한 주장과 논리를 동 위원회 측에 제출하기 위하여 모종의 협력 작업을 벌여 나갔다.

이와 같은 영국 의회 측의 입장표명 요청에 부응하기 위하여, 2001년 영국의 마약법 개정운동 단체들 및 활동가들은 상호 모순된 입장을 갖고 각자 자신들 주장만 내세울 것이 아니라 합동해서 효율적인 운동을 전개하기 위하여, 마약금지제도를 어떤 제도로 바꿔나가야 하는가에 대한 입장들을 조율하는 모임을 가졌다. 이들의 모임과 회의 진행은 대부분 인터넷상의 토론 형식(블루스카이 그룹의 토론방)으로 이루어졌으며, 사회는 법정변호사이자 영국 민권단체인 리버티(우리나라 참여연대의 위상을 가짐) 운영위원인 어느 한 인사가 맡았다. 당시 이 토론에서는 공개적으로 신분을 밝힌 인사들도 있었지만 시종일관 가명이나 닉으로 토론에 참여한 인사들도 많았다.

이들은 스스로 '합법화'라고 명명한 바가 과연 무엇을 가리키는 지 각자 이해하는 바가 여러 가지였으며, 여러 가지 '최종 결과들' 중 대부분은 마약 합법화 운동의 다양한 인사와 단체들의 유래, 경험, 배경 등이 각양각색인 것을 반영하고 있다는 것이 명백해 보였다. 그래서 온갖 다양한 '이상들'을 '마약 합법화' 정책으로 개혁했을 때, 과연 그 최종 결과는 어떤 것들을 이룩해 내도록 할 것인가에 관하여 하나의 단일한 개념으로 묶어 내려는 노력을 전 개하여, 이를 해당 국내문제특위 측에게 제출하는 주제 내용으로 삼고자 하는 작업을 시작하였다.

이 토론에 참여할 수 있는 회원자격은 느슨한 기존 통신망을 통 해 확정되었으며, 권고에 따라 단체 내의 다른 회원들에게 확대되 었다. 마침내 이 토론회는 민권단체, 전직 경찰관, 마약정책 개혁 운동단체, 마약 사용자 중 특정마약 중심 단체들(대마사용자단체, 댄스마약 사용자단체 등), 해악감소운동론자 등이 자리를 함께하는 조직으로 발전했다. 인터넷상에서 해당 내용들에 대한 토론과 논 쟁의 심화과정을 거쳐, 2001년 9월 18일, 런던 북부의 이즐링톤 지역에 있는 앤젤이라는 곳의 한 레스토랑에서 실제 회의가 개최 되었으며, 회의가 개최된 장소의 이름을 따서 앤젤선언문이 발표 되었다. 앤젤선언문은 www.angeldeclaration.com 사이트에서 볼 수 있다.

앤젤선언문은 이 선언문에 일부는 서명한 운동가와 익명의 운동 가 총 15명으로 이루어진 위원회에서 작성되었으며, 일부 작성자들이 서명은 하지 않고 익명으로 남아 있는 것은 개인적 평판에 대해 악영향이 있거나 보복을 우려하기 때문이다. 근본적인 마약법 개정 지지를 위해 누구든지 이 선언문에 서명할 수 있으며, 마약금지법을 즉각 폐지하고, 대신 공공의 라이선스 제도, 해악감소, 교육, 치료 등의 포괄적인 시스템을 도입해야 한다고 본다.

이들은 앤젤선언문 배후에 대규모 단체나 기업적 이해관계 혹은 정당 등과 같은 세력들은 전혀 없다는 점을 강조하고 있다. 앤젤선언문의 힘은 여기에 서명한 사람들에게서만 나온다면서 서명을 호소하고 있다. 한편, 2002년 6월 18일 현재 총 468명의 개인서명자를 분석하면 가장 많은 마약 사용자(이들 중 일부는 신원을 밝혔지만 많은 마약 사용자들은 익명으로 서명했으며, 활동가들도 마찬가지임), 정치인 12명(2002년 1월 작고한 영 오브 다팅톤 상원의원, 하원의원 11명, 하원의원은 노동당 8명, 자유민주당 2명, 플리드심루당 1명), 준정치인 12명, 의료계, 사회복지단체, 해악감소 업무 종사자 51명(이 중 3명의 의사는 하원의원이며, 이를 포함하면 이 범주는 54명이 됨), 학계중진(비의료계. 박사급 이상) 24명, 교사 8명, 기타 6명(경찰간부, 변호사, 성직자) 등으로 이루어져 있다. 그리고 5개 법인단체가 단체명의로 서명했으며, 이는 댄스마약 사용자연맹, 리버티(NCCL 전국시민적자유연합), 트랜스폼(마약정책전환연구재단), 영국칠아웃(chillout 난방정지)해제운동연맹(www.idspiral.org), 시카고회복연맹 등이다.

최종 결과에 대한 합의를 이루어 내기 위해, 즉 마약 합법화 논리와 주장이라는 전반적인 공동선을 위한 목표를 향해, 수많은 단체들이 자신들의 구체적이며 특수한 목표들을 '희생하고 타협'하도록 온갖 역량을 총동원했다는 점을 지적해 둔다. 그 결과 '앤젤선언문'이 발표되기에 이르렀으며, 앤젤선언문이라는 이름은 이 합의 가 이루어진 앤젤이라는 런던 북부의 한 장소 이름을 딴 것일 뿐 이지, 일부러 이름 속에 천사를 뜻하는 앤젤이란 말이 들어있으니 까 거꾸로 마약금지정책은 결국 악마의 도구라는 그런 뜻을 나타 내려 한 것은 아니었다.

앤젤선언문의 원칙과 주장은 다음 세 가지로 요약할 수 있다.

첫째, 마약금지정책은 영국의 인권보장 원칙에 어긋나며, '1971 년의 마약오남용금지법'은 폐지되어야 한다. 이런 목표를 달성하기 위해 필요하다면 국제마약조약상의 의무에 대해서는 재협상이 이 루어져야 한다.

둘째, 마약 입수는 각기 다른 '기본등급'(A급을 말함) 마약들에 대하여 여러 다양한 형태의 규제를 가능케 하는 라이선스 제도를 도입함으로써 통제할 수 있도록 한다. 그리고 이 라이선스 제도는 새로 '국립마약청'을 창설하여 이 기관에서 운영하도록 한다.

셋째, 토론 모임 저변에 깔려 있는 마약을 사용하는 권리를 인 정하는 수준을 넘어서서, 앤젤선언문은 개인, 커뮤니티, 보다 넓은 사회 등의 차원에서 마약 관련 해악을 감소시키기 위한 강력하면 서도 제2차적인 공약을 명확히 밝혔다.

2. 앤젤선언문 전문

1. 우리는 다음과 같은 견해를 선언하며 이를 확인한다. 현재 '1971년의 마약오남용금지법'에 나타나 있는 영국의 통제마약에 대한 금지정책은, 그 목표 달성에 있어서 실효성이 전혀 없으며, 그 부작용 측면에 있어서는 온갖 역효과만을 가져왔고, 공적 자원

을 낭비했을 따름이며, 범죄행위와 상업적 남용의 좋은 토양을 가져왔다는 점에서 지극히 파괴적이었고, 그 집행 측면에 있어서는 비인간적이며 비인도적인 모습을 노정해 왔음을 입증하고 있다, 따라서 동법은 더 이상 영국의 '인권법' 준수공약과 일치되는 적절한 사회규제형식이 될 수 없다.

2. 우리는 다음과 같은 입장을 확인한다. '1971년의 마약오남용금지법' 및 부수법률들은 폐지하고, 라이선스가 있는 소매대리점, 라이선스가 있는 생산제조자, 수입업자, 공급자 등의 체인망을 통한 공급, 필요한 모든 품질관리 규정 등을 함께 갖춘 그러한 시스템으로 대체해야 한다. 마약법 개혁입법은 중독성 마약 사용이 발생하는 곳이라면 어디에서나 교육, 치료, 해악감소 등의 조치를 취하도록 하는 새로운 절차에 대해서도 규정토록 해야 한다. 만일 이 입법 조치로 인해 영국이 유엔마약조약상의 의무 조정을 위해 재협상이 필요하다면 우리는 영국정부의 이 재협상 개시를 적극 지지할 것이다. 적합한 라이선스 발급절차 업무는 새로운 입법에 입각하여 각급 지방자치단체가 담당토록 해야 하며, 이때 소매대리점 영업에 대해서는 각 지방의 수요, 각 지방의 특수한 여러 상황들, 판매 예정인 각 마약들의 특성 등의 시각에 서서 발급업무가 이루어지도록 해야 한다. 영국의 공공기관들은 역사적으로 이런 공공규제 유형에 대해 매우 다방면의 광범위한 경험들을 가지고 있으며, 우리는 현재 '1971년의 법'에 따라 통제되고 있는 모든 마약들에 대해서도 그러한 공공규제정책을 확대 적용하는 방안을 지지한다.

3. 우리는 다음과 같은 입장을 확인한다. 위 시스템은 '국립마약청'을 신설하여 이 틀 속에서 운영토록 해야 한다. 영국 국내에서 재배하여 개인적 사용 혹은 사교 모임(클럽, 레크리에이션)에서의 사용을 위해 공급되는 약초류(대마초가 가장 대표적임)를 제외하고서는 마약소매대리점 영업 라이선스는 국립마약청이 정한 가이드라인 틀 내에서 A급 마약들의 소매를 담당토록 해야 한다. 특히 국립마약청은 건강에 대한 위협, 의료 치료로의 이첩, 자문, 기타 예방조치 등의 규정에 대한 가이드라인을 정하여 이를 라이선스 발급요건으로 삼을 수 있다. 각각의 마약에 대한 접근은 건강에 대한 피해를 최소화하는 목표를 위해 (필요한 경우 처방에 의한 접근을 포함하여) 국립마약청의 심사에 따르도록 해야 한다. 특정 마약의 경우 라이선스 발급요건은 적절한 자격증을 갖춘 사람이 판매를 감독하도록 조건을 붙여야 한다. 그리고 특히 국립마약청은 어떠한 동종 마약들에 대해서도 이상과 같은 소매대리점 판매와 일반적으로 보급되어 있는 의료용 처방 체제, 이 양자 간의 상호작용을 명확히 해 주도록 해야 한다.

4. 우리는 국립마약청은 마약 사용자, 관심이 있는 의료 및 관련 서비스업계, 경찰 등 법집행기관과 세관과 조세 당국, 생산제조업자, 공급업자, 소매대리점 업주 등을 포함하여 모든 이해당사자들 참여를 촉진시키는 협의자문 기관이 되어야 한다고 본다. 우리는 국립마약청의 업무는 중앙정부 및 각급 지방자치단체에게 법률작용에 대하여 조언하며, 소매대리점 영업 라이선스 발급, 소매점 판매 등에 대하여 정부정책의 틀을 정하고, 제품의 순도기준을 확정하여 그 시행에 대해 감독하며, 각종 마약의 수입 및 영국 내에서

모든 형태의 마약의 생산제조 등에 대한 라이선스 발급업무를 담당하며 이를 감독하고, 이상과 같은 업무를 원활하게 수행하기 위하여 국제적 연대활동을 벌이도록 하는 데 두어야 한다고 본다.

5. 우리는 다음과 같은 입장을 확인한다. 통합된 규제시스템을 완비하기 위해 적정한 시기와 경로를 거쳐 추가조치들이 취해져야 한다. 그러나 즉각 개정해야 하는 입법조치는 '1971년의 법' 범위 내에 있는 각종 마약들에 대해 초점을 맞추어야 하며, 이를 알코올, 담배, 현행 의약품 통제 절차 등에 대해서까지 확대해서는 안 된다. 나아가 불법마약시장 및 범죄망 형성을 최소화하기 위하여 관련 마약들에 대한 경쟁적 소매가격 책정을 보장하는 것이 필수적이긴 하나, 그와 동시에 정부는 적절한 시기와 경로를 거쳐 이런 공급규제형식에서의 조세제도의 교정 방안을 논의해야 한다.

6. 우리는 다음과 같은 입장을 확인한다. 마약공급의 규제는 전적으로 정당한 집단적 의도가 있는 것이며, 적절한 민형사상 제재조치를 총동원하여 시행토록 해야 한다. 우리가 제안하는 시스템에 따르면 공급은 모두 영국 국내에서 약초류(대마초가 대표적)의 예외 형태는 인정하지만, 그 나머지는 모두 라이선스를 통해서 이루어지게 된다. 형사상 제재는 라이선스가 없이 이루어지는 생산제조, 수입, 공급 등의 행위뿐만 아니라, 규정에 없는 다른 모든 소매대리점 판매 등을 막기 위해 가해지도록 해야 한다. 또한 소매대리점 라이선스 제도는 해당하는 어떠한 마약도 미성년자에게 판다든가, 혹은 미성년자에게 제공할 생각을 가지고 있거나 아니면 향후 상업적 목적으로 파는 행위에 대하여, 라이선스 몰수뿐만

아니라 형사상 제재라는 고통을 가함으로써 이를 막아 내도록 해야 한다. 이와 같은 경우 라이선스 소지자는 판매를 거부해야 할 의무를 지며, 이를 어겼다는 혐의가 있는 경우 형사상 제재의 고통을 받을 수 있다. 대신, 라이선스 소지자는 국립마약청 가이드라인에 따라 라이선스가 부여된 제품을 개인적 사용 혹은 사교클럽 사용에 적합하다고 인정되는 수량만큼 자유롭게 판매할 수 있다.

7. 우리는 다음과 같은 입장을 확인한다. 마약금지정책의 종식은 개인이든 사회이든 마약 사용으로 인해 초래된 해악을 최소화하기 위한 공공투자가 함께 수반되면서 이루어져야 한다. 이상과 같은 정책대안 접근법은 마약을 입수하기 위한 범죄를 줄이며, 젊은층과 성인 사용자에 대한 교육을 강화하고, 중독성 마약 사용을 줄이며, 치료지원 시설과 인력의 배치를 촉진하고, 범죄적 마약거래 망을 무력화시키며, 마약금지정책 집행 역량을 해방시켜 다른 정책에 돌려 쓸 수 있게 하고, '유럽인권헌장' 및 '유럽기본적자유헌장'에 부합하는 제도를 확립하며, 새롭고도 수용 가능한 세원을 발굴하게 해야 한다

만일 여러분이 이 내용에 나타난 합의문에 뜻을 같이하시면 여기 와서 서명하고, 마약 사용의 악영향을 감소시키기 위한 움직임들에 대해 지원을 아끼지 말아주십시오. 앤젤선언문 웹사이트는 서명자들 검토를 거쳐 여기서 천명한 정책개혁이 유발하는 지지의 폭을 매우 정확하게 가늠하게 해 줄 것입니다. 국내문제특위 측은 우리들의 이런 노력을 찬양했으며, 국무부 및 마약정책당국과 같은 정부 측이 대안정책 접근법에 대해 어떠한 연구결과도 생산해

내지 못하고 있는 총체적 부실에 대해 질타했습니다.

3. 대마초 뉴딜 선언

다음 소개하는 '대마초 뉴딜 선언'은 '사회적 무지로 인한 마약 남용반대 운동본부(CANABIS: Campaign Against Narcotic Abuse Because of Ignorance in Society)' 창립총회에서 합의한 정책강령이다. 이 회의는 1998년 11월 13~15일 영국의 루톤 지방에 있는 하즈 마너에서 열렸다. 당시 창립총회에는 영국의 대마초 운동가들과 다른 많은 인사들이 참석했다. 이 대마초 뉴딜 선언은 http://www.thecannabisfestival.co.uk/new-deal.htm에 제시되어 있다.

우리나라도 조만간 대마 내지 마약 문제에 대하여 바른 길을 모색하는 이들이 모여 이런 합의를 발표하게 될 날이 머지않아 올 것으로 믿으며, 이를 앞당기기 위해 각자 위치에서 나름대로 노력하기를 바라 마지않는다.

대마초 뉴딜 선언 전문을 번역 소개하면 아래와 같다.

1. 안전한 경로: 국제 대마초 금지정책을 즉각 종식시켜야 하며, 마약문제를 전반적인 규제입법 목적을 갖고 실태를 조사하기 위하여 구속력 있는 왕립위원회가 설치되어야 한다.

2. 마리화나 자유화: 개인적 소지, 재배, 비영리 목적의 공급에 대해서는 라이선스 없이도 가능하도록 해야 한다.

3. 새로운 거래제도: 상업적 거래는 윤리적이며 생태적인 거래기준에 맞게 규제하도록 해야 한다.

4. 씨앗 자유화: 대마초 씨앗에 대해 어떠한 특허도 허용해서는 안 되며, 유전공학적으로 조작해서도 안 된다.

5. 성스러운 약초 사용의 자유화: 종교나 성사에서 약초를 태울 권리는 '유엔세계인권선언' 제18조에 따라 보장되어야 한다.

6. 대마사범의 전면 석방: 모든 대마관련 사범을 사면하여 석방해야 하며, 대마관련 전과는 모두 삭제해야 한다. 영국정부 측은 이른바 마약과의 전쟁이라는 이름으로 시민들에게 행한 통탄스러운 범죄행위에 대하여 충분하게 사과해야 한다.

7. 진실과 화해: 그간 마약금지정책이 사회에 대하여 끼친 악영향 및 과연 왜 그토록 오랜 세월 동안 마약 사용자에 대한 전쟁을 벌여 와야 했는가에 대하여 청문회를 실시해야 한다.

8. 사회적 통제 아닌, 안전성 테스트 실시: (우리나라에서 무작위적으로 실시하는 소변검사처럼) 신체의 일부를 샘플로 뽑아 아무런 관련성도 없이 무작위적으로 실시하는 테스트는 종식되어야 한다. 마약에 취해 있는 동안 그 사람의 신체적 정신적 성질이 어떤지를 판정할 수 있는 적합한 테스트 방법이 개발되어야 한다.

9. 청소년 사용: 상업적 공급은 16세 이상에 대해서만 이루어지도록 해야 한다. 이를 위반했을 때에는 공급자 쪽에 대해서만 제재를 가하도록 해야 한다.

10. 마약에 대한 무지 일소: 마약에 대한 지식과 정보를 공정하면서도 사실적으로 알리도록 해야 한다. 이때 알리는 방식은 단지 '제대로 알아야 합니다.'라고 형태가 되어야 한다.

11. 동서고금 병을 고치는 약: 대마초를 윤리적 기준에 맞게 하면서 의료용 및 산업용으로도 사용할 수 있도록 해야 한다.

여기서 결코 잊어서는 안 되는 사항은 1970년대 당시 영국의 모든 시민들은 대마초에 대한 금지정책이 불과 몇 년 내에 종식될 것으로 보았다는 점이다. 한편, 최근 우리나라 과거사 진상조사를 담당하는 진실과 화해위원회는 과거 국가보안법 사건뿐만 아니라, 잘못된 마약정책에 대한 오류도 인정하고 이를 바로잡기 위한 의지라도 표명한다면 어떨까?

4. 마약인권과 해악감소운동

닐 헌트(Neil Hunt)는 앤젤선언문 초안을 작성하는 과정에서 해악감소 운동계의 대표로 참석하여 토론한 바 있다. 남성이지만 간호사이자 사회문제 연구자인 헌트는 전에는 인권에 관한 국제법이나 국내법 제도를 정식으로 연구한 바는 없었다. 하지만 헌트는 앤젤선언 기초과정에 참여하면서 해악감소운동의 인권 측면에 대해 고민하기 시작했으며 간결하지 못하거나 모순된 입장을 시정해야 하겠다는 맘을 먹게 된다.

이 과정에서 그는 강한 권리론 입장에 치중하게 되었으며, 결과적으로 '올바른 행동'은 결국 인권과 해악감소 문제를 공론화하여 다른 사람들도 마약 사용의 권리, 이를 규제하는 국제법 구조, 그다음 행동노선 등에 대하여 자신들 입장을 명확히 해나가도록 했으면 하는 바람을 갖게 되었다. 아래 글의 원제는 "국민보건과 인권, 둘 중 어느 것을 우선시해야 하는가?(Commentary: Public health or human rights: what comes first?)"이고 출처는 국제마약정책학회보(International Journal of Drug Policy, Volume 15, Issue 4, September 2004, Pages 231-237)이다. 닐 헌트는 이 글을 쓸 당시 런던 임피리얼 대학 마약보건연구소에 재직 중이었으며, 지금은 프리랜서 학자로 활동 중이고, 홈페이지 주소는 www.neilhunt.org.uk이다.

5. 국민건강이 우선인가, 아니면 인권이 우선인가?

최근 해악감소운동 내부의 '인권'논쟁이 불거진 바 있다(Ezard, 2001; Hathaway, 2001 and Miller, 2001). 마약 사용이라는 기본 인권은 유엔세계인권선언에 이미 부수되어 있는 것이라는 주장도 제기되었다(van Ree, 1999). 이 논쟁은 해악감소론 입장에 서 있는 마약 사용자 운동권 인사들 중에서 마약 사용의 권리는 마땅히 승인되어야 한다는 유사한 요구들이 증대되고 있는 것과 더불어 진행되고 있다.

영국에서 이 논쟁은 각기 다른 수많은 마약개혁운동가 및 단체들 사이에서 연대의 산물인 앤젤선언 발표와 더불어 더욱 격화되고 있는 실정이다. 앤젤선언은 마약금지정책의 종식을 요구하며 마약 사용권을 승인하는 동시에, 해악감소정책의 실시와 함께 라이선스가 발급된 대리점들을 통해 마약을 구할 수 있는 판매규제 시스템을 도입하도록 촉구하고 있다. 결과적으로 보았을 때, 앤젤선언은 영국의 해악감소 운동가들에 대해 마약 사용권이 해악감소 운동의 한 부분인지 아닌지 선택하여 결정토록 압박함으로써 일대 논쟁을 촉발하였다.

이 논쟁은 과연 해악감소의 실체가 무엇인가, 해악감소 업무나 운동이 실제로 하는 일은 무엇인가, 해악감소 업무 종사자들이 만들어 가려고 하는 사회는 과연 어떤 사회인가, 과연 어떤 전략을 통하여 거기에 가장 빨리 도달할 수 있겠는가 등과 같은 이론과 실천의 문제들을 촉발시키고 있다.

『산산이 부서진 인생』
책 표지

해악감소에 대해 공식적 개념규정이 없긴 하지만 각종문헌들을 통해 각기 다른 개념들이 제시되어 왔으며 최근 마약 사용권 논쟁에서 나름대로 그 개념이 제시되기도 했다. 우선 여기서는 두 가지 도식적인 해악감소 개념을 제시해 보고자 한다. 하나는 건강을 우선시하는 '약한 권리' 개념과, 다른 하나는 마약 사용권을 완전하게 승인하고자 하는 '강한 권리' 개념이다. 다시 말하지만 이 두 개념은 도식화된 것임을 유의해야 한다. 이 구분은 서로 대비되는 가능한 두 입장의 본질을 포착하기 위해 유용한 분석도구로 내세워 본 것이다. 실제 현실에서는 많은 인사들이 자신의 해악감소개념은 이 두 입장 사이의 어느 중간 지점에 있다고 생각하고 있다.

'약하다.' '강하다.'라는 말은 쓰는 것은 존 스튜어트 밀의 자유 개념에서 개인의 몸에 대한 주권 개념의 연속선상에서 이 두 입장을 표현해 보기 위한 것이다. 존 스튜어트 밀은 자유의 본질을 다음과 같이 표현하고 있다.

"이 책의 목적은 매우 간단한 한 가지 원칙을 주장하기 위한 것이다. 즉 개인에 대하여 사회가 강제와 통제를 행할 때 절대적으로 어떤 원칙의 지배를 받아야 할 것인가, 이때 법적처벌 형태의 물리적 강제력을 동원할 것인가 아니면 여론이라는 도덕적 강제력을 동원할 것인가 여부에 대한 것을 말한다. 이것은 인류가 개인적으로나 집단적으로 사회구성원들 행동의 자유에 대해 간섭할 때 정당성을 갖게 되는 유일한 목적은 자기보호라고 하는 원칙임을 가리킨다. 또한 이것은 권력이 문명사회 구성원에 대해 그 구성원의 의사에 반하여 올바르게 권력을 행사하는 유일한 목적은 다른 사람에게 해악을 끼치는 것을 막기 위한 것밖에는 없다는 원칙을 말한다. 한 개인의 좋음이라고 하는 것은 그것이 신체적이든 아니면 도덕적이든 상관없이 그 자체로 강제에 대한 충분한 정당성이나 근거가 되지는 않는다. 개인은 어떤 행위를 하는 것이 더 좋다, 더 행복하게 될 것이다, 혹은 다른 사람이 보기에 그렇게 하는 것이 더 현명하거나 심지어 올바르기까지 하다 등과 같은 이유만으로, 그렇게 하도록 하는 것이 올바르다며 강제되거나 감내하게 할 수는 없다. 그런 것들은 그 개인에게 충고하거나 이성적으로 대하라거나, 그를 설득하거나, 그에게 간청하거나 하는 합당한 이유들은 된다. 하지만 그렇다고 해서 그런 이유들이 그 개인을 강제하거나 그렇게 하지 않으면 어떤 악의 구렁텅이에 빠뜨리게 할 만한 그런 이유가 되기까지 하지는 못한다. 강제와 통제를 정당화하기 위해서는 개인을 억제해야 하는 것이 바람직한 그런 행위라고 하는 게 다른 사람들에 대해서는 해악을 끼치도록 계산된 것이라야 한다. 어떤 한 개인이 사회에 대해 양순해야 하는 유일한 행위 측면이란 결국 다른 사람에게 관계되며 영향을 주는 것이 된다. 단지 그 개인 자신에게만 관련되며 영향을 주는 그러한 측면에 대해서는 그 개인의 독립성이야말로 절대적이라고 보는 것이 올바르다. 한 개인은 자기 자신, 자신의 신체와 정신 등에 대하여 최고 주권자이다."(John Stuart Mill, On Liberty, 1869)

강한 권리론이란 자기 신체에 대해 최고 주권자라는 원칙을 구체적으로 표현한 것이며, 건강을 증진시킬 수 있는 수단에 대해서는 본질적으로 설득력 있는 이 접근법의 제약을 받게 할 수 있다. 밀에 따르면 강제란 한 개인의 권리를 동원하여 '다른 사람에게 해악을 끼칠' 때 외에는 허용되지 않는다. 따라서 이처럼 강한 권리론이란 권리에 기반을 두고 있으며 그중에서도 신체에 대한 권리가 우선시된다.

약한 권리론 입장에서는 신체에 대한 권리란 보다 더 제약당할 수 있는 것이라고 본다. 일부 국민건강 정책이나 강령들이 인권에

대해 가장 커다란 중요성을 부여하고 있긴 하지만, 여기서 도식화
해 본 약한 권리론 입장에서는 국민건강의 최적화라고 하는 게 다
른 어떤 요소들보다 더 우선시된다. 이 개념 내에서 보았을 때, 국
민들의 자기 신체에 대한 지배권을 제한함으로써 건강이 증진될
수 있다는 증거가 제시되기만 한다면, 건강최적화 입장에서 자유
에 대한 강제나 제약은 수용할 만한 비용 치르기 차원으로 인식된다.

물론 국민건강 개념 자체는 매우 다양하며 일부는 더욱더 온정
주의적인 접근법을 거부하면서 보다 더 권리에 기반을 두고 있다
는 점을 인정은 해야 한다. 예컨대 '새로운 국민건강' 개념을 논의
하는 가운데 강한 권리론 모델에 동조하면서, 권한을 위임하는 '시
민통제'라는 것과 위험을 감수하는 행동이라고 하는 것은 서로 연
결되어 있다는 지적도 있다(Ashton and Seymour, 1993, p.108).
그럼에도 불구하고 국민건강론 문헌들은 국민들이 궁극적으로 자
신의 신체에 대해 행사할 수 있는 통제 정도에 대해 애매모호한
태도를 보이고 있으며, 이는 국민건강 접근법이라고 하는 것이 실
상은 약한 권리론과 강한 권리론 양지를 모두 수용할 수 있는 것
임을 뜻한다.

6. 국민건강 관점

해악감소 업무 종사자들 내부적으로 현실적인 목표 달성을 위하
여 국민건강이란 무엇인가에 대하여 대체적인 합의를 보고 있기는
하다. 그럼에도 불구하고 이에 대해 공식적으로 합의된 개념규정
은 따로 존재하지 않는 실정이다. 현재로서는 해악감소 업계의 공
식단체인 '국제해악감소연맹(the International Harm Reduction

Association)' 측이 특별히 제시하고 있는 건 없다. 어쨌든 해악감소에 대해서는 무수한 개념규정들이 제출되어 있는 실정이다(예컨대 Hamilton et al., 1998; Lenton & Single, 1998 and Newcombe, 1992). 이 중에서도 해악감소란 국민건강 개념에 뿌리를 두고 있다고 보는 경우가 가장 흔하다(예컨대 Erickson, 1995, p.283; Newcombe, 1992, p.1; Stimson, 1992). 영국 왕립의과대학 국민건강의학과 교수진은 국민건강에 대해 질병, 수명, 건강 등을 강조하면서 널리 채택되고 있는 '사회의 체계적인 노력을 통하여 질병을 예방하며 생명을 연장하고 건강을 진작시키는 과학과 기술'이라는 개념을 제시하고 있다.

해악감소론의 철학적 뿌리는 적어도 롤레스톤 보고서(the Rolleston report 1926)까지 거슬러 올라가지만, 이것이 일관된 실천과 사상 체계로 발전하게 된 것은 보다 더 정확히 말하면 1980년대 에이즈 문제, 에이즈가 주사기를 이용하는 마약 사용자 및 이들을 통하여 전체 국민들에게 확산될 우려와 공포에 대한 대응책 등을 올바로 규명하려는 노력에서 비롯되었다고 보아야 한다.

이런 뜻에서 해악감소론은 에이즈 예방정책으로서 발전되어 나왔으며, 나중에 가서야 비로소 B형과 C형 간염 등과 같은 다른 전염병에 대해서까지 관심을 기울이게 된다. 해악감소업무 종사자들은 전염병을 넘어서 있는 대상들에 대해서도 건강관련 해악으로 간주하기 시작했다. 특히 약물과용으로 인한 연간사망자 총수 등이 그것이다. 이들은 엑스터시 사용 관련 해악과 같이 해악의 위험을 확인할 수 있는 다른 마약 사용이나 음주운전으로 인한 교통사고 등도 해악감소업무 영역에 속하는 것으로 보았다(예컨대 Fromberg, 1992 and Newcombe, 1992).

그러나 해악감소업계내의 국민건강 관점은 전염병 통제를 위한 주사기 교환해 주기, 메타돈 치료, 대중적 홍보운동 등과 같이 단순한 개입의 한계를 넘어서기도 한다. '마약중독'은 마침내 국제질병등급표에도 포함되었다(World Health Organization, 1992). 따라서 하나의 해악형태로서 마약중독을 예방하는 정책은 논리적으로 보아 해악감소업무의 범위에 속해 있다. 왜냐하면 마약중독 역시 건강최적화를 위한 국민건강 접근법 속에서 예방해 내야만 하는 다른 또 하나의 '질병' 형태라고 간주되기 때문이다.

근자에 술과 관련된 질병을 줄이기 위한 국민건강 위주의 정책으로서 가장 돋보이는 것은 불법마약에 대한 국민건강 접근법의 준거틀로도 삼을 수 있는 에드워즈 등의 보고서(Edwards, Anderson, and Babor, 1994)이다. 여기서 술 문제란 국민들 중 음주자들이라는 하위집단에 포함되는 사건사고인 것으로 이해할 수 있다. 국민들 중 술을 마시는 비율을 줄이는 조치들이 결국 전체적으로 질병발생 수준을 감소시킴을 보여주는 상당한 증거들이야말로, 술 소비량 감소라는 정책목표의 버팀목이 되고 있다.

Police surround John Lennon and his girlfriend as they leave a London court, having been charged with possessing marijuana, Oct 1968

존 레논, 걸프렌드와 함께
런던 법정을 나서는
모습(1968)

에드워즈 등은 술의 가격을 인상함으로써, 술 소비 및 이를 바탕으로 하여 최종적으로는 전 국민 수준의 간경화, 술로 인한 암, 알코올 중독 등과 같은 해악들 총량을 감소시키기 위하여 세금부과 같은 재정적 조치 등과 같은 전략을 사용해 보자는 건강한 주장을 전개하고 있다. 알코올 규제 시장 내에서 전개되는 이런 접근법은 '호주머니 사정을 통한 충고' 형식이라는 재정적 조치를 통하기 때문에, 충고는 할 수 있지만 강제는 안 된다고 본 존 스튜어트 밀의 요건에도 일치된다. 그러나 에드워즈 등이 소규모 사회 및 이슬람 국가들의 경우 이들 사회에 사는 시민들에 대해 술을 마실 수 있는 인권을 전혀 고려하지 않은 채 금주정책을 실현가능한 정책대안으로 제시하고 있는 점도 주목은 해야 한다. 실제에 있어서 정책당국은 금주정책을 지지하려 하지 않을 것이므로 에드워즈 등은 이를 정책대안에서 배제하고 있다. 그러나 실제로 금주정책을 실행할 수 있기만 하다면 금주정책이 건강에 가져다주는 엄청난 혜택으로 인해 이 정책은 얼마든지 뒷받침될 수 있다고 주장한다. 금주정책을 국민건강 접근법과는 맞지 않으니까 절대적으로 거부해야 한다거나, 성인들의 술 마시기라는 궁극적인 권리를 명확하게 인정해야 한다는 식의 주장은 존립하기 힘들다.

이 접근법은 영국 마약정책의 역사에서 독창적인 성과물인 '영국 마약오남용 자문위원회(ACMD)의 에이즈 및 마약오남용 보고서'(1988)와 일치한다. 이 보고서는 영국의 해악감소 서비스의 발전을 가능케 했으며, 모든 마약의 절제라는 정책목표를 포괄하는 다음과 같은 정책목표의 우선순위표를 발표하기도 했다. 첫째, 공유 주사기 장비로 인한 사고를 줄인다. 둘째, 주사행위라는 사고를 줄인다. 셋째, 길거리 마약의 사용을 줄인다. 넷째, 처방마약의 사용을 줄인다. 다섯째, 모든 마약 사용의 절제를 증대시킨다.

영국 내에서는 국민건강 관점, 특히 ACMD가 마련한 정책 등은 이런 식으로 마약 사용을 예방하는 것이야말로 해악감소의 정당한 목표가 된다고 짜 맞출 수 있었다. 일부 해악감소업무 종사자들이 절제의 진작을 자신들이 해야 할 일은 아니라고 본 반면, 국민건강 접근법의 논리는 바로 절제론과 결합될 수 있으며, 이는 곧바로 만일 마약 사용을 예방하는 전략을 효과적으로 실행시킬 수만 있다면 실제로 그와 같은 정책을 채택해야 한다고 봄을 뜻한다. 그러나 불법마약은 이미 그 금지된 성격으로 인하여 에드워즈 등이 술과 관련하여 제시했던 재정적 조치가 먹힐 수 없다. 사실 코카인과 헤로인 등과 같은 불법마약의 사용이 측정가능하며 마이너스의 가격 탄력성(실제가격이 상승하면 사용이 감소한다)을 가지고 있음에도 불구하고, 불법마약의 가격은 조세제도를 통한 조작이 불가능하다. 물론 그 이유는 불법마약시장이라는 게 실효성 있게 규제되지 않고 있기 때문이다. 따라서 마약 사용을 줄이기 위한 전체적인 틀은 마약금지를 통해서 이루어진다. 그리고 그 성공 여부는 크게 보아 흔히 인용되곤 하는, 전 세계 불법마약경제 규모는 전체 세계무역량의 8%를 점한다는 UNDCP 자체 통계를 통하여 판단이 이루어진다.

결국 순수한 건강최적화 국민건강 모델의 논리구조는 곧 사용을 줄이는 금지정책(물론 이것이 먹힌다고 가정할 경우)이 정당성을 갖는다고 보는 것으로 정리된다. 왜냐하면 마약 사용 그 자체가 금지되며 다른 모든 조건들이 같다면 해악은 감소할 것이기 때문이다. 많은 해악감소업무 종사자들은 즉각, 금지란 현실적으로 불가능하며 동시에 마약 사용 관련 해악을 오히려 증폭시키는 경우가 허다하다고 주장한다. 그리고 이것은 당연히 올바른 평가이다. 그럼에도 불구하고 이들의 논리구조 그 자체는 부정할 수 없으며, 만일 마약금지정책을 달성하는 효과적인 수단이 개발만 된다면, 해악감소업무 종사자들은 자신들 주장을 지지하며 추구하기 위해서 인권보다는 오히려 엄격하게 건강이라는 우선순위에 따라 운영되도록 하려 할 것이다. '실효성 있는 마약금지정책' 개념은 짚으로 만든 말 인형과 같이 보잘것없는 것이 되고 만다. 하지만 여기서 한 종의 유전자를 다른 종에 삽입하는 것과 같은 유전학과 유전자이식학의 새로운 발전에서 유래한 기술적 변화로 인해 마약금지주의의 도구 리스트에 강력한 수단을 추구할 수 있다는 점은 지적해 둘 만하다. 예컨대 효과적인 개입수단을 활용할 수 있다면 코카인 같은 마약의 정신작용 효능을 무력화시키는 백신을 개발해낼 수 있다(Office of National Drug Control Policy, 2002)면 이는 궁극적으로 전체 국민들을 대상으로 예방접종 하는 데 쓰일 수 있으며, 코카(Fusarium oxysporum)와 아편(Pleospora papaveraceae)에 영향을 미치는 환각성 버섯의 균주을 포함하는 개발 등이 이루어진다면 이 역시 건강최적화의 약한 권리론 입장에 서 있는 해악감소론은 당연히 이를 사용하도록 재촉 받을 수밖에 없게 될 것이다.

하지만 이상과 똑같은 논리로, 국민건강을 우선시해야 하는 해악감소업무 종사자들은 물론 마약 사용의 권리에 맞추어 금지를 반대하는 정책을 옹호할 수도 있다. 이런 상황은 만일 대차대조표를 같이 보았을 때 금지정책이야말로 금지를 통해 제거하고자 했던 것보다 더 큰 해악을 초래하는 장본인이라는 증거만 있다면 바로 맞아떨어지게 된다. 그러나 이런 증거는 실제로는 도저히 나올 수 없다. 왜냐하면 규제된 마약공급 형식 그 자체마저도 3대 유엔마약금지조약(1961, 1971, 1988)이 아예 금지하고 있기 때문이다. 결과적으로 유엔마약금지조약은 규제를 받는 각기 다른 공급시스템들이 어떤 영향을 미칠 것인가에 대한 지식과 증거의 생산 그 자체마저도 금지하고 있다.

이상의 논의들은 해악감소론이 약한 권리론 모델 내에서 어떠한 정책을 찬성하는가를 알기 위하여 증거위주의 접근에 압도적으로

의존한 것들이다. 결정은 이른바 윤리적으로 중립적인 맥락에서 해악에 대한 전반적인 정서가 어떠한가에 따라 내려진다. 스트랭은 이 입장을 매우 잘 포착하고 있다.

"진정한 해악감소 업무의 챔피언은 반드시 안티마약이어야 할 필요는 없으며 그렇다고 반드시 친마약적일 필요도 없다. 해악감소론자는 법적 대응 혹은 사회적 대응에 대하여 오로지 그것이 해당 마약 사용이 초래한 해악의 양을 어느 정도 증대시키는가 아니면 감소시키는가 하는 바탕 위에서만 그에 대하여 지지, 반대, 무관심 등을 표명할 따름이다. 법적 대응이나 사회적 대응이라고 하는 게 오로지 마약 사용이 초래하는 것으로 관찰되거나 예상되는 그 해악의 정도에 따라 결정된다면, 마약 사용이 미리부터 내재적으로 '나쁘다.' 혹은 '좋다.' 하고 정해 버리는 입장이란 사실상 아무런 의미도 없다. 따라서 해악감소의 챔피언은 마약 사용자를 위한 시민적 권리에 대하여 지지하지도 않으며 그렇다고 반대하지도 않는다."(Strang 1993, p.3)

좀 더 나중에 가면 마약 사용자의 시민적 권리에 대한 이런 '탈도덕적인' 입장은 비판받게 된다. 공공연한 중립성에도 불구하고 해악감소론은 마약금지정책의 현상유지를 매우 효과적으로 찬성한다는 비난을 받았다. 왜냐하면 이것이 전 세계의 지배적인 정책이기 때문이다(Hathaway, 2001). 각기 다른 마약통제 제도들의 효율성과 같은 문제들에 대하여 중재하는 알맞은 표준이란 증거가 결코 만들어질 수 없다면, 이 문제에 대해 증거에 바탕을 두고 주장했다고 하는 것은 허구에 불과하다. 증거에 의존하는 입장을 견지한다는 것은 만일 그 증거가 도저히 만들어질 수 없는 것이라면 결국 변화에 대해 열린 자세를 갖는다는 허구적인 인상을 심어 주는 것밖에 안 된다.

여기서 여러 분석 측면들이 전혀 새로운 것이 아니라는 점에 유의해야 한다. 먹포드(Mugford 1993)는 벌써 거의 10년 전 유사한 점을 지적했으며, 공리주의적인 비용-이익 분석에 바탕을 둔 접근법 틀 내에서 해악감소론이 마약 사용의 핵심 장점인 즐거움의 가치를 평가할 수 없다는 점과 같은 한계점들에 대해서도 강조해 마지않았다.

7. '강한 권리론' 입장의 해악감소론

건강최적화의 절대필요성과는 대조적으로, 어떤 개인이 어떤 종류의 마약이든 이를 어떤 방식으로 사용하든 상관없이 마약 사용의 결정권에 대해 이를 결코 양도할 수 없는 인권으로 간주하는 대안이 제출될 수 있으며, 이는 해악감소론의 버팀목이 되기도 한다. 리(van Ree 1999)는 정확히 그 방안을 제시한 바 있다. 그는 유엔세계인권선언 속에 새로 '제31조'를 신설하는 것을 지지한다. 새로운 조항은 '모든 인간은 자신의 선택에 의하여 향정신성 물질(마약)을 사용할 수 있는 권리를 가지고 있다.'로 해야 하며, 이는 이미 향정신성 물질을 사용하지 않기로 선택할 권리 속에 포함되어 있다고 본다. 다음과 같은 유엔세계인권선언 제12조 속에 이 구절이 포함되는 것으로 해석하는 것도 가능하다.

"인간은 누구든지 자신의 프라이버시, 가족, 가정, 서신 등을 자의적으로 간섭당하거나, 명예 명성에 대해 공격을 당해서는 안 된다. 모든 인간은 이런 간섭이나 공격에 대해 법의 보호를 받을 권리를 가지고 있다."

유엔세계인권선언에 새로운 권리조항을 재협상하여 추가하는 것은 정치적으로나 현실적으로 불가능에 가깝다. 리의 주장을 소개하는 것은 마약 사용의 권리란 인간이 명시적으로 가지고 있다고 주장하는 권리에 속한다는 점을 입증하기 위해서이다. 현실적으로는 기존하는 프라이버시 권리에 대해 법적 해석을 통하여 개정하는 것이 보다 더 가능성이 크며, 이 기존 조항은 바로 이 사적영역 속에 '향정신성 물질을 자신의 선택에 따라 사용하기로 선택할 수 있는 권리'가 포함되어 있다는 점을 보다 더 명백히 해 줄 수 있다. 2004년 당시 영국에서는 프라이버시 권리야말로 법원에서 인권법(the Human Rights Act 1998)에 따른 가장 대중적인 방어수단이 된 바 있다.

따라서 강한 권리론 관점의 해악감소업무 속에서 국민건강 위주의 해악감소론의 역할이란, 이 권리의 정당한 행사 속에서 초래되는 해악들을 줄이도록 설득과 같은 수단을 동원해 가며 국민들을 돕는 것이 된다. 바꿔 말해 마약 사용권은 다른 사람의 권리를 침해하지 않으면서 행사되기만 한다면 국민건강 측면을 압도하게 된다. 설사 이와 같은 권리를 인정하면 결국 마약 사용과 마약 관련 해악 둘 다 증대시키는 결과를 초래한다 해도, 이는 자기 몸에 대한 개인의 주권을 중시하는 해악감소론이 치러내야 하는, 바람직하지는 않지만 어쩔 수 없는 대가라고 간주될 수 있다.

이상과 같은 도식화된 설명은 숱한 뉘앙스들을 가리고 있다. 특히 중요한 점은 국민들이 가난하거나 한계계층으로 전락해 있거나 차별을 받는다고 할 때 자신의 마약 사용에 있어서 제대로 알고 선택할 만한 역량이 있는가에 대해서이다. 그런 악조건 상황에서 국민들은 제대로 알고 마약 사용 문제를 선택 결정하기 힘들며,

이런 구조적 문제가 먼저 시정되지 않으면 어떠한 마약 사용권 확대도 정당성을 가지기 힘들다. 이는 실용적이며 현실적인 입장이다. 그러나 동어반복이지만 논리적으로 가난하거나 주변계층인 국민은 불리한 위치에서 내려야 하는 결정, 즉 담배를 피우는 선택, 아주 좋은 술을 마시는 선택, 포화지방이 풍부한 음식을 먹는 선택 등과 같이 마약 이외의 다른 소비분야 결정에 있어서도 제대로 선택하기 힘들다는 점을 주목해야 한다.

여하튼 어느 한 권리를 승인한다 해도 그것이 곧 국민들로 하여금 그 권리를 행사하도록 권장한다는 것과는 전혀 다르다. '난 당신이 마약을 사용할 권리를 가지고 있음을 인정하지만 사실 그렇게 하는 건 건강에도 좋지 않기 때문에 말린다.'고 말하는 것이 맞다. 이는 대부분 국가에서 자살이 범죄가 아니지만 정신과 서비스나 치료 등을 통해 그러지 않도록 하기 위해 많은 투자를 하고 있는 것과 아무런 차이도 없다. 좀 더 직접적인 비유를 든다면 성인이 담배를 피우는 것을 허용은 하되 끊임없이 금연하려는 사람들에게 각종 치료를 해 주며, 건강증진 캠페인을 벌여 금연하도록 유도하고, 비흡연자들의 생명권을 침해할 가능성이 있는 간접흡연 피해를 겪지 않도록 보호해 주는 조치들과 똑같다.

그러나 금지의 강행을 위한 조치들을 통해 마약 사용을 막기 위해 강제력을 동원하는 정책들을 찬성하는 행위는 강한 권리론 입장의 해악감소론에서는 전혀 허용될 수 없다. 여전히 국민건강을 목표로 하면서 마약 사용을 막고자 하는 해악감소론 입장에서 동원할 수 있는 수단들 중에는 설득과 사회적 마케팅이 있다. 마약 시장의 규제 속에서나마, 강력한 건강증진 메커니즘으로서 재정적 통제와는 다른 규제의 지렛대들이 나타날 가능성도 없진 않다.

이상과 같은 관점에서 보았을 때, 개인, 지역사회, 전체사회 등이 받는 해악을 측정, 평가, 조정하는 등과 같이, 현재와 같은 공리주의적 해악감소론이 아무런 현실적 해법을 갖고 있지 못하며 극복할 수 없는 그 많은 문제들을 피해나갈 수 있는 것이 된다. 일반적으로 개인의 마약 사용 권리를 '보다 더 큰 선이나 이익'을 위해 규제하는 정책은 받아들여질 수 없다. 개인, 지역사회, 전체사회 등의 관계망 속에서 보았을 때 개인이 자신의 몸에 무엇을 흡입하는가에 대한 개인적 선택이야말로 가장 우선적이다. 그럼에도 불구하고 인권의 관점에 비추어 보았을 때 다른 사람의 권리를 침해하는 마약 사용자는 국가가 보유한 제재 대상이 될 것이며, 그와 같은 권리침해가 마약 사용이 초래한 것이라면 궁극적으로는 이들에 대해 마약 사용의 자유 그 자체를 박탈할 수 있다.

해악감소운동 내에서 강한 권리론을 포용해도 일부 측면에서 많은 것들이 여전히 이전과 동일하다. 해악감소운동은 여전히 3대 유엔마약금지조약을 통해 마약금지정책이 시행되는 사회정치적 맥락 속에서 전개될 수밖에 없다. 주사기 교환해 주기, 대체치료, 기타 온갖 해악감소활동 등의 개입활동은 이전과 마찬가지로 계속되어야 한다. 그러나 강한 권리론 입장의 해악감소운동을 명백히 지지해야 하는 긴급성 역시 여전히 그리고 명백히 존재한다. 왜냐하면 마약금지정책은 이 해악감소운동이 견지하는 기본인권을 침해하는 것이기 때문이다.

8. 앤젤선언의 의의

2001년 일단의 영국 마약개혁운동 단체와 활동가들이 모여 마약금지정책을 어떤 시스템으로 대체토록 할 것인가에 대한 견해들을 조정하고, 상호 모순된 입장보다는 연대활동을 도모하기 위한 일련의 모임들을 가졌다. 이 과정은 블루스카이회사의 인터넷 토론방을 통해 이루어졌으며 사회자는 영국의 저명한 민권단체인 리버티의 운영위원인 한 법정변호사가 맡았다. 회원들은 느슨한 기존 통신망을 통해 확보되었으며 이 모임 내에 회원을 추가하자는 의견에 따라 회원자격이 확대되었다. 마침내 이 모임은 민권시민단체, 전직 경찰관, 마약정책 개혁운동 시민단체, 마약종류별 사용자 단체(대마사용자단체, 댄스마약 사용자단체 등), 해악감소운동가 등이 망라되기에 이른다. 이들은 인터넷 상에서 깊이 있는 토론과 논쟁을 거쳐 2001년 9월 18일 런던북부 이즐링톤 지역의 앤젤이라는 마을의 한 레스토랑에서 회의를 개최하고, 회의개최지역 이름을 붙인 앤젤선언문을 발표하기에 이른다(The Angel Declaration, 2004; http://www.angeldeclaration.com).

앤젤선언문의 원칙과 주장은 다음과 같다. (1) 마약금지정책은 영국의 인권보장 원칙에 어긋나며, '1971년의 마약오남용금지법'은 폐지되어야 한다. 이런 목표를 달성하기 위해 필요하다면 국제마약조약상의 의무에 대해서는 재협상이 이루어져야 한다. (2) 마약입수는 각기 다른 '기본등급'(A급을 말함) 마약들에 대하여 여러 다양한 형태의 규제를 가능케 하는 라이선스 제도를 도입함으로써 통제할 수 있도록 한다. 그리고 이 라이선스 제도는 새로 '국립마약청'을 창설하여 이 기관에서 운영하도록 한다. (3) 토론모임 저변에 깔려 있는 마약을 사용할 수 있는 권리를 인정하는 수준을 넘어서서, 앤젤선언문은 개인, 커뮤니티, 보다 넓은 사회 등의 차원에서 마약 관련 해악을 감소시키기 위하여 강력하면서도 제2차적인 공약을 명확히 밝혔다.

결국 앤젤선언은 강한 권리론 입장에서 해악감소운동을 구체적으로 표현한 것이 되었다. 앤젤선언이 제기한 여러 가지 많은 기본문제들이 새로운 것은 아님에도 불구하고, 이 선언은 해악감소업무 종사자들이 국민건강을 우선시할 것인가 아니면 인권을 우선시할 것인가에 대한 입장을 천명해야 할 필요성이 보다 더 커지는 결과를 초래했다. 이때 어느 경우가 되었든 다른 나머지를 완전히 무시하는 것을 뜻하진 않는다. 약한 권리론 입장의 해악감소론 역시 마약 사용자의 권리가 명예롭게 존중받아야 한다고 봄은 두말할 나위가 없다. 강한 권리론 입장의 해악감소론 역시 아주 명확하게 국민건강 입장을 견지하고 있다. 그럼에도 불구하고 양측의 입장은 서로 다른 우선순위와 올바른 행동노선으로 귀착될 가능성이 상존해 있다.

9. 토론

인권론은 해악감소론에 대해 그야말로 말뿐인 편안한 시금석이 된다. 그러나 인권이란 명예롭게 존중받으며 대우받을 권리라고 하는 비교적 논쟁의 소지가 없는 것에 대해서뿐만 아니라, 자신의 선택에 따라 마약을 사용할 수 있는 몸에 대한 권리에 대한 것도 함께 가리키는 것이다. 이는 개별적인 해악감소업무 종사자들이 어떤 권리를 침해할 수 없는 것이라고 보아야 하는가, 어떤 권리가 보다 더 고품질 권리인가, 도대체 권리라고 볼 수 없는 것은 어떠한 권리인가 등에 대하여 자신의 입장을 보다 명확히 하도록 내몰리게 됨을 뜻한다.

해악감소론에서 말하는 국민건강이라는 바탕으로 인하여 과연 건강이 우선인가 여부 아니면 성인은 해악을 초래하는 한이 있어도 무엇을 흡입할 것인가에 대하여 스스로 절대적인 권리를 갖는 것인가 여부 등에 따라 변형이 가해질 수 있다. 해악감소 업무라는 게 공식적 개념규정이 없기 때문에 각각의 변형은 서로 경합을 벌이며 서로를 포용할 수 있다. 권리 위주 운동 혹은 건강 최적화 운동이라는 이 두 해악감소론 사이의 긴장관계는 보다 확대되어 가고 있다. 해악감소업무에 대해 마약 사용자들이 점점 더 많이 관여하게 되는 것은 논란의 여지는 있지만 좋은 일이며, 이는 해악감소업무에서 기초적이며 핵심적인 권한위임 개념에서 나온 것이다. 그러나 이는 해악감소 업무가 보다 더 많은 사람들을 포용하게 되었으나, 이들은 '우리'는 당신과 함께 하게 되어 기쁘지만 당신 맘대로 할 수 있는 당신의 권리를 지지하지는 않는다고 말하는 것과 같다.

앤젤선언은 강한 권리론 입장의 해악감소론을 담고 있다. 앤절선언의 비전은, 성인은 자신이 무엇을 흡입할 것인가에 대해 잘 알며 이를 선택하는 것을 금지당하지 않으며 법적으로 확실한 품질이 보증된 제품을 파는 규제된 시장에서나마 자신이 고르는 마약을 합법적으로 구할 수 있는 그런 사회를 만드는 것이다. 이 입장은 품질을 떨어뜨리는 행위나 마약 사용자를 범죄로 규정함으로 인하여 초래되는 막대한 비용 등과 같은 해악을 근절하거나 줄이고자 한다. 그러나 그와 동시에 마약을 하는 사람들이 증가하면서 다른 사람들을 격분시킬 위험성도 있다. 이런 모든 충격이 전체적으로 어떻게 될지 미리 예상할 수는 없다. 의학 분야에서 이 문제는 평형위치로 인식한다. 이때 임상의사는 어떤 접근법이 보다 우수한가 하는 증거를 찾도록 해서 이에 따라 개입해야 한다. 그러나 일부 비범죄화된 케이스가 없는 건 아니지만 3대 유엔마약금지조약은 기본적으로 여가를 위해 사용하는 마약의 규제적 공급시스템에 대해 평가하는 것 자체를 허용하지 않고 있다. 따라서 강한 권리 모델을 정책으로 시행하는 경우 어떤 충격이 가해질 수 있는가를 알기 위해 적절한 증거가 나오기를 기다린다는 것은 표리부동한 것이나 다름없다. 왜냐하면 그 증거는 국제마약금지정책이 시행되고 있는 상황에서 증거 위주의 의학이 요구하는 일반적인 기준을 결코 충족시키지 못할 것이기 때문이다. 일반적인 시스템은 합법적이며 규제적인 마약공급 형태가 가하게 될 충격이 과연 어떠할 것인가에 대하여 증거를 갖고 싶어 하는 사람들에게 '조작의 여지'를 전혀 주지 않는다. 핀의 머리 위에 천사들이 과연 몇이 있는가를 명확히 밝히자마자 곧바로 금지된 제도에 관한 연구 그 자체는 매우 효율적으로 금지당하고 말 것이다. 이런 특정의 문제가 곧, 침묵은 곧 동의를 뜻한다면서 해악감소론에 대해 전 세계 성인들이 자신이 무엇을 흡입하는가에 대한 권리를 금지당하고 있다고 비판하는 근거로 삼고 있다. 이 정책이 어떤 충격을 가할 것인가를 미리 알려줄 수 있는 실험이나 이 이슈에 대해 증거에 바탕을 둔 진정한 접근은 현행 국제법이 개정되는 것과 함께 할 때에만 비로소 가능해진다. 이 접근이야말로 해악이 가장 적게 초래되는 마약에 대해 잘 가다듬어진 전국 규모의 실험을 신중하면서도 조심스럽게 그리고 가장 잘 진행할 수 있다.

그러나 궁극적으로 몸에 대해 건강을 우선시할 것인가 아니면 개인주권(인권)을 우선시할 것인가에 대해서는, 연구 그 자체로는 결코 조정할 수 없는 이 문제의 상대적 중요성에 관한 가치평가에 관한 것이 되고 만다. 절대적인 의미에서 그 자체 '맞는' 견해란 결코 존재할 수 없다. 이것은 국제해악감소연맹 측의 보고서에도 잘 나타나 있다.

"해악감소운동과 마약금지법 개혁운동이 별도의 실체인가 아니
면 동일한 철학적 틀의 분리될 수 없는 두 측면인가에 대한 결정
은 국지적 조건들에 따라 오로지 국지적인 차원에서만 내려질 수
있을 따름이다. 즉 일부 국가들의 경우 주사기를 사용하는 마약
사용자들 사이에서 번지고 있는 에이즈의 위협이나 실제 에이즈
에 대해 신속하며 효과적으로 긴급 대응해야 할 필요성 혹은 마
약금지법의 가혹한 집행형태에 대한 엄청난 지지 사태 등으로 인
하여, 해당 국가의 국민건강 담당 의사들은 이 문제의 실체들을
전혀 별개로 간주하도록 고무시킨다. 한편 다른 국가들의 경우 국
민건강 담당 의사들은 의미 있는 해악감소를 위해서라면 필연적
으로 대다수 마약 관련 해악들에 대하여 책임이 있는 것으로 간
주되는 마약금지법 개혁이 이루어져야 한다고 보는 것은 너무도
당연하다."(IHRA, 2003)

해악감소운동은 세계 각국에서 진보적이며 현실적인 활동 강령
들을 마련하여 이행할 수 있도록 해 주었던, 전혀 이질적인 관심
사들을 하나로 묶어낼 수 있는 역량이 있었기 때문에 커다란 성공
을 거두었다. 해악감소를 보다 더 명확하게 규정하며 이를 약한
권리론이나 강한 권리론에 결부시키도록 하자는 제안에 대하여 위
협적인 요소는, 위의 관심사들을 하나로 녹여내던 것을 해체시키
려는 데 있다. 적어도 단기적으로 보면 이는 일부 국가들에서 중
요한 국민건강 발전을 방해할 수 있다. 이들 나라는 국민건강 논
리의 장점에 대해 인정은 하면서도, 이것이 마약 사용권과 너무
밀접하게 연결되어 있음을 보고서는 그렇게 하지 않으려 할 것이
다. 이들은 해악감소 운동을 마치 트로이의 목마처럼 마치 급진적
인 마약정책 개혁운동으로 볼 우려도 있다. 국제해악감소연맹 측

의 위 보고서 입장은 이처럼 각기 다른 가치관, 약한 권리론과 강한 권리론 입장 등이 넓은 우선순위 스펙트럼상의 광범위한 부류의 결집을 유지하기 위해, 마치 미리 계산된 발언을 한 것으로 비쳐진다. 즉 국제해악감소연맹 측 입장은 마치 여러 가지 많은 해악감소 개입활동의 특징인 실용주의라는 울림과도 같다.

그럼에도 불구하고 각국의 조건을 지적하는 것이 맞긴 하나, 현행 국제마약통제법 제도는 규제적인 공급시스템이 해악에 대해 어떤 영향을 미칠 수 있는가에 대한 증거확보를 통한 인식의 심화나 확대를 철저하게 막고 있다. 이것이 의미하는 바는, 마약 사용의 권리를 원칙문제로서 지지할 것인가 여부 혹은 증거에 기반을 둔 접근법을 지지할 것인가 여부 등과는 전혀 별개로, 기존 국제법 제도가 개혁되는 것이 바람직하다는 점이다. 규제적인 공급시스템이 마약 관련 해악들에 대해 어떤 충격을 주는가에 대한 증거를 발전시킬 수 있도록 하기 위해서는, 보충성의 원칙이 각국의 마약통제 조건들에 대한 국가적 결정의 버팀목이 되어야 한다.

10. 쿠실릭과 롤레스의 반론

마약정책논쟁은 윤리와 정치 두 차원으로 이루어져 있다. 윤리적 차원은 마약금지정책이 사용자의 사적 삶의 기본인권을 침해하며, 마약을 사용하기로 선택한 이들이 규제시장접근을 방해당하는 것은 불합리하다고 본다. 정치적 차원은 마약 사용이 사용자 및 비사용자에게 초래하는 많은 해악은 범죄화 그 자체 및 규제제도 부재로 인한 것이라고 본다. 예컨대 국민건강 저해, 사회적 불명예, 범죄, 사회적 퇴행, 마약생산제조국가의 정치경제적 불안 등이다.

이때 문제는 인권우선이냐 국민건강우선이냐가 아니라, 해악감소 업계종사자들이 개인적으로나 조직적으로 과연 마약 사용자들과 커뮤니티를 추락시키며 때로 파괴까지 일삼는 바로 그 정책에 대해 야합하고 있지는 않는가, 과연 반대목소리를 외쳤는가 여부이다. 보다 더 중요한 것은 과연 어떻게 하면 현상유지정책에 대해 가장 효율적으로 도전하며 금지정책을 종식시키고 이를 실효성 있으며 올바르고 인간적인 시스템으로 대체토록 할 것인가 하는 점이다.

트랜스폼이 경험한 바에 따르면 인권문제는 정책당국, 정치인, 언론, NGO, 일반국민 등을 상대로 마약논쟁을 전개할 때 거의 아무런 영향력이 없다. 키는 금지정책 시행으로 인해 부정적인 영향을 받는 정책 영역들을 찾아내어 그 연결고리를 폭로하는 데 있다. 그 사례는 무수히 많다.

트랜스폼은 강한 권리론이라는 윤리적 입장을 지지하지만 정치적으로 대응하는 것이 훨씬 더 좋은 정책들이 수없이 많다는 점에 유의해야 한다. 영국에서 범죄문제는 항상 3대 선거쟁점 중 하나로 되어 있으며, 정치인의 속성상 범죄수준을 낮추며 감소시키는 것처럼 보이고자 한다. 트랜스폼은 바로 이런 점에 착안하여 금지정책이야말로 범죄를 만들어 내는 장본인이라고 폭로함으로써 정책당국에 압박을 가하는 전략을 쓰고 있다.

금지정책은 해악극대화 정책임을 폭로하며 해악감소업무에 대해 더 많은 자원을 제공토록 정치적 압박을 가하도록 해야 한다.

(이상 쿠실릭과 롤레스의 반론은 다음 글을 정리한 것이다. Kushlik and Rolles, 2004 D. Kushlik and S. Rolles, Human rights versus political capital, *International Journal of Drug Policy 15* (2004), p.245.)

11. 크레이그 레이너만의 입장

닐 헌트가 제기한 마약 사용자 인권이 우선인가 아니면 국민건강이 우선인가 하는 이 논쟁에서, 크레이그 레이너만(Craig Reinarman)은 양자택일 아닌 둘 다 포용하는 애매모호함과 다양성의 관점에서 창조적 종합을 추구하는 방안을 제시하고 있다. 아래는 레이너만의 글 "국민건강과 인권: 애매성의 미덕(Response: Public health and human rights: the virtues of ambiguity)"을 정리한 것이다(*International Journal of Drug Policy*, Volume 15, Issue 4, September 2004, Pages 239-241).

"부서지지 않았으면 고치지도 마라"는 속담이 있다. 지난 20여 년 동안 해악감소운동과 마약법개혁운동은 그 어느 때보다 더 많은 마약정책개혁을 만들어 냈다. 과거 그 어느 때보다 더 많은 마약정책개혁과 해악감소 시민단체들이 생겨났으며 더욱더 많은 회원과 활동가들이 양산되었다. 과거 그 어느 때보다 더욱 많은 국가들이 미국이 밀어붙이는 처벌 위주의 금지정책모델에서 벗어나기 시작하여 해악감소 원칙에 입각한 정책을 지향하고 있다.

해악감소운동가 및 마약정책개혁 운동가들은 과연 최근 어떠한 국면들로 인하여 존 스튜어트 밀의 자기 주권론에 뿌리를 둔 강한 권리론 모델, 아니면 국민건강론에 뿌리를 둔 약한 권리론 모델을 선택하게 되었는가? 국제마약금지조약 재협상 혹은 압박을 받는 각국 입법은 과연 이 중 어느 하나에 따라 정해질 것인가? 해악감소 업무가 과연 둘 중 어느 한 입장에 대해 충성을 맹세하지 않으면 더 이상 수행되지 않을 것인가? 해악감소 운동과 마약법 개혁

운동이 그간 이 두 모델 사이의 중간지대를 선택함으로써 방해받아 왔던 것은 아닌가? 둘 중 어느 하나를 공식 선택하는 경우 당혹스럽기 짝이 없는 문제가 해결될 수도 있다.

하지만 다음과 같은 질문을 던져볼 필요가 있다. 과연 해악감소운동과 마약정책 개혁운동은 동일한 것인가? 마약법 개혁을 지지하지 않으면서도 자신을 해악감소 운동가라고 보는 사람들이 존재하는가? 해악감소론을 지지하지 않으면서도 자신을 마약법 개혁운동가라고 보는 사람들이 존재하는가? 완전한 합법화 형태까지는 아니더라도 마약법개혁을 지지하는 해악감소 운동가가 분명 존재하며, 일부 마약법개혁 운동가들 중에도 완전한 합법화까지 바라지 않은 이들도 있다. 반대로 주사기 교환해 주기나 국민건강론 입장의 마약통제 필요성에 대해 의문을 표하는 마약법개혁 운동가들도 있을 것이다. 그러나 해악감소 운동과 마약법 개혁운동은 중복되는 부분이 매우 많다. 마약통제 활동기관이나 단체들 복합체 내의 야당세력들은 자신들을 확실히 하나로 인식할 수 있다.

미미한 수준에서 해악감소운동과 마약법 개혁운동은 어느 정도 서로 다른 지지자들이 있을 수 있다. 그러나 서로 다른 이 부분은 서로 결합된 운동의 동력 중 어느 한 부분에 불과하다. 마약 사용자 단체는 특히 중요하며, 권리를 거부당한 이들이 들고 일어나 자신들 권리를 요구하지 않은 채 그 권리를 획득한 전례는 전혀 없다고 보아야 한다(인도와 아프리카의 반식민지 투쟁, 미국의 민권운동과 게이 권리 운동). 매우 다양한 건강업무 분야의 종사자, 교육 담당자, 연구자, 기타 전문가들 역시 매우 핵심적인 역할을 다해왔다. 이 운동의 지지자와 활동가들 내부에서 볼 수 있는 정책적 선호의 다양성은 운동조직 담당자들을 매우 성가시게 만들 수 있다. 이 운동에서도 역시 많은 사람들은 정치적 사이보그(cyborg: 우주 공간처럼 특수한 환경에서도 살 수 있게 신체기관의 일부가 기계로 대치된 인간이나 생물체를 일컫는 말)이며, 소용돌이치는 잡동사니에서 정치의 조각조각들을 주워 모은 것과 같다. 이는 부분적이며 우발적인 정치적 동맹을 만들게 하지만, 그러면서도 바로 이 잡종성은 운동이 강력하면서도 유연하게 대처할 수 있도록 도와준다.

바로 이 잡종성이야말로 닐 헌트가 국민건강을 우선시해야 하는가 아니면 인권을 우선시해야 하는가 하는 질문을 제기했던 이유인 동시에 이에 대해 그토록 오랫동안 전혀 해명되지 않았던 이유이기도 하다. 다양성이 있는 운동이란 이런 이슈들에 대한 어떤 창조성 애매모호성 때문에 잘 움직이는 법이다. 인권 대 국민건강이라는 이분법적 이슈설정은 철학적 분석에서는 유용하지만 허구적인 이분법을 만들어 낼 위험을 안고 있다. 수십만 명에 달하는 마약주사기 사용자들이 에이즈로 인해 죽어가고 있으며 에이즈에 걸린 위기에 처해 있다고 하는 엄연한 사실 앞에서, 선도자 위치에 있는 해악감소 업무 종사자들은 정책논쟁을 넘어섬으로써 합법화정책과 금지정책 사이에 있는 새로운 정치적 공간의 확보를 간절히 원하고 있다. 이들은 자신을 해악의 유래가 마약 사용에 있든 아니면 마약정책에 있든 상관없이 그리고 자신들의 업무가 마약 사용 그 자체를 감소시키든 감소시키지 못하든 상관없이 이런 해악들을 감소하는 일에 종사하는 것으로 규정하였다. 이는 이들 대부분을 자연스럽게 마약금지정책에 대하여 숱한 해악의 원천이라며 매우 비판적인 입장으로 나아가게 만들었다. 하지만 그렇다고 해서 필연적으로 마약을 사용할 수 있다는 기본 인권이나 마약합법화라는 대중적 목소리 내기로까지 나아갈 필요는 없었다.

처벌 위주의 금지정책이 초래한 막대한 사상자들 앞에서, '의식을 변경하는 화학물질'을 흡입하는 기본인권과 어떤 형태로든 합법화를 주장하지 않는다고 하는 것은 극도로 어려운 노릇이다. 강제적인 장기형을 규정한 마약법으로 인해 수십만 명에 달하는 미국인과 그 가정이 해체되거나 파괴되었으며 미국이 전 세계에서 재소자 비율이 가장 높은 나라가 되도록 만들었다. 미국의 재촉과 지원을 받아 태국정부는 최근 '마약과의 전쟁'을 벌였으며, 태국경찰의 '블랙리스트'에 올라 있는 7천여 명의 마약거래상들이 즉결처분을 통해 처형되는 비극이 발생했다(Meesubkwang, 2004). 운동에 참여하는 모든 이들은 마약과의 전쟁이 표출하는 이런 잔학성에 대해 반대해 마지않는다. 그러나 이 운동이 대량살육이나 대량투옥을 막기 위해서는 어떻게 하는 것이 가장 효과적인가 하는 전략적 문제가 가로놓여 있다. 처벌 위주의 금지정책이 초래하는 해악을 반대한다고 주장해야 할 것인가, 아니면 마약을 사용할 수 있는 권리를 지지한다고 주장해야 할 것인가? 하지만 모든 상황에 대해 도움이 되는 철학적 원칙으로 채택할 만한 올바른 대응책이란 따로 존재하지 않는다고 보아야 한다. 개인은 나름대로 선택할 수 있다. 그러나 전체 운동이 과연 왜 어느 하나를 꼭 선택해야만 하는 것인가?

다른 시도들이 실패한 곳에서 운동은 성공했다. 이유는 부분적으로 운동이 인권과 국민건강 중 어느 하나를 보다 우월한 것이라 하여 선택했기 때문이 아니라 이 둘을 혼합하여 조화시켰기 때문이다. 개별 국가들과 마약금지정책이 함수관계에 있는 것과 꼭 마찬가지로 애매성과 해악감소운동/마약법 개혁운동 역시 함수관계에 있다. 애매성은 커다란 정치적 보호막을 만들어 주며, 이 속에서 다루기 힘든 운동 연합체가 조화를 이룰 수 있고, 운동의 호소력을 극대화하며, 회원을 증가시키고, 각국의 독특한 조건들에 대처할 수 있도록 국가별 자율성을 가질 수 있다. 오랫동안 대부분 운동가들은 마약을 사용할 수 있는 기본인권 및 비범죄화 정책형태를 지지해 왔다. 그러나 1백여 년 이상 동안 금지주의자들은 마약을 극도로 악마화시켜 왔으며 정책적 논의에 대해서도 엄청난 해독을 끼쳐 온 결과로 인하여, 해악감소 측면에서 무엇인가를 성취해 내는 데 있어서 정치적으로 의미 있는 유일한 전략이라고 하는 게 고작 합법화 문제를 마냥 회피하는 것뿐인 경우가 다반사였다. 요컨대 잘못된 마약금지주의 정치를 감안할 때 강한 권리론이나 합법화 모델 및 논리적으로 이로부터 나오는 정책적 함의 등에 대해 애매한 태도를 취하는 것도 용서받을 수 있다고 본다.

이 문제에 대해 철학적으로나 논리적으로 어느 정도 애매한 태도를 취한다고 해도 의미 있는 해악감소 운동이나 마약법 개혁운동에 아무런 장애가 되지 않는다고 본다. 오히려 거꾸로 몇 가지 장점조차 제공해 준다. 해악감소 업무를 떠받쳐 주고 있는 국민건강 원칙은 논란이 많은 정책들에 대하여 매우 긴요한 정치적 정당성을 제공해 주었다. 이 정치적 정당성은 매우 귀중한 자산이다. 그런데 만일 운동이 개인이 원하는 어떠한 마약도 사용할 수 있는 권리를 소리 높여 전면에 내세우고 합법화를 가장 커다란 정책목표로 내세우게 된다면 그와 같은 정치적 정당성이라는 위태로운 지경에 빠지고 말 것이다. 필자는 한 시민으로서 지난 30년 이상 동안 마약을 사용할 수 있는 기본 인권 및 비범죄화를 주장해 왔으며 그래서 개인적으로는 강한 권리론 모델을 좋아한다. 그러나 사회운동론 학자 입장에서 필자는 그러한 입장을 채택하게 된다면 운동권이 크게 고민해야 하는 몇 가지 정치적 비용을 치러내야 한다는 점도 잘 알고 있다. 운동은 하나 이상의 '기초'를 갖고 있는 경우가 흔하며 필요한 긴장감을 갖고 있어야 한다. 한 건물을 떠받치고 있는 운동에는 여러 개의 대들보들이 있어야 하는 것처럼 국민건강과 인권 둘 다 필요하며 그렇지 않으면 건물은 무너져 내린다.

　앤젤선언은 영국을 넘어서서 각국이 채택하기 좋게 작성된 매우 폭넓고 훌륭한 지적논리를 갖춘 성명서이다. 하지만 앤젤선언이 해악감소운동과 마약법 개혁운동의 활동가들이 모두 강한 권리론 모델의 모든 측면들을 포용해야 한다고 요구하는 것으로 해석하면 안 된다. 거의 모든 사회운동은 훨씬 더 급진적인 순수성을 옹호하는 인사들과 보다 더 실용적이며 점진적인 단계를 옹호하는 인사들 간의 긴장으로 분열되어 왔다. 20세기 초 미국 노동운동 역시 사회주의 좌파와 보다 보수주의적인 직종별 노조로 분열된 바 있다. 1960년대 민권운동 역시 '학생비폭력조정위원회' 활동가들과 마르틴 루터 킹의 범주류 남부기독교지도자회의로 분열된 경험을 갖고 있다. 학생운동은 '민주주의사회학생연합' 측이 참여민주주의를 지지하며 월남전을 반대하기 위해 주도한 광범위한 운동과, 건물들을 폭파하며 은행을 강탈한 웨더멘 같은 보다 더 전투적인 분파집단들로 분열되었다. 2000년 미국 대통령 선거에서 랄프 네이더는 자신이 민주당 측이 취하고 있는 중도적 점진주의 및 기업권력과 대결하지 못한 점을 응징하기 위해 대통령 후보로 출마했다. 하지만 랄프 네이더의 십자군 같은 대선출마는 결국 기업권력들 손으로 후보로 내세운

Paul McCartney arrested for bringing almost half a pound of marihuana into Tokyo, 1980

일본 도쿄 공항에서
폴 매카트니 체포되다(1980)

조지 W 부시의 당선으로 이어졌을 따름이다.

해악감소운동과 마약법 개혁운동은 그와 똑같은 운명을 되풀이 해서는 안 된다. 국민건강 진영에서 이 운동에 합류한 사람들도 금지주의 정책이 초래한 해악들을 너무도 잘 이해하고 있다. 그리고 마약을 사용할 수 있는 권리를 기본적 인권으로 요구하는 운동 진영의 활동가들 역시 마약 사용권이 대처해야만 하는 위험과 해악을 초래한다는 점을 너무도 잘 이해하고 있다.

국민건강을 우선 확립한 다음 인권을 밀어붙이는 것보다 인권을 우선 확립한 다음 국민건강을 밀어붙이는 것이 보다 더 용이한 일인지 여부는 역사상 해당 시점에서 해당 사회의 정치적 환경 배치가 어떻게 되어 있는가에 달려 있다. 현재의 경우 운동은 강한 권리론에 경도되었든 아니면 약할 권리론 접근법에 경도되었든 상관없이 규합할 수 있는 사람들을 모두 필요로 하고 있다. 국민건강이나 인권이 마침내 이 운동의 규정원리가 되었는가 여부는 그것이 이미 초래한 민감성의 이동 측면보다는 덜 중요하다. 해악감소운동과 마약법 개혁운동은 처벌 위주의 금지정책이 국민건강과 인권 모두에 대해 커다란 해악을 끼치고 있음을 입증해 주었으며, 마약문제의 첫걸음에 대해 무언가 해야 하는 각국의 공직자들도 설득해 왔다. 미국과 유엔의 마약통제 기관이나 단체들 복합체들이 여전히 권력을 틀어쥐고 있다. 하지만 이제 더 이상 의문의 여지가 없는 무조건적인 헤게모니를 누리진 못하게 되었다. 미국과 유엔의 엄청난 압박에도 불구하고 바로 이 점이야말로, 스위스, 독일, 영국, 호주, 스페인, 포르투갈, 벨기에, 캐나다 등이 네덜란드의 정책방향을 따라가며 3대 유엔마약금지조약에서 이탈해 나가고 있는 이유이기도 하다. 몇몇 국가에서 운동은 인권과 같은 권리를 강조하지만 다른 국가들에서는 국민건강을 강조할 것이다. 국가별로 특수한 조건들에 적응할 수 있는 절충이 필요하며, 물론 이 조건들은 끊임없이 변화해 나가고 있다.

데니스 헌터

의료용 삼 공급사범으로 구속된 데니스 헌터의 자식들이 연방마약청 새크라맨토 사무소 바깥에서 체포 및 보석을 불허한 구금에 대해 항의하며 석방을 요구하고 있다. 캘리포니아 주에서 주민투표를 통해 의료용 삼의 재배와 사용을 합법화하도록 규정한 제215조 조항을 관철시킨 바 있다. 그러나 연방법은 배심원단 측에서 의료용 삼의 사용에 대한 증거 신문을 통하여 사법정의에 따라 해당 사범을 석방할 수 있는 권한을 행사하지 못하도록 하는 무리한 무관용 원칙을 고수하고 있다. 의료용 삼 사용자들은 이 무관용 원칙은 병들어 죽어가는 사람들을 대상으로 가정의 파탄을 강요하는 것으로서 민주주의 및 유권자의 자기결정권을 유린한 처사라고 항의하고 있다.

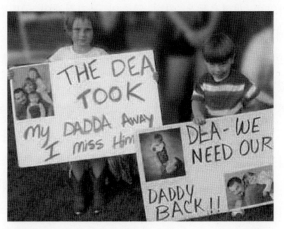

의료용삼으로 구속된 아버지를 석방하라고 자식들이 피켓팅

12. 국민건강 시각의 마약규제 방법론: 마크 하덴

마크 하덴(Mark Haden)은 이 논쟁에서 국민건강 관점에서 14개의 마약규제 방식을 제시하고 있다. 그는 마약 범죄화 정책과 자유시장적 합법화 정책의 양극단을 피하면서, 그 사에는 국민건강 원칙이 살아 숨 쉴 수 있는 비옥한 중간지대가 있다고 보면서, 다음에서 제시하는 14가지 방식은 국민건강의 틀을 활용하는 시장규제 방식이라고 개념화하고 있다.

이 글은 현행 불법마약에 대한 규제적 시장 개념을 탐색하고 있다. 세부적으로 구체적이며 다양한 국민건강 도구들을 다룬다. 이 도구들은 이들 마약에 대한 접근을 통제하는 규제적 섭생법에 활용될 수 있다. 행정적 통제 메커니즘과 사회적 통제 메커니즘을 구분하는 측면에 대해서도 논의하고 있다. 하덴은 포괄적인 국민건강 원칙 및 윤리적 원칙에 바탕을 둔 규제적 마약시장이야말로 불법마약에 대해 전 지구적으로 퍼져 있는 우려사항들에 대한 매우 합리적 접근법이 될 수 있다고 결론을 내리고 있다.

아래, 마크 하덴의 글 "불법마약 규제: 국민건강 수단에 대한 탐색"을 소개한다("Commentary: Regulation of illegal drugs: an exploration of public health tools", *International Journal of Drug Policy*, Volume 15, Issue 4 , September 2004, Pages 225-230).

현재 불법마약을 어떻게 통제할 것인가를 둘러싸고 세계적으로 논쟁이 벌어지고 있다. 이 논쟁의 발단은 형사사법이라는 도구를 고립적으로 사용하면 불법마약 사용과 결부되어 있는 범죄자, 건강, 사회문제 등을 통제하는 데 비효율적이라는 점을 인식하는 데에서 출발하고 있다. 수많은 문서들을 통해 마약금지정책이 초래한 문제들이 제대로 밝혀지고 있으며 국민건강 도구야말로 이렇게 널리 퍼진 사회적 우려를 다스리는 데 있어서 보다 더 효율적이라는 합의가 강화되고 있다. 많은 전문가들이 마약금지정책의 실패를 인정하고 있으며 어떻게 하면 국제마약금지조약에 대해 효과적으로 도전할 것인가에 대한 갖가지 방안들을 제시하고 있다.

캐나다의 경우에도 연방정부 차원에서 현행 마약통제 모델을 크게 개혁하도록 권고한 보고서를 여러 편 작성한 바 있다. 2002년에도 상원 불법마약특위 측은 금지정책에 대한 비판수준을 넘어서서 대담한 단계로 나아가자는 논의를 한 바 있다. 당시 보고서는 규제적 대마초시장이야말로 현행 금지정책이 초래한 숱한 문제들을 획기적으로 줄일 수 있다고 주장했다. 이 보고서는 각국 자료를 분석한 후 규제적 시장을 허용해도 대마초 소비는 크게 증가되진 않는다고 결론을 내렸다. 이 내용을 발표한 피에르 클로드 놀린 상원의원은 이 보고서가 대마초에 초점을 맞추고 있긴 하지만 이 결론은 다른 모든 현행 불법마약에 대해서도 적용할 수 있다고 밝혔다(Nolin, 2003).

여기서는 '규제적 시장' 개념에 대해 나름대로 탐색하고자 한다. 이를 위해 지금까지 범죄화와 합법화, 이 두 가지 선택밖에 없었던 그간의 역사에서 벗어나야 한다. 법집행 분야에 아무리 돈을 쏟아 부어도 불법마약 이용을 감소시키지 못하고 있다는 점에서 범죄화 정책의 실패는 명백하다. 범죄화 정책은 건강 및 사회 측면에서도 엄청난 병리현상을 초래하고 있다.

현재 '합법화'라는 말의 개념정의가 어떤지 통일된 입장은 없지만, 합법화라는 말이 활짝 열린 자유시장과 동일한 것이라면 그와 같은 합법화는 바람직하지 않다는 점에 대해서는 학자와 전문가들 사이에 일반적인 합의가 이루어져 있다. 핫도그와 청바지를 팔려고 동원했던 모델들은 해악 가능성이 잠재되어 있는 중요한 화학물질에 대해서는 그다지 잘 먹히질 않고 있다. 현행 불법마약 공급을 위한 합법화 패러다임이 광고와 판촉을 허용하는 형태라면 사회문제와 건강문제와 크게 직결될 것이기 때문에 그러한 판촉과 광고 행위는 허용되기 힘들 것이라고 예상해 볼 수 있다. 범죄화 정책과 자유시장적 합법화 정책의 양극단 사이에 국민건강 원칙이 살아 숨 쉴 수 있는 비옥한 중간지대가 있다고 볼 수 있으며, 이것이 곧 국민건강의 틀을 활용하는 시장규제 방식이라고 개념화할 수 있다.

규제적 시장이라는 정책대안론은 다음과 같은 두 부류의 입장으로 나뉜다. 하나는 구입자와 소비자를 규제하자는 입장이며, 다른 하나는 제품 그 자체를 규제하자는 입장이다. 북아메리카 사회는 음식, 약품, 술 등과 같은 수많은 제품들에 대하여 함량, 포장, 가격, 공급, 광고, 마케팅 등의 측면을 규제하는 데 경험이 매우 많이 축적되어 있다. 그러나 북아메리카 사회는 이런 제품들 구입자와 소비자를 규제하거나 제한할 수 있는 수많은 대안들에 대해서 충분히 더 탐색해 볼 필요가 있다. 여기서는 마약을 사서 사용하는 사람들 쪽에 초점을 맞추는 규제 메커니즘에 대해 있을 수 있는 여러 가지 형태들을 살펴보도록 한다.

다음은 제시하는 것은 현재 불법으로 되어 있는 마약들을 통제하는 데 활용할 수 있는 14가지 규제접근법과 메커니즘들을 간략히 정리해 본 것이다.

1) 나이

캐나다의 각 주별 관련 입법은 나이에 따라 술과 담배에 대한 접근을 통제토록 하고 있다. 대부분 주의 법정 음주허용 연령은 19세이다. 알버타 주와 퀘벡 주의 경우 청소년 중 성인에 가까운 계층에 대해서는 18세에도 술을 마실 수 있게 되어 있다. 캐나다에서 담배에 대한 접근은 주에 따라 18세 혹은 19세가 되어야 가능하다. 캐나다에서 술과 담배 구입자 나이를 통제하면서도 불법마약을 구입하는 나이에 대해서는 전혀 통제하지 않는다는 것은 패러독스의 극치를 보여주는 것이나 다름없다. '금지정책' 모델에서 번영을 구가하면서 압도적으로 젊은층을 타깃으로 삼고 있는 불법마약 거래상들은 고객의 나이를 전혀 확인하지 않는다. 따라서 청소년 마약 사용 서베이 조사 결과를 보면 청소년층은 오히려 술보다 마약을 훨씬 더 용이하게 접근하게 되어 있음을 여실히 보여주고 있다.

2) 취함의 정도

현재 캐나다에서 술의 판매는 구입자의 취한 상태의 정도에 따라 제한하도록 하고 있다. 술 판매점 직원은 고객의 행동거지를 보았을 때 취한 상태가 위험한 정도이면 판매를 거부해야만 하게 되어 있다.

3) 정량 할당제

네덜란드 '커피숍'은 대마초 제품을 팔 때 정량 할당제 형태로 판매에 대해 제한을 가하고 있다. 고객은 한 번에 최고 5그램까지만 살 수 있다. 이는 한 사람이 며칠 동안 개인용으로 사용할 수 있는 충분한 양만을 공급토록 하려는 의도에서 나온 방식이다. 한 사람이 구입할 수 있는 양을 개인 소비용 수준의 소량으로 제한하게 되면 마약이 다른 나라로 밀수출될지도 모른다는 우려는 불식될 수 있다.

4) 구입자 거주지 증명

네덜란드의 경우 '마약관광' 산업은 여러 가지 경험을 한꺼번에 하게 해 주고 있다. 대마초 제품을 파는 '커피숍'은 관광객을 끌어들이기 위해 오픈한 곳도 일부 있을 정도이다. 관광객들이 네덜란드에 돈을 유입시키기는 하지만 그와 동시에 이들은 사회적으로 바람직하지 않은 모습으로 행동하기도 한다. 어느 한 마약물질에 대해 비교적 건강하며 문제소지가 없는 관습을 구축해 온 사회는 문화적으로 특수한 사회적 통제메커니즘을 발전시켜 온 과정을 경험했다. 그리고 이는 의례고수주의 행동으로 증명하는 경우가 흔히 있다. 이 문화 속에 통합되어 있지 않은 '마약관광객들'은 이 자제하는 모습의 사회적 관행을 고수하지 않으려 할 것이다. 만일 구입자들이 바로 그 나라, 그 주, 그 도시, 그 이웃 주민이라고 한다면, 이런 문제들이 나타날 소지가 훨씬 줄어들 것이다.

5) 사용위치 제한

사용위치 제한이라는 이 통제 '기법'은 현재 캐나다에서는 술(바와 가정)과 담배(일부 공공장소는 금연지대로 되어 있음)에 대해 적용되고 있다. 마약 사용 위치는 해악 가능성에 따라 다양하게 설정할 수 있다. 예컨대 주사제 마약 사용의 경우 주사 장소에 의사의 감독이 있는 곳으로 국한시킬 수 있으며, 헤로인과 코카인 흡연의 경우 의사의 감독이 있는 흡연실로 제한할 수 있고, 순도와 함량이 알려져 있는 약한 복용제 복용의 경우 가정으로 국한시킬 수 있다.

6) 구입 전단계의 사전 교육

순진한 사용자가 사용하는 경우 엄청난 해악가능성이 있는 강력 물질인 마약도 있다. 따라서 교육프로그램을 실시하여 마약 사용자에게 마약 사용을 하지 않도록 하며 마약 사용량을 줄이고 혹은 마약 사용으로 해악을 줄이는 데 목표를 둔 관련 정보지식들을 제공할 수 있다. 교육프로그램은 중독 관련 사항, 이용 가능한 치료시설, 기타 에이즈같이 성적으로 전염되는 혈액 관련 질병에 관한 국민건강 문제 등에 대한 의식을 고취시킬 수도 있다. 성공적인 교육프로그램 이수자는 구입하기 전에 제시해야 하는 일종의 자격증을 발급해 줄 수 있을 것이다.

7) 구입자 등록

구입자의 흔적 추적을 하게 되면 '서약'을 위한 기회 및 간단한 건강에 초점을 맞춘 교육기회를 확보할 수 있다. 물론 이 제도로 인해 일부에서 이 '프로그램' 참여를 하지 않는 경우가 발생할 수도 있다.

8) 사용자 라이선스 제도

현행 자동차 신규 운전자에 대한 등급별 라이선스 제도는 마약 사용자 라이선스 제도의 도입 모델이 될 수 있다. 신규 운전자의 제한은 운전 장소와 기간, 다른 사람 동승 여부 등에 대해 이루어질 수 있게 되어 있다. 연구결과 밝혀진 바 있는 것처럼 숙련된 경험이 있으며 책임 있는 성인이 동승한 경우, 나이 제한, 신규 운전자 차에 다른 탑승자 수 제한 등의 조치를 통해 사고발생률을 크게 줄인다. 신규 마약 사용자 역시 기간, 장소, 모임 등에 대해 신규 운전자와 유사한 통제를 가할 수 있다. 이와 같이 책임 있으며 해악이 없는 마약 사용 모델이라고 하는 등급별 마약 사용자 라이선스 정책이 실시되면 신규 마약 사용자가 마약에 대해 좋은 양성반응 관계를 형성할 수 있는 기회가 훨씬 커지게 된다. 마약에 취해 운전했다는 유죄평결이 나온 경우, 라이선스가 없는 사용자에게 마약을 제공한 경우, 공공장소에서 마약을 한 경우 등에 대해서는 라이선스를 몰수할 수 있다. 자동차 운전 라이선스 제도에서 조그마한 위반을 여러 번 저질러 벌점이 누적되면 라이선스 정지 혹은 박탈을 당할 수 있다. 라이선스 정지를 당하면 다시 이를 따기 위해서는 추가로 교육을 받아야 한다. 라이선스 정지나 박탈 제도 그 자체가 민형사상 제재를 막아주진 않는다. 어떤 경우엔 라이선스를 딸 자격 그 자체를 상실케 할 수 있다. 그리고 예컨대 비행기 파일럿이나 택시 운전자 라이선스의 경우 자동차 운전에 지장을 주는 효과가 긴 마약을 구입할 수 있는 라이선스 발급을 제한할 수 있다. 화물차 라이선스의 경우 어떤 차를 운전하게 되는가에 따라 등급을 정하도록 한다. 마약 사용자 라이선스 역시 교육과 경험 정도에 따라, 각기 다른 마약의 접근에 대해 각기 다른 수준을 적시하여 제한할 수 있다.

9) 구입의 선행조건, 자격고사 합격

마약 사용 라이선스를 따려면 구입에 앞서서 안전한 마약 사용법에 필요한 지식 정도를 입증하도록 규정할 수 있다. 마약공급센터에서 간단한 테스트를 치르도록 할 수 있으며 이때 고객이 해악을 최소화하는 방법으로 마약을 사용할 수 있는 충분한 지식을 갖추고 있는지 여부에 대해 평가토록 한다.

10) 마약 사용 습관의 추적

등록된 구입자들은 마약구입의 양과 횟수를 추적하도록 한다. 캐나다의 브리티시 콜롬비아 주의 경우 이와 같은 자료수집절차는 처방마약 사용에 대해 모니터링을 담당하는 '파마넷(pharmanet)'이라는 공유데이터 시스템을 통해 이루어지기 시작하고 있다. 이 자료들은 건강복지사(약사나 다른 건강보호복지사) 등이 '건강에 관한 개입활동'을 하도록 하는 데 쓰일 수 있다. 이들은 개인의 신체적ᆞ사회적 정서적 건강상태에 대해 관련사항들을 기록하며 문제가 생기면 필요한 지원을 할 수 있다. 건강복지사가 마약을 공급할 때에는 해당 마약 및 마약의 작용 등에 대한 건강 안내문을 서면으로 혹은 구두로 제공해 주도록 한다. 마약 사용 습관에 대하여 즉각적인 개인 간 피드백이 이루어져 마약 사용 패턴을 조절토록 할 수 있다. 마약소비 습관을 추적토록 하는 그 자체가 구입을 억제하는 요인으로 작용하기도 한다. 문턱수준에 속하는 일정량을 초과하는 경우 가격을 인상 책정할 수 있다.

11) 구입에 앞서서 단체에 가입하도록 요건화

마약 사용자 옹호단체나 해당 연맹은 매우 다양한 여러 기능을 담당할 수 있다. 이들 단체가 현재에는 정치적 압력단체 구실을 하며 회원들에 대해 또래 입장에서 지지를 보내며 교육을 수행하고 있으나, 여기서 논의하는 제도들이 시행되면 그 기능이 확대되어 회원들 행동에 막대한 영향력을 갖게 된다. 그렇게 되면 이 단체들은 마약소비 규제활동을 더욱더 공식적으로 할 수 있는 절차와 제도를 갖출 수 있게 된다. 소속회원에 대해 커다란 영향력을 행사하는 단체 유형을 보면 구체적인 직종별 규제협회가 있으며 이들은 회원들에 대한 실천적 가이드라인을 제시하고 있다. 이 단체들은 여러 가지 다양한 또래집단의 절차와 교육을 통하여 회원들에 대해 일정 규범을 집행하게 된다. 한 회원이 이 단체가 정한 규정을 어기는 행위를 계속하는 경우 이 단체의 규제기구 측은 해당 회원에 대하여 회원자격을 거부할 수 있게 된다. 이 절차는 단체와 회원 간 공동책임 제도를 만들어 낸다. 마약 사용자 단체 내부의 공동책임 제도는 유사한 또래집단 교육과정을 통하여 행동의 절제를 가져올 수 있다. 이때 단체회원들이 빈번하게 규정을 위반(예컨대 마약에 취한 상태에서 운전하는 행위)하는 경우 단체 라이선스는 취소할 수 있다.

12) 공급자와 소비자 간 공동책임 제도

이 제도의 뿌리는 오늘날 술 취한 고객이 자동차사고를 일으켰을 때 술 공급자가 부분적인 책임을 지도록 되어 있는 '서빙 담당자 공동책임 제도'에 있다. 판매자는 소비자 행위에 대해 부분적인 책임을 지도록 규정할 수 있다. 공급자는 마약이 사용되는 환경을 감시하며 고객의 행동에 따라 판매를 제한하도록 해야 한다. 마약이 소비된 후 일정 시간이 지난 후 고객이 사고(자동차 사고 등)를 일으키거나 사회적인 파괴사건이나 사고를 야기하는 경우 소매판매업자에 대해서도 벌금을 부과하거나 판매 라이선스를 박탈토록 한다. 공급자와 소비자가 공동 책임을 지는 경우 나름대로 균형을 맞추도록 해야 한다. 즉 소매업자에게도 이렇게 책임을 묻는다고 해서 소비자에 대해서도 자신의 바람직하지 않은 행동에 대해 사회적 제재 혹은 법적 제재를 면책시켜 주어서는 안 된다.

13) 구입에 앞서서 마약중독 입증

건강복지사로부터 시험을 거쳐 마약중독자로 판명된 사람은 지정된 장소에서 사용할 수 있는 일정량의 마약할당량 구입권을 받을 수 있다.

14) 구입에 앞서서 '필요' 입증 제도

북아메리카 사회는 마약중독자뿐만 아니라 그 이상으로 고객층이 팽창할 수 있다. 현재 수많은 불법마약들(LSD, 엑스터시 등)은 이를 통제가 이루어지는 치료환경 속에서 사용토록 한다면 엄청난 정신치료효과가 나타남을 입증해 준 바 있다. 등록되어 있으며 교육을 받은 정신치료사와 심리치료사들은 고객들에 대한 전문적 사용을 위해 마약에 접근할 수 있도록 해 줄 수 있다. 이 제도의 있을 수 있는 장점을 보여주는 다른 사례는 고대로부터 전해오는 전통에 따라 페요테(peyote: 멕시코나 미국 남서부산 선인장으로 환각제 성분이 들어 있음)를 사용하는 '아메리칸원주민교회' 같은 단체를 살펴보면 잘 드러난다. 일화에 따르면 이 '페요테 약' 시술을 하는 지역사회의 경우 알코올중독이나 폭력이 크게 감소했다고 한다. 연구결과에 따르면 약초에서 채취한 영적체험을 일으키는 물질인 아야후아스카(ayahuasca: 남미산 열대포도나무의 껍질과 나무 줄기에서 채취한 환각제 성분이 들어 있는 발효주로서 다른 향정신성 약초와 섞어 만들어짐)는 아마존 강 일대의 인디언족들이 통제된 샤머니즘 종교의식을 진행할 때 쓰이며, 이는 정신과 계통의 질병을 완화시켜 주며 의식 참석자들에게 사회적 활동과 역할을 증진시켜 준다. 여기서 '구입에 앞선 필요 입증' 개념은 충분할 정도로 유연하게 적용함으로써 구체적인 사회구성원들이 마약에서 사회적 심리적 혜택을 얻을 수 있도록 해 주어야 한다.

마약이란 신체적 정신적 해악에서 커다란 장점에 이르기까지 그 효능이 매우 다양하며 광범위하다. 따라서 논리적으로 보았을 때, 각기 다른 마약과 조제에 대해 각기 다른 규제기법들을 널리 동원해야 한다. 예컨대 대마초, 엑스터시, LSD, 헤로인, 크랙코카인 등은 각각 전혀 다른 약리적 성분을 함유하고 있으며, 그 섭취는 매우 다양하며 서로 다른 행동을 유발한다. 이렇게 근원적으로 서로 다른 화학성분들 지닌 탓에 장점과 해악이라는 상반되는 효과들이 매우 다양하게 나타나기 때문에, 각기 다른 규제메커니즘을 동원하는 제도가 정당성을 갖게 되는 것이다. 이런 점들이야말로 바로 이상에서 강제적 통제적 대안에서 비강제적인 대안에 이르기까지 다양한 규제정책 대안들을 제시한 이유였다. 정책당국의 목표는 마약에 대해 적절한 규제를 통해 사회구성원의 행위를 통제해야 하는 필요성과 각 개인에게 있는 자유의 권리, 이 양자를 적절하게 균형을 맞추도록 하는 데 두어져 있다.

이상의 강제적 규제수단과 비강제적 규제수단 모두 본질적으로 관리적 성격을 띠고 있다. 마약 사용은 오랜 역사를 통해 사회적으로 비행정적이며 비형사적 절차를 통해 혹은 흔히 예견되는 마약 사용 종교의식에서 나타나는 사회적 통제 방식들을 통하여 관리되어 왔다. 마약소비량을 통제하며 이런 마약 사용자의 행동을 규제하는 사회적 의식들을 보여주는 숱한 사례들이 존재한다. 술을 식사시간에만 하도록 제한하는 것은, 보편적인 진정제인 술이라는 마약을 하는 분위기, 마시는 양, 시간 등을 통제하는 현대적 사회규범의 전형적인 한 사례이다. 술과 음식을 함께하도록 하면, 함께 먹는 음식이 술의 흡수를 서서히 하도록 해 주기 때문에 술이 신체에 끼치는 해악을 감소시켜 주기도 한다. 주류사회에서 정례화되어 있다시피 한 '커피타임'은 술이라는 자극적인 마약의 소비를 줄여주고 있다. 앞서 언급한 아메리칸원주민교회의 페요테 의식은 토착집단의 마약 사용을 규제하는, 고도의 종교의식으로 변모한 사회통제제도의 전형적인 사례이다. 사회통제 형식은 변화하는 필요들을 충족하기 위해 발전할 수 있다. 남아메리카에서 아야후아스카 사용을 통제하는 성스러운 종교의식은 압오리진이 시작했으나, 이를 넘어서서 수많은 비토착민, 즉 세계 일반시민들에게까지 확대 전파되어 나갔다.

합리적 마약통제 접근법에 있어서 보다 더 강제적이며 행정적인 측면의 제약은 더 큰 해악 가능성이 있는 마약들에 대해 사용해야 하며, 사회적 통제 측면의 제약은 해악 가능성이 덜한 마약에 대해 사용토록 해야 한다. 보다 더 기능적인 마약통제 패러다임 개념을 만들어 내고자 할 때, 해악이 없는 마약 사용을 진작시키는 사회통제규범이 발전하는 데 시간이 필요하다는 점을 인정해야 한다.

마약금지정책을 대신하는 현실적인 정책대안을 논의하는 어느 경우도 매우 복잡다단할 수밖에 없다. 문제가 되는 이슈들 중 한 가지는 새로운 정책대안은 전 세계 마약 암시장과 경쟁을 벌여 이겨낼 수 있어야 한다는 점이다. 암시장은 커다란 질환, 사회병리, 경제적 병리현상 등을 양산하고 있으며 마약에 대한 접근을 용이하게 만들고 있다. 이 불법마약 공급망에 도전하는 일은 대안적

정책패러다임의 성패에 사활적이다. 예컨대 대마초는 어느 나라도 규제하기가 극도로 어려운 것으로 정평이 나있다. 그 이유는 부분적으로 대마라는 식물이 매우 내구력이 강한 튼튼한 식물로서 재배하기가 무척이나 쉽다는 점에 있다. 생산제조가 매우 쉽고 널리 퍼져 있는 마약의 경우 암시장이라는 경제적 현실에 올바로 대처하기 위해 제한수준이 낮은 형태의 규제메커니즘을 동원해야 한다. 제조하는 데 매우 복잡한 절차가 필요한데다가 훨씬 커다란 사회적 개인적 해악까지 초래하는 메타암페타민 같은 마약은 여러 가지 복합적인 제약을 가하는 규제메커니즘을 동원할 뿐만 아니라, 암시장에서의 입수 측면도 강력 대처해야 한다.

규제적 시장에 대해 논의할 때 고려해야 하는 또 하나의 요소는 한계계층을 포용할 것인가 아니면 배제할 것인가 하는 문제이다. 캐나다에서 작성된 수많은 보고서들은 마약의 범죄화 정책이야말로 한계계층을 만들어 낸 매우 중요한 강제적 배제력이 그 장본인이 되고 있음을 지적하고 있다. 배제적 정치에 따른 경제적 사회적 개인적 비용이 막대하다는 점에 대해서는 이미 많은 연구결과가 입증하고 있다. 스위스와 네덜란드 등은 '포용'과 같은 말인 '정상화'를 국가적 마약정책의 목표로 설정하고 있다. 정상화라는 말의 바탕에 깔려 있는 믿음이란 한 국가가 마약 사용자를 맡아서 주류문화 속으로 포용할 수 있다면 정상화과정은 이들이 보다 더 균형이 잘 잡혀 있으며 건설적인 삶을 영위할 수 있다고 하는 것이다.

호주, 덴마크, 네덜란드, 캐나다 등에는 마약정책 논쟁에서 매우 중요한 시각의 제공이라는 견지에서 커다란 기여를 하는 마약 사용자 옹호단체들이 있다. 이런 단체들에 대해 매우 뜻있는 형태로

지지하며 자금지원을 하고 포용까지 하는 이 국가의 정부들은, 양쪽에서 정상화가 진행하게 되면서 주류사화와 이 단체들 자체 등 양측에 대해 모두 장점으로 작용하고 있다. 첫째 '정상적' 사회에 대한 참여가 이렇게 증대되면 주류사회에 끼고자 하는 구성원들의 진입을 매우 용이하게 만들어 준다. 둘째 이것은 '정상적' 사회가 이 단체 회원들 행동에 대해 영향력을 행사할 수 있도록 허용해 준다. 결국 이는 마약을 사용하는 개인은 물론 사회 전체적으로도 해악이 감소되는 결과를 가져온다. 포용이나 정상화 개념을 지지하는 국가들은 보다 더 실효성 있는 마약정책을 진지하게 논의할 수 있는 유리한 위치에 서 있다.

이제 새로운 질문을 던져보아야 한다. '어떻게 하면 마약 사용을 중단시킬 수 있는가?'라는 물음은 '어떻게 하면 사회적 응집력을 제고하며 해악을 최소화하는 방향으로 마약시장을 규제할 수 있는가?'라는 물음보다는 그 유용성이 한참 뒤떨어진다. 앞서 규제 메커니즘 리스트들은 사실 한계계층의 포용과 나아가 한 사회의 사회적 통합을 증대시키려는 의도를 가지고 있다. 사회적 통합이 개인, 가정, 지역사회 등에게 가져다주는 혜택은 범죄율 감소, 경제활동의 증대, 건강상태에 대한 역학적인 지표 등 수없이 많다.

마약공급망이 전 세계화하면서 어떻게 하면 불법마약을 가장 잘 통제할 수 있는가 하는 논쟁도 전 세계적으로 비화되고 있는 실정이다. 전 세계 차원에서 벌어지고 있는 이 논쟁은 일군의 같은 개혁 생각을 가진 나라들끼리 뭉쳐 마약금지정책에 도전하기 위한 집단행동에 나서자는 주장으로까지 이어지고 있다. 이런 생각을 가진 나라들이 명확하며 통일된 비전까지 가지고 있다면 이 전 세계 운동은 엄청난 도움을 받게 될 것이다. 앞에서 열거한 포용력 있는 국민건강 원칙에 바탕을 둔 규제적 시장 개념이야말로 바로 그러한 비전을 발전시키는 데 매우 중요한 자산이 된다.

마약금지정책은 역설적으로 마약접근에 대해 아무런 규제도 가하지 못하는 '둔기'에 불과하다. 현재처럼 불법마약을 부패한 범죄집단에 내맡겨 두기에는 그 불법마약의 위력이 너무나도 크다. 개인, 가정, 전체 사회 등에 대해 가하는 해악을 최소화하는 시장규제에 대한 국민건강 접근법이야말로 전 세계적으로 이렇게 널리 퍼져 있는 건강문제와 사회문제를 다스리는 매우 합리적인 접근법이다. 이 새로운 접근법은 국민건강 원칙의 안내를 받을 뿐만 아니라 윤리적 가치의 안내도 함께 받도록 해야 한다. 법집행이 지배하는 마약통제 패러다임을 지속하려는 것은 비도덕적이다. 왜냐하면 그와 같은 패러다임은 원래의 목표를 달성하는 데 명백히 실패했으며, 오히려 그야말로 훨씬 더 많은 범죄, 질병, 폭력, 부패, 죽음 등을 초래해 왔기 때문이다.

13. 닐 헌트의 답변 :
금지정책이 폐지된 이후 해악감소운동의 방향?

쿠실릭과 롤레스, 크레이그 레이너만, 마크 하덴 등이 앞에서 논의한 점들에 대해 닐 헌트는 '도발적인 자기반성(Introspection: a provocation)'이라는 답변을 통해 이들의 견해를 부분적으로 수용한 답변을 내놓았다. 이를 소개하면 아래와 같다(*International Journal of Drug Policy*, Volume 16, Issue 1 , January 2005, Pages 5-7).

앞에 제시한 글은 필자의 개인적 입장이 변했으며 마약 사용의 권리에 대한 애매성에서 탈피하여 인간은 자신에게 해롭더라도 무엇을 흡입할 것인가를 결정할 수 있어야 한다는 보다 완전한 인식에 도달하게 된 이후 이를 표명한 것이었다. 필자는 그런 인식이 해악감소운동, 내가 궁리하려 했던 이슈와 전략적 문제들, 내가 공개석상에서 표명하고 토론하고자 했던 것 등에 대한 생각에 깊은 영향을 주었다. 하지만 그렇다고 해서 필자가 지난 15년 이상 필자를 지배해 온 바로 그 현실적인 국민건강 이슈에 대한 관심을 포기했음을 뜻하진 않는다. 물론 필자를 사로잡은 아이디어와 물음들에 대해 커다란 영향을 준 것은 사실이다. 결국 앞의 글은 대체로 윤리적인 문제를 다룬 셈이다. 앞의 글 바탕에는 과연 어떠한 원칙이 자신의 몸에 대해 행사되는 권력을 결정해야 하는가 하는 물음이 가로놓여 있었다. 하지만 필자는 전략적이며 정치적인 문제에 관한 한 인권 이외의 것에 대한 강조도 필요하다는 쿠쉴릭과 롤레스의 주장에 전적으로 공감한다.

영국의 법적 마약규제통제 시스템에 대한 새로운 제안서인 앤젤선언문이 만들어지는 동안 필자는 마약 사용의 권리의 철학적 기초, 이것이 향후 가져올 지적 영역과 정책적 측면들에 대한 시사점 등에 대하여 좀 더 엄밀하게 검토해 보아야 한다고 생각했다. 형식적 개념규정이야 어떠하든 해악감소 운동 측에 대해 신념이 무엇인지 거기에 충실하려면 어떤 점을 고려해야 하는지를 묻는 일종의 도발행위로서 앞의 글을 쓰게 되었던 것이다. 지금 앞의 글은 해악감소의 개념을 다시 규정토록 요청하는 것으로 읽히고 있지만 첫 번째 의도는 사실 자기반성과 논리적 일관성을 촉구하는 선에 머물러 있었다. 현실의 애매성보다는 필자가 보기엔 생각의 애매성이야말로 가장 컸던 점이다.

버리스(Burris 2004)는 필자의 물음을 회피하고 있지만, 필자가 미처 해명하지 못한 중요한 점에 대해 주목했다. 유엔인권선언에서 제시한 사회적 조건이 제대로 갖춰져 있지 못한 사회에서 보면 마약 사용의 권리란 비교적 사소한 것에 불과하다고 보는 건 너무도 당연하다.

극도의 빈곤 속에서 억압당하며 폭정에 시달리고 극도의 사회적 불평등을 겪는 사람들이 과연 마약 사용의 권리를 누리면서도 해악은 피할 수 있다고 기대할 수 있겠는가? 전혀 아니다. 술과 담배, 본드 종류, 현행 불법 마약류 등 그 무엇이 되었든 간에, 이미 마약 관련 해악은 취약계층, 빈곤계층, 한계계층 등을 향해 있다.

기존 마약금지제도는 이 계층이 마약 사용 관련 해악의 가장 큰 짐을 지게 되는 상황을 전혀 막아주지 않고 있다. 미국에서 코카인 분말과 크랙 사용자의 양형의 차이에서 볼 수 있는 것처럼 금지정책은 오히려 이들 계층의 상황을 더욱더 악화시키고 있으며 재소자 비율도 이들 계층이 인구비율보다 훨씬 더 높은 비율로 많이 차지하고 있는 실정이다.

'해악감소'란 이런 밑바닥의 사회적 조건과 긴밀하게 연결되어 있을 수밖에 없다. 그러나 사회정의 문제가 중요하긴 하지만 개혁운동가가 순차적으로 이것도 목표로 추구해야 한다고 보진 않으며, 오히려 개혁을 만들어 내기 위해 의도된 행동이 같이 이뤄져야 한다.

닐 헌트는 레이너만이 말하는, 해악감소란 무엇인가에 대해 애매한 태도를 취하는 것이 갖고 있는 미덕에 대해 대체로 공감한다. 이 애매성의 태도는 사회와 신체에 대한 권위주의 시각과 자유방임주의 시각의 차이에서 나오는 이데올로기 싸움에 대해 옆으로 비껴나게 해 줌으로써, 결과적으로 마약 사용자들에 대해 직접적이며 사활적인 혜택을 제공하는 즉각적인 조치를 취하자는 데 합의할 수 있도록 큰 힘을 던져주는 건 사실이다.

그러나 닐 헌트의 새 입장은 개인적으로 해악감소 업무 종사자로서 당면한 문제를 전면 재검토하도록 했다. 만일 필자가 마약 사용의 권리를 승인한다면 과연 어떠한 맥락에서 그리고 어떠한 규제 틀 내에서 이 권리가 행사될 수 있다고 보아야 하는가? 이 문제를 해악감소 운동 내에서 토론하며 탐색하는 게 합당하긴 하나 아직까지 이렇다 할 논의는 나와 있지 않다(다만 하덴의 논문(Haden 2004)과 트랜스폼 보고서(2004)가 매우 흥미 있는 탐색을 보여주고 있는 것은 사실이다).

해악감소 운동의 실용주의 전통이야말로 직접 맞닥뜨려 있는 마약금지정책이라는 조건 내에서 할 수 있는 것에 너무 초점을 맞추게 만든 장본인일지도 모른다.

전통적인 해악감소 개념은 개인, 커뮤니티, 전체사회라는 세 차원과 건강, 사회, 경제라는 세 타입에 대해 주목해 왔다. 이것은 마약 사용과 직결된 해악 측면에 주목하는 것이다. 하지만 사회와 경제 영역 내에는 마약금지정책이 초래하는 해악의 문제도 똑같이 부각되고 있다. 특히 금지정책을 유지하는 데 소요되는 직접비용과 비용-효과 문제에 따른 것도 있다. 그와 똑같이 마약금지정책은 사법기관에 사회경제적 비용은 물론이며 사회적 해악 같은 피해를 초래한다는 주장이 있다. 이 비용-해악 수준을 넘어서, 마약금지정책을 철폐하면 확보할 수 있는 건강과 복지의 확대부분도 있다. 물론 그것이 어느 정도일 것인가 하는 증거는 존재하기 힘들다. 국제마약금지법이 금하는 정책대안이라고 하는 걸 미리 평가분석하기가 불가능하다는 건 자명한 이치에 속한다. 필자는 이른바 경험적 증거에 바탕을 두어야 한다고 하는 해악감소론이 현재 금지되고 있는 정책대안을 평가하며 신중한 평가를 막는 장애물을 제거해야 하는가 여부에 대해 참여한 토론자들이 전혀 설명하지 않은 점에 대해 실망을 금할 수 없다.

필자는 마약 관련 해악감소론이 다음 다섯 개의 물음을 경청하며 연구대상으로 삼아야 한다고 본다.

첫째, 헤로인 중독자들의 경우, 치료제공자가 어느 정도 의사의 판매 감독을 받는 경우 라이선스가 있는 공급자인 경우라고 한다면, 이들은 보다 더 신속하며 용이하게 치료를 받을 수 있겠는가?

둘째, 과연 보다 중증인 헤로인과 코카인 같은 마약에서 벗어나 조금은 덜한 코카나 아편 쪽으로 이행해 나오도록 촉진하게끔 규제적 공급구조로 바꿀 수 있겠는가?

셋째, 에드워즈 등이 술에 대해 제시한 사용 감소를 위해 재정적 조치를 어떤 식으로 동원할 수 있겠는가? 그리고 담보를 잡게 되는 판매세라고 하는 게 과연 현재로선 꿈에 불과한 예방과 치료라는 상금을 주게 될 것인가?

넷째, 합법적 공급시스템이 과연 총기범죄 급증, 불법시장을 이윤과 범죄 목적으로 통제하는 총기범죄 마약 관련 범죄경력의 급증 같은 이너시티의 문제점들을 역전시키거나 완화시키도록 해 줄 것인가?

다섯째, 합법적 규제를 통한 시장이 어떤 식으로 마약의 생산제조와 공급 시스템 수준의 해악을 줄일 수 있겠는가? 구체적으로 이 대안시스템이 마약판매책의 착취와 투옥을 어느 정도나 막아낼 수 있겠는가? 농작물 대체정책의 비참하기 짝이 없는 실패상들을 감안하여, 개발도상국가의 생존을 위한 자영농민들을 향해 부를 이전시키며 무역정의를 진작시키도록 하는 데 '공정무역' 원칙이 활용될 수 있겠는가?

이상의 물음들에 대해 답은 전혀 나와 있지 않다. 하지만 이는 모두 국민건강에 바탕을 둔 운동 내부에서 연구해 볼 만한 문제들이다. 그러나 현재 마약금지정책 및 이에 상응하여 마약 사용의 권리가 부인되고 있는 등의 실정에서 이 물음들에 대해 평가분석 자체가 이루어질 수 없다. 해악감소 업무라는 증거 위주의 경험적 사업은 그런 증거를 나올 수 있는 조건을 만들어 내는 데 관심을 기울여야 한다.

제5장 트랜스폼의 마약합법화 정책 대안

1. 실효성 있는 마약정책 패러다임

현재 각국 마약정책의 양대 축이 되는 정책패러다임이 서로 나란히 병존하고 있으나, 핵심적 가치관, 원칙, 목표, 결과 등은 전혀 상반되고 있다.

먼저, 마약금지주의 정책의 목표는 두말할 필요도 없이 마약 없는 사회를 만드는 것이다. 하지만 이 목표 저변에 깔려 있는 사고구조란 이 마약정책 자체가 가지고 있는 기만성을 여지없이 드러낼 정도로 그저 단순하기 짝이 없다. 이 정책의 바탕에 깔려 있는 사고구조에 따르면 마약이란 악에 속하는 나쁜 것이며, 여러 가지 많은 문제들을 일으키고, 따라서 이런 마약을 금지시키게 되면 사람들은 마약 사용을 중지하게 될 것이며, 그로 인해 발생하는 온갖 문제들은 사라지게 될 것이라고 본다. 결국 얼마나 나이브한 분석논리에 바탕을 두고 있는가를 극명하게 드러내 주고 있다. 하지만 이것이 바로 전 세계 마약통제의 바탕에 있는 언어수사이자 논리적 바탕이다. 즉 1998년 유엔 세계마약정책 심사 과정에서 결정된 유엔의 슬로건은 '마약 없는 세상, 우리가 해 낼 수 있어'였다. 그리고 이 가치관은 영국 정부가 다른 어떤 목표보다 우선해서 마약 사용 보급률을 낮추는 데 초점을 맞춘 '10개년 마약전략'의 바탕에도 그대로 깔려 있다.

이상과 같은 마약정책 패러다임은 안정제, 술, 담배 등에 관한 처방정책을 바탕으로 한 규제 실용주의 마약정책 패러다임과는 날카롭게 대비된다. 예컨대 아래 소개하는 영국의 '2004년 술로 인한 해악감소전략' 보고서 서문에 나오는, 토니 블레어 총리가 쓴 합리적인 사고논리 구조를 보도록 하자. 그리고 이 글에서 토니 블레어가 지적하는 게 단지 술만이 아니라 좀 더 일반적으로는 불법마약을 포함하여 마약 전반을 가리키는 것이라고 생각해 본다면 과연 어떻게 될지 잠시 동안 상상해 보도록 하자.

　"목표는 술과 관련된 해악 및 그 원인 문제에 대해 타깃을 맞추는 것이었으며, 뒷감당을 하면서 술을 마시는 수백만 명이 즐거움을 누리고 있는 것에 대해서는 전혀 간섭하지 않고자 하는 것입니다."

　"정부가 우선순위로 생각하고 있는 것은 경찰 및 지방정부 측과 협력하여 술과 관련되어 있는 범죄 및 무질서 등을 줄이기 위해 시행되고 있는 기존 법률들이 제대로 집행되도록 하려는 것입니다. 이들 법률들에서는 심각한 무질서 문제가 야기되는 어떠한 주점이나 구역이라 하더라도 이를 폐쇄시킬 수 있는 권한까지 부여하고 있습니다. 마약치료 서비스 수요를 충족시킬 수 있도록 최선을 다하겠습니다. 그리고 시민들 입장에서도 과음으로 인해 어떤 중대한 결과가 초래되는지에 대해 제대로 알 수 있도록 충분한 정보를 제공하고 홍보도 해야 할 것입니다."

　"주류산업 입장에서 우선순위는 무분별하며 무책임한 판촉과 광고 행위를 중단하며, 주류 회사 직원 및 고객들 안전을 보다 더 지킬 수 있도록 하고, 지역 커뮤니티 수준에서 초래되고 있는 술로 인한 불법방해 행위들을 제한할 수 있도록 하는 데 두어야 합니다."

　"하지만 궁극적으로는 시민들 개개인이 자신에게 맞는 술 소비량에 대해 제대로 알고 책임질 수 있도록 하는 것이 핵심적입니다. 시민들은 모두 각자 술을 마시며 즐길 수 있는 권리와, 술을 마시다가 자신 및 다른 사람들의 건강과 안녕질서 등의 웰빙에 대해 피해를 입힐 수도 있다는 점, 이 둘을 적절히 조화시킬 수 있어야만 합니다. 특히 젊은이들의 경우 해악을 가져오는 나쁜 음주 방식이 초래할 수 있는 여러 가지 리스크에 대해 보다 더 잘 인식해야 합니다."

"저는 이 보고서를 크게 환영해 마지않으며 정부는 이 보고서가 내린 모든 결론을 수용했습니다. 이를 집행하기 위해 정부가 필요한 정책을 시행할 것이며, 그 결과 적절한 때가 되면 영국의 모든 시민들에게 술에 대해 보다 더 건강하며 행복한 관계를 설정할 수 있는 쪽으로 혜택이 돌아가게 될 것입니다."

따라서 마약정책 패러다임 전환에 있어서 필요한 것은 어떤 전적으로 새로운 정책 패러다임인 것은 아니다. 토니 블레어의 위지적에서 보는 것처럼 실용주의적 규제정책 패러다임은 이미 정책으로 시행된 분야가 있으며, 따라서 트랜스폼은 현행 합법마약에 대해 적용하고 있는 관련 법률들은 현재 불법으로 되어 있는 것들을 포함하여 모든 마약들에 대해 확대 적용토록 하기만 하면 된다고 본다.

여기서 보는 것처럼 규제개념에 토대를 둔 실효성 있는 마약정책이라는 게 사실 이와는 아주 다른 금지주의 가치관 및 원칙이라고 하는 패러다임에 그 유래가 있다는 사실은 매우 역설적이다. 앞에서 토니 블레어 총리가 강조한 것과 마찬가지로 규제정책 패러다임은 엄연히 마약을 하는 데 동의한 성인(consenting adult: 영국에서 이 말의 원뜻은 동성애에 동의하는 성인이며, 법적으로는 21세 이상의 남자를 가리킨다)이 마약을 사용하고 있는 현실을 인정하고 있으며, 개인의 인권과 책임, 해악 최소화라는 실용주의 측면들을 강조한다. 그와 동시에 정부가 지지하고 있는 금지주의 정책 패러다임이란 것은, 모든 불법마약 사용이란 윤리적으로 용인될 수 없다고 하는 일방적인 판단과 결정을 집행하는 형사사법 조치들에 토대를 두고 있는 형편이다. 평행선을 달리는 이 두 접근법 사이에서 벌어지는 불일치는 비논리적이며 도저히 지탱될 수 없다.

그럼 실효성 있는 마약정책을 마련하기 위한 원칙들은 무엇인가? 거꾸로 마약금지주의 정책을 보도로 하자. 금지주의 정책이 사실에 관한 증거들과 실효성에 근거한 것이 아니라 단지 윤리적 가치관을 전제로 하면서 그 강제적 실행을 위한 것이라고 하는 사실로 인해, 지금까지 금지정책의 작동에 있어서 극히 이례적인 원칙들이 지배하게 만드는 결과를 초래해 왔다. 여기서 말하는 원칙이란 법이라고 하는 게 불법마약 사용은 수용할 수 없다는 윤리적 '메시지를 전파'하는 데 활용되어야만 하며, 원칙적으로 이 윤리적 메시지야말로 실효성에 대한 사실적 증거보다 더 우위에 있는 것이라는 점을 강조해마지 않고 있다. 그리고 이 원칙들은 마약금지법이 통상적인 사회정책 수립 및 실행원칙들과 완전히 괴리를 이루고 있으며, 정부가 다음과 같은 역할을 수행하도록 하는 것을 '막아버림'으로써 실효성 있는 활동을 제한해 버리고 마는 우를 범하고 있다.

- 마약시장에 대한 개입 및 규제
- 마약 생산제조와 공급에 있어서 공정거래 및 환경의 지속가능성 보장

- 정책시행 결과를 사실적 증거라는 토대에 비추어 평가하는 일
- 마약 사용자들의 인권 및 책임한계에 대해 명확히 하는 일
- 통합적인 정책결정(여러 정책분야 망라, 여러 인접기관들 망라, 정부의 관련 여러 부처 망라, 국제 수준 망라 등) 형태를 장려하는 일
- 각종 인권관련 선언이나 조약 등에서 천명된 원칙의 고수
- 밑바닥 풀뿌리 수준의 필요들로부터 결정토록 하는 상향적 접근 방식을 뒷받침하는 일

2. '마약정책의 전환과 개혁'의 목표와 '실효성 있는 마약정책'의 목표

트랜스폼은 마약정책 전반을 지배하는 중심적 목표는 해악의 최소화 및 웰빙의 극대화라야 한다고 보고 있다. 이 총괄적인 목표 내에서 우리는 마약의 생산제조, 공급, 사용 등과 관련되어 있는 해악들을 줄이면서 그와 동시에 해당 지표들에 비추어 측정된 성공 수준 등과 같은 여러 가지 세부적인 목표들을 확인하여 설정할 수 있다.

상당수 '마약과 관련되어 있는 해악들'은 마약의 사용과 오남용에 기인하며, 앞서 살펴본 대로 다른 어떤 해악들은 마약 금지주의 법률들을 집행하는 결과에서 나타나듯이 마약금지정책 그 자체가 만들어 낸 것이거나 악화시킨 것들(특히 마약 사용 습관을 지탱하기 위해 저지르는 범죄)이다. 따라서 그 결과 구체적인 금지정책 관련 해악들을 감소시킨다는 목표라고 하는 것은 마약정책 전환과 개혁의 목표 내에 포함되는 것임에도 불구하고, 합법적 규제

제도하에서는 대부분 아무런 상관도 없는 것이 되고 마는 것과 같은 이치이다. 이 점에 대하여 하나의 비유를 든다면 만일 모든 사람들이 전기차를 운행하게 된다면 그때 가서는 배기가스 방출량을 감소시키는 일 그 자체는 더 이상 교통정책의 목표는 아닌 것이 되고 마는 이치와 유사하다.

그러므로 기본적으로 금지정책이 만들어 낸 온갖 해악들을 제거하기 위한 마약정책의 전환과 개혁의 목표라고 하는 것과, 마약정책 그 자체의 목표, 즉 마약의 사용과 오남용에서 비롯되는 건강 훼손 및 사회적 해악 등을 최소화하는 것, 이 두 가지는 서로 명확하게 구분할 필요가 있다.

트랜스폼은 마약정책의 전환과 개혁의 목표를 다음과 같이 열거한다.

- 금지정책과 결부되어 있는 범죄의 종식
- 금지정책과 결부되어 있는 범죄를 처리해야 하는 형사사법기관의 부담 완화
- 금지정책이 국민건강에 대해 미치고 있는 해악들의 종식
- 금지정책이라는 이름 아래 자행되고 있는 인권 및 민권 침해 종식
- 현재 불법마약 생산제조 및 이전 국가인 개발도상 국가들에 대한 불법마약거래가 초래하고 있는 불안요인 제거
- 시행 중인 금지정책에 대한 역효과 비용 지출의 중단 및 조세수입 증대기회 제공
- 마약 사용을 효과적으로 관리할 수 있으며 마약 오남용에 대해서는 올바르게 해명하고 명확히 할 수 있는 환경의 조성. 대신, 실효성 있는 마약정책의 목표는 다음과 같다.

- 마약 관련 사망사건들을 포함하여, 마약 사용과 관련되어 있는 신체건강과 정신건강 해악들의 최소화
- 마약 오남용 사태 확산율의 최소화
- 마약 사용과 연계되어 있는 무질서, 폭력, 사회적 소란과 불법 사태 등의 최소화
- 일터에서의 마약 사용이라는 부정적 효과의 최소화
- 취약계층, 젊은층, 가족 등에게 미치는 해악의 최소화
- 도움 받기를 찾아 헤매는 사람들에 대하여 적절한 지원과 치료 제공 보장
- 마약의 생산제조 및 공급에서 있어서 형사사법기관의 개입 최소화

지금까지 영국의 마약금지정책은 핵심지표들에 바탕을 둔 의미 있는 조사 대상이 된 적이 전혀 없었다. 마약금지정책은 자체적으로 설정한 극히 제한적인 목표라는 견지에서조차 실패하고 있다. 즉 마약 사용 추세 및 마약 입수의 용이성 정도는 더욱더 급증하고 있으며, 특히 가장 커다란 해악을 미치는 마약의 종류에 있어서 더욱 그러한 실정이다. 모름지기 모든 정부정책은 지속적으로 평가를 거침으로써 새로운 지식 내지는 변화하는 환경이라는 시각에서 새롭게 대처하는 동시에 발전적 변화를 하도록 해야 한다는 것은 ABC에 속하는 원칙이다.

"정부부처들은 정책들을 검토해야만 한다. 이런 검토가 필요한 것은 예컨대 변화하는 환경에 대처하여 계속해서 적실성 있으며 비용절감적인 정책이 되도록 하기 위하여 정책을 수정해야 하는 때가 과연 언제인가를 결정해야 하기 때문이다. 그리고 각 부처는

시행중인 정책이 더 이상 비용절감적인 것이 되지 못하거나, 원래 정책이 의도했던 결과를 내지 못할 때에는 해당 정책을 종식시켜야 한다."(중앙 회계감사원, "현대적 정책결정: 경제성에 입각한 정책의 담보" 2001).

마약정책이라는 것도 예외는 아니다. 영국에서 마약 사용 패턴은 1971년 이후 극적으로 변화했으며 특히 마약중독 등과 관련된 문제 있는 마약 사용이 기하급수적으로 급증했고, 지난 세기 초반에 금지정책이 등장한 이후 도저히 확인조차 할 수 없을 정도로 급변해 왔다. 하지만 금지정책은 여전히 엄격한 채로 남아 있으며, 실효성에 대한 사실적 증거에 입각한 평가 필요성을 부인하는 것을 윤리적 명령으로까지 떠받들고 있는 실정이다. 국내 및 국제 수준의 마약정책의 영향력에 대하여 평가하는 데 사용되는 지표들은 고의적으로 크게 제한하고 있으며 그 수준은 흔히 혼란을 초래하거나 잘못된 정보나 지식으로까지 내몰고 있을 정도이다.

- 마약정책을 평가하는 지표들이 매우 협소하게 규정되어 있다. 이로 인해 마약정책이 범죄 유형 만들어 내기, 인권, 재소자수, 마약 생산제조 국가들의 불안정 등과 같은 보다 폭넓은 측면들에 대하여 미치고 있는 영향력이나 충격 등을 무시하고 있다.
- 이 지표들은 "실제 마약시장의 움직임보다는 정부당국의 활동"(www.homeoffice.gov.uk/rds/drugs1)을 가리키는 압수량 등에 초점을 맞추고 있다.
- 이 지표들은 경찰의 새로운 단속이나 활동 방식의 시행 등과 같은 정부 내지는 형사사법기관 측의 절차라는 지표들에 초점을 맞추고 있다.

금지정책이 가져오는 보다 광범위한 영향력과 충격들을 제대로 평가하는 데 있어서 이상과 같은 제도의 실패는 급기야 정책에 대한 비판 그 자체를 막는 데 있어서까지 핵심적인 역할을 해 왔다는 점은 너무도 명백하다. 한편 2001년 미국 국립학술원 측은 '미국의 불법마약정책 바로알기: 우리가 알지도 못하는 것들이 우리에게 상처를 입히고 있다'라는 2백 페이지짜리 보고서를 발표한 바 있다. 이 보고서는 바로 위에서 언급한 영국의 중앙회계감사원 측이 발표한 보고서가 지적한 것과 유사하다. 하지만 미국 국립학술원 보고서는 구체적으로 마약정책 측면에 초점을 맞추고 있다. 이에 따르면 미국 역시 마약정책의 실효성을 평가하는 데 있어서 영국과 유사한 문제에 직면해 있다고 한다.

"위원들은 기존하는 마약 사용 모니터링 시스템이 몇 가지 중요한 측면에 대해서는 유용하지만 국가적으로 결정해야 하는 마약정책 전반을 뒷받침하는 데 있어서는 놀라울 정도로 부적절하다는 점을 알게 되었습니다."

"문제점들 중 핵심은 자료수집과 경험적 연구 프로그램에 대한 투자가 비참할 정도로 부족하다는 점입니다. 이런 투자가 이루어져야만 마약 관련 법집행에 대한 투자 수준이 적정한지 여부를 평가할 수 있는 것인데도 말입니다."

"미국의 마약정책이 소기의 효과를 거두고 있는지 여부 혹은 어느 정도가 성과를 거두었는가 등에 대하여 알 수 있는 지식이나 방도가 전혀 없는 상황에서, 미국이 계속해서 이토록 엄청난 비용을 들여가며 지금과 같은 마약정책을 지속적으로 실행해 나가야 한다는 것은 불합리하며 터무니없기 짝이 없습니다."

트랜스폼이 영국 정부 측에 대하여 마약법 집행기관의 비용지출에 대하여 독립적인 감사를 요청하고 있는 이유는 부분적으로는 현재의 마약정책에 대하여 조사해 보아야 한다는 바람 때문이다. 그러나 다른 한편 그것은 마약정책의 전환과 개혁 및 이와 관련된 입법 활동에 있어서 바탕으로 해야 하는 경험적 근거를 마련하기 위한 것이기도 하다. 1998년 영국의 국세청과 세관 측의 마약밀수 예방업무의 효율성, 2002년 마약치료업무 비용지출의 효율성, 2004년 '마약치료 및 마약테스트 훈령' 집행의 효율성 등의 분야에 대해서도 위와 같은 회계감사 실시가 확정되어 착수한 바 있다. 이 모든 회계감사들은 어떤 것이 제대로 이루어지고 어떤 것이 제대로 이루어지지 않고 있는지 밝혀내며, 향후 마약정책 발전 방향이 어떻게 되어야 하는가를 식별해 내는 데 있어서 지극히 유익한 것으로 입증되었다. 영국에서는 드럭스콥(Drugscope: 보건, 형사사법, 연구, 학계, 자원봉사단체 등 9백여 이상의 회원 및 회원단체를 거느린 연합회 조직), 자유민주당, 전국보호관찰관연합회 등과 같은 정치단체 및 NGO 단체들도 이와 같은 회계감사에 대하여 지지를 보냈다.

밥 에인즈워드(Bob Ainsworth) 의원은 2002년 당시 영국정부의 마약정책 담당차관으로서 2002년 자신이 트랜스폼 측이 마약법 집행기관 비용지출의 효율성에 대한 독립적인 감사 실시를 요청한 것에 대하여 이를 지지하는지 여부에 대해 질문을 받은 바 있었다. 당시 그의 답변은 다음과 같았다. "영국 정부가 마약을 합법화 하려 하지 않는 한 과연 굳이 그와 같은 회계감사를 하고 싶어 하겠습니까?"

이와 같은 자세를 표명한 것으로 보아, 당시 에인즈워드 차관은 그와 같은 회계감사를 하게 된다면 현행 마약정책의 실패상들을 적나라하게 드러내게 되며 결국 논리적으로 마약의 합법화 및 규제라는 최종지점에 귀착할 수밖에 없다는 사실을 무의식중에 밝혀 준 셈이었다. 현재 영국 정부가 마약 합법화에 대해 원칙적으로는 반대하는 입장을 견지하고 있는 반면, 이런 답변 속에서 마약금지 정책이라고 하는 게 실제 현실 속에서 작동하며 먹혀들고 있는지 여부에 대하여 올바르게 평가하기 위한 노력은 전혀 하지 않겠다 고 고집하고 있는 점을 잘 알 수 있다.

한편 부실하기 짝이 없는 정책평가의 한 사례로서 '마약입수 용 이도'에 대한 영국정부의 인식태도를 살펴보도록 하자. 영국정부는 1998년 A급 마약입수 용이도를 '2005년까지는 25%를 줄이며, 2008년까지는 50%를 줄이기로 하는' 10개년 영국 마약정책전략 목표를 확정한 바 있다. 이것은 세간의 이목을 끄는 떠들썩한 정 책 발표였음에도 불구하고, 향후 결과를 평가하며 이에 따라 비교 도 가능하게 할 수 있는 어떠한 기준이 되는 시점의 통계치도 없 었을 뿐만 아니라, 한 걸음 더 나아가서는 어떠한 연구조사가 이 루어져야 하는지 혹은 그 연구조사 결과를 어떻게 해석해야 하는 지를 확정하는 어떠한 적절한 방법론조차 존재하지 않았다.

트랜스폼은 이와 같은 방법론이 개발되는 와중이던 1998년 이 후 기간에 가서야 비로소 마약입수 용이도를 측정할 수 있는 가장 좋은 방법이 무엇인가에 대하여 컨설팅 요청을 받았으며, 이에 따 라 당시 트랜스폼은 마약입수 용이도의 가장 좋은 지표는 길거리 현장의 마약가격, 길거리 현장의 마약 순도(코카인과 헤로인), 마 약 사용자에 대한 설문지 수거자료 등이라고 제시해 준 바 있다. 그 당시 이미 가격, 순도 등에 자료는 취합 중에 있었으며, 마약 사용자들에 대한 설문조사를 위한 방법론 확정도 이루어지고 있었다.

그 후 4년이 지난 2002년 이르러 진행된 상황을 보도록 하자.

이때 와서도 여전히 마약정책전략의 목표치를 평가할 수 있는 마약입수 용이도에 관한 아무런 데이터도 만들어지지 않고 있었다. 2002년 업데이트된 마약정책전략은 1998년 일정비율(25%와 50%)로 마약입수 용이도를 떨어뜨리겠다는 목표치에 대해 어떻게 변화했는지에 관한 관계에 대해 아무런 언급도 없었으며, 단지 구체적인 퍼센트 제시도 없이 그저 '불법마약입수 용이도를 떨어뜨리겠다.'는 새로우며 보다 더 포괄적인 목표치만을 제시했을 따름이다. 지금 와서 이 목표치는 다음 인용하는 것만큼 달성했노라고 밝히고 있다.

"영국에 있어서 감소시키기로 목표로 세웠던 것보다 많은 헤로인과 코카인 비율, 영국 마약시장에 대해 실질적으로 많은 A급 마약을 공급해 온 범죄집단의 붕괴 및 해체, 마약 관련 범죄수익의 회수"

이제 2002년 새로운 '마약입수 용이도'에 대해 데이터를 수집할 수 있게 된 반면, 여전히 문제가 되고 있는 것은 과연 이 데이터가 무엇을 가리키는 것인가 하는 점에 대해서이다. 이들 데이터는 마약입수 용이도의 실제 모습과는 별 관련이 없거나 아예 아무런 관계조차도 없는 것에 불과하기 때문이다. 국무부 언급을 인용하여 말한다면 이들 데이터란 "실제 마약시장보다는 오히려 당국의 활동상"을 나타내는 척도들에 불과하다.

• '영국에 있어서 감소시키기로 목표로 세웠던 것보다 많은 헤로인과 코카인 비율'이라는 목표치란 기껏해야 영국에 있어서 목표로 세웠던 마약의 총량에 대해 그저 막연히 추측한 수치

에 근거할 것일 따름이다. 압수의 증가분이란 경찰활동의 증대 내지는 영국에 들어오는 마약의 양이 증가했다는 것을 표시할 뿐, 실제 마약입수 용이도가 어느 수준에 이르렀는가 하는 척도와는 아무런 상관도 없다.

- '영국 마약시장에 대해 실질적으로 많은 A급 마약을 공급해 온 범죄집단의 붕괴 및 해체'란 것도 매년 변화에 대해 비교할 수 있게 해 주는 일관된 방법으로 측정하기는 어려우며, 이 부분에서도 다시금 마약가격이나 마약입수 용이도의 변화에 대해 명확한 상관관계를 확정하는 것은 결코 가능하지 않다.
- '마약 관련 범죄수익의 회수'란 것도 마약입수 용이도와는 아무런 상관계도 없다.

결국 마약정책 목표치와 대한 어떠한 체계적인 데이터 수집도 불가능하다는 불행스러운 상황에 빠졌으며, 마약입수 용이도의 실제 추세가 어떠한가에 대해서는 아무런 정보도 제공해 주지 못하고 있는 실정이다. 마약입수 용이도의 감소야말로 영국의 마약법 집행기관의 개입이 마약공급 측면에 대해 세운 핵심적인 목표임에도 불구하고, 실제 상황은 이렇게 되어 있는 것이다. 상황을 더욱 더 악화시키고 있는 것은 2002년 마약정책전략에서 확인된 마약입수 용이도의 척도들이라고 하는 게 크게 축소된 것이라고 하는 점이다. 실제 상황은 정책전략에서와는 정반대였던 것이다.

3. 마약 합법화 방안

현재 합법적 마약에 대한 기존의 규제와 통제 모델은 향후 불법마약에 대한 규제에 있어서 원형을 제시해 준다. 기왕에도 레크리에이션 및 의료 등의 목적으로 사용되는 마약에 대한 생산제조 및 공급에 대하여 이미 여러 가지 규제모델이 있다. 이러한 모델들은 광범위한 해악가능성 및 매우 다양한 사회적 환경 속에서 지난 150여 년 동안 발전해 나온 것들이다. 이 모델들은 현행 금지마약들이 향후 합법적 규제 대상으로 전환해 나가는 방식에 대하여 불완전하게나마 명확한 모형을 제시해 주고 있다. 트랜스폼은 마약 생산제조 모델을 약제용 마약 및 비약제용 마약으로 대별한 다음, 몇 가지 친숙한 사례들을 곁들여 제시한다.

1) 약품용 마약 생산제조

디아모르핀(헤로인): 디아모르핀의 원재료는 아편 양귀비이며 이것은 타스마니아(오스트레일리아 동남쪽에 있는 섬으로 오스트레일리아 연방의 한 주이며 주도는 호바트이다)에서 재배되며, 영국에 수입되어 의료용 아편제로 정제되는 과정을 거친다. 이와 유사한 생산제조 모델은 의료용 코카인에 대해서도 적용되고 있다. 현재 전 세계적으로 아편 생산제조량의 절반 이상이 합법적인 의료 시장에 공급하기 위한 것이라는 점에 주목하면 매우 흥미롭다. 이에 관한 핵심적 법률은 '1968년의 의료법', '1971년의 마약오용금지법', '유엔마약조약' 등이 있다. 그리고 합법적 헤로인 생산제조에 관한 여러 상이한 측면들을 감독하는 규제 및 라이선스 담당 기구는 '의료 및 건강보호 의약품 규제위원회(Medicines and Healthcare products Regulatory Agency: MHRA)', '영국 라이선스청(UK Licensing Authority)' 등이 있다.

2) 비약품용 마약 생산제조

술: 술은 마약으로서뿐만 아니라 식품/음료 등으로 생산제조 및 유통되고 있다. 술의 생산제조 및 수입은 영국정부 및 국제 차원의 라이선스에 의거한 협정에 의하도록 되어 있으며, 국세청 및 세관은 술에 대한 경찰활동 및 과세 업무를 담당하고, 술의 거래 기준에 관해서는 여러 가지 다양한 기준에 관한 법률이 적용되고 있다. 개인 가정의 술 생산제조(발효 및 증류 등)는 라이선스 대상이 아니다.

담배: 담배의 생산제조 및 수입은 라이선스에 의하도록 되어 있다. 물론 담배 생산제조 및 수입 제도는 담배가 식품/음료에 속하지 않는다는 점에서 술이나 카페인 제품들과는 차이가 있긴 하다. 국세청 및 세관이 담배의 국제적 유통에 대하여 경찰활동 대상으로 삼고 있으며 과세업무도 맡고 있다. 가정에서 담배를 재배하는 것과 같은 개인적인 담배 생산제조는 법적 측면에서 보면 라이선스 및 과세 대상인 것으로 되어 있긴 하지만, 영국의 경우 이런 경우는 극히 드물며, 실제 현실적으로는 라이선스가 허용되지 않고 있다.

카페인: 카페인은 카페인 생산제조를 규제하는 아무런 마약 관련 법률도 존재하지 않으며, 일반 상점(커피숍, 에너지 음료숍, 제과점, '프로 플러스'처럼 약품 형태 등)에서 아무런 라이선스 없이도 판매되고 있다. 카페인은 단지 식품과 음료 관련 법률의 적용을 받을 따름이다. 건강에 대한 유의사항을 담은 경고문은 강제적인 것이 아니라 자발적으로 할 수 있도록 되어 있을 뿐이다.

라이선스 없이 하는 생산제조: 영국에서는 여러 가지 약물들이 생산제조에 있어서 아무런 규제나 통제가 없이 이루어지고 있다.

물론 상당수 경우 수입품에 대하여 과세가 이루어지는 정도에 그치고 있을 따름이다. 여기에는 환각물질이 들어있는 신선한 버섯, 카트(예멘에서 수입), 살비아 디비노룸(영국에서 재배됨) 등이 있으며, 그 외에도 정신에 작용하는 일부 '허브류 치료제'와 '식품 보완제' 등이 있기도 하다(이중 일부 제품에 대해서는 영국 중앙정부 및 EU 차원의 유통경로를 규제하는 법률이 있는 것도 있다).

4. 마약공급 방안

아래 열거하는 바와 마찬가지로 트랜스폼은 기존하는 마약공급모델이 5개임을 확인하고 있다. 이 5개 모델은 각각 다른 차원에서 규제 및 통제를 하고 있으며, 이는 해당 마약에 관련되어 있는 리스크에 따라, 각기 다른 장소마다, 그리고 해당하는 각기 다른 마약마다 그 규제 및 통제의 내용이 각기 다르게 되어 있다. 마지막으로 새로운 마약공급모델에 관하여 추가로 두 가지 제안을 덧붙인다.

1) 처방 제도

마약은 예컨대 안정제처럼 처방제도 모델에 따라 라이선스가 있는 의사가 처방하게 되며 라이선스가 있는 약사가 라이선스가 있는 약국에서 조제해 주고 있다. 이에 관한 핵심 법률은 '1971년의 마약오용금지법', '1968년의 의료법' 등이며, 핵심적 규제기관은 국무부 및 처방을 내리는 의사들을 감독하는 업무를 담당하는 '일반의료위원회' 등이 있다. 이 밖에도 다음과 같은 형태의 규제 제도가 있을 수 있다.

- 디아모르핀(헤로인) 주사제는 국무부가 발행하는 라이선스를 갖추어야 하는 전문의사에 의해서만 처방이 내려질 수 있다.
- 헤로인 대체제인 메타돈은 종종 약국 내에서만 소비해야 하는 경우가 있다.
- 스위스의 경우 디아모르핀의 조제 및 주사는 한 사람의 전문의사가 있는 지정된 장소에서 의사의 감독 아래에서만 이루어지도록 하고 있다.

2) 약품판매제도

약국 카운터를 두고 자격을 갖춘 약사가 오남용과 관련하여 나이, 구입수량, 기타 등과 같은 제한조건을 담당하고 책임지면서 판매하는 제도이다. 이때 약사는 자문 및 건강안전에 대한 안내를 해 주어야 하도록 되어 있다. 이에 속하는 사례는 특정 레크리에이션용 마약은 제외되지만, 보다 강력한 카데인 예비제, 카올린, 모르핀 등이 여기에 속한다.

3) 판매 라이선스 구역제도

오프 라이선스 업자(술), 담배판매업자 등은 해당 물질 라이선스에 대해 합법적 통제권을 가지고 있다. 이들은 나이제한 조건(담배의 경우 16세, 술의 경우 18세) 및 술의 경우 영업시간 조건 등에 따라 판매를 제한해야 한다. 규제에 관한 많은 규정들이 라이선스 업무를 담당하는 중앙정부로부터 위임받은 지방의회에 의해 감독되고 있다. 술 제품들은 성분을 열거해야 한다는 조건 및 건강과 관련하여 경고문 부착 등에서 보는 바와 같이 많은 예외적용을 받고 있는데 이는 도저히 설명할 수 없는 대목이다. 담배

제품 역시 성분표시를 하거나 첨가물표시 등을 하지 않아도 되게
되어 있다.

4) 판매와 소비 라이선스 구역제도

주점의 경우 라이선스 소지자에 대한 통제가 이루어지고 있다.
이 라이선스 소지자는 나이, 구입자의 술 취한 정도, 영업시간 등
과 같은 제한조건을 지켜야 하게 되어 있다. 술의 공급 및 판매에
대해서는 '1751년의 주점법'에까지 거슬러 올라가는 법률을 비롯
하여 23개 이상이나 되는 규정들이 난립하고 있으며, 최근 '2003
년의 술 및 라이선스에 관한 법률'(향후 3년에 걸쳐 계속해서 완
비될 예정임)로 통합되었다. 이 규정은 클럽 및 유흥장소 지정 라
이선스 제도 등에 대해서도 다루고 있다. 여기서도 지방의회는 라
이선스 업무를 위임받아 집행하고 있다.

5) 라이선스가 없는 판매제도

환각물질이 포함된 신선한 버섯, 커피, 3가 산화질소, 약제용 육
두구, 카트, 살비아 디비노룸 등과 같은 정신에 작용하는 몇몇 제
품들에 대해서는 구입단계에서 의미 있는 통제는 전혀 하지 않고
있다. 식품 및 음료 제품의 경우 '영업거래법', '상점법' 등과 같은
법률에 의해 규제가 이루어지고 있다.

> '환각물질이 들어 있는 신선한 버섯(fresh mushroom)'의 경우,
> 현재 판매자는 예컨대 미성년자에게는 판매를 금한다는 자발적인
> 관행을 따르고 있을 따름이다. 하지만 이마저도 뒤죽박죽이며 전
> 혀 시행되고 있지 않다. 재미있는 것은 국세청 측에서 이제는 '환
> 각물질이 들어있는 버섯(magic mushroom)' 판매에 대해 부가가

치세를 징수하려고 노력 중인 반면, 경찰 측은 그와 동시에 '환각 물질이 들어 있는 버섯' 상점들을 폐쇄시키려고 노력하고 있다는 점이다. 이것은 국무부 내에서 이 매직 머쉬룸에 대해 규제냐 금지냐 하는 논쟁이 치열하다는 점을 암시하는 것이기도 하다.

몇몇 용제(솔벤트)와 흡입제들도 아동에게 판매가 금지되어 있다. '1999년의 담배라이터충전(안전) 규정'은 18세 미만의 청소년에게 부탄가스가 들어 있는 담배라이터충전 깡통을 공급하는 행위를 범죄로 규정하고 있으며, '1985년의 도취제규제법'은 18세 미만의 청소년이나, 이런 미성년자에게 도취하게 할 목적으로 흡입케 될 우려가 있다고 판단되는 합리적인 이유가 있음에도 불구하고 미성년자를 대신하는 그런 자에게 도취제를 판매하는 것을 불법으로 규정하고 있다. 하지만 이런 법규에 따라 기소가 이루어진 경우란 아예 거의 없다시피 한 실정이며, 솔벤트나 휘발성 물질을 구입하고 이후에 가서 이를 남용하는 행위를 범죄로 규정하고 있는 것도 아니다.

5. 새로운 정책대안 추가

이상과 같은 규제 틀에 덧붙여, 현재 존재하지는 않지만 향후 시행될 가능성이 있는 새로운 규제모델들이 있을 수 있다. 아래 소개하는 두 가지 제안은 기존하는 모델을 바탕으로 하여 트랜스폼이 만들어 제시하는 것이다.

1) 마약사 혹은 전문약사 제도

이 마약사나 마약전문약사 제도는 새로운 직종을 만드는 것이

되며, 이는 결국 기존하는 전문약사제도와 마약업무종사자 제도
이 둘을 결합시키도록 하는 방식이며, 어떤 면에서 보면 이 제도
는 빅토리아시대 여러 가지 조제 방식으로 헤로인, 코카인, 대마초
등을 판매하는 업무를 담당했던 약사 제도로 회귀하는 것이기도
하다. 이들은 레크리에이션 목적의 사용자들에게 나이 제한조건과
같은 법규에 따라 몇몇 마약을 판매할 수 있도록 하는 데 필요한
훈련을 받고 자격을 갖춘 다음 라이선스를 부여해 주면 된다. 또
한 이들은 마약중독 등과 같은 문제에 대하여 이를 올바르게 식별
해 내며, 마약 사용에 대하여 안전문제 정보 및 건강에 대한 조언
을 제공하고, 다른 마약 서비스에 대해서도 숙지할 정도로 충분한
역량을 갖추도록 하는 등등의 훈련을 거치게 하면 될 것이다. 판
매는 기존하는 약국 대리점이나 새로 이를 전담하는 약국 판매점
에 대해 허용 하면 된다.

2) 라이선스가 있는 사용자제도 및 라이선스가 있는 구역을
출입할 수 있는 회원권제도

이것은 라이선스가 있는 구역제도 모델과 유사하다. 그러나 이는
추가 규제가 덧붙여져 있다. 그것은 이 구역 출입, 마약구입, 마약소
비 등을 위해서는 여러 가지 다양한 조건과 제한조건 등이 딸려 있
는 회원권 소지를 필수적인 것으로 한다는 점에서 그러하다.

6. 마약 합법화 정책에 대한 우려와 장애물

실효성 있는 마약정책 개발을 위하여 그 패러다임 전환은 필수
적이다. 알코올, 담배, 처방마약 등에 적용되고 있는 실용주의적

규제는 현행 불법마약으로 되어 있는 것으로까지 확대되어야 하는 것이다.

윤리 위주의 금지주의 패러다임은 마약은 악이며 마약 사용은 윤리적으로 용인될 수 없고 마약 사용자와 밀거래자들은 범죄자라고 미리 결정을 내려놓은 상태에서 출발한다. 이와 같은 목표를 달성하기 위해 금지주의 정책은 불법마약시장을 근절하고 '마약 없는' 사회를 이룩하고자 한다. 이와는 대조적으로 규제주의 패러다임은 가치에 근거하기보다는 증거에 입각하고 있으며, 마약 사용의 현실을 받아들이고, 마약 사용자 및 보다 폭넓은 사회에 대해 마약 관련 해악을 최소화하기 위한 실용주의적 대응책을 추구하고 있다.

트랜스폼은 마약법 개정운동의 목표(금지주의 정책이 초래한 해악들을 제거하는 것)는 크게 보아 실효성 있는 마약정책의 목표(마약 사용과 오용과 관련되어 있는 건강상 및 사회적 해악들을 최소화하는 것)와는 명확하게 구별해야 한다고 본다.

역사적으로 마약정책은 평가가 제대로 이루어지지 않았으며, 실패로 점철되어 왔고, 개혁조치를 마냥 뒤로 미루어오기만 했다. 마약정책에 따른 보다 폭넓은 파급효과들에 대해서는 상황변화에 따라 발전적으로 대처할 수 있도록 하기 위하여 정해놓은 핵심지표들에 따라 정기적인 평가 작업이 이루어져야 한다. 그리고 현행 마약 법집행기관의 예산지출에 대한 독립적인 회계감사야말로 마약정책개혁에 있어서 핵심에 속한다.

다음, 합법적 마약규제정책에 대하여 제기되는 우려들은 첫째 마약 사용 보급률의 증가, 둘째 취약계층, 셋째 마약의 상업화, 넷째 윤리적 타락, 다섯째 마약 합법화 정책의 정당성을 입증하는 사실적 증거 등의 문제들로 정리할 수 있다.

1) 마약 사용 보급률의 증가 문제

불법마약 사용에 대한 금지주의의 윤리적 반대는 금지정책 성공의 지표로서 마약 사용 보급률을 과대 포장하는 것으로 귀착된 바있다. 하지만 마약 사용 보급률에 대한 마약법 시행의 영향력은 분명하지 않은 채 그저 애매모호한 실정에 있으며, 현재 이에 대한 연구가 진행 중에 있을 따름이다. 특히 가장 커다란 해악을 끼치는 마약의 경우 더욱 그러하다. 마약 합법화 정책은 마약 사용 보급률에 있어서 긍정적 효과와 부정적 효과가 모두 있으며, 이는 마약의 종류 및 사용자 계층에 따라 천차만별일 수밖에 없다. 합법적 규제 정책이 시행되면 그에 따라 마약 사용의 성격 그 자체가 크게 변모하게 될 것이다. 따라서 마약오용 보급률이야말로 훨씬 더 유용한 척도가 될 수 있다.

마약 금지주의자들은 적어도 언어수사학상으로나마 자신들의 마약금지정책을 통해 마약 및 마약 사용을 전체 사회에서 근절시키겠다고 공언 내지는 주장해 오고 있다. 따라서 바로 이러한 맥락에서 마약 사용 보급률이라는 척도는 마약정책의 전환 내지는 개혁 논쟁에 있어서 극도의 중요성을 갖고 있다.

마약 합법화와 규제정책을 반대하는 입장에서는 마약 사용의 증가라는 유령은 충분한 논쟁거리가 될 수밖에 없다. 영국 정부 측의 중앙마약전략은 다음과 같이 지적하고 있다. "우리는 마약 사용을 억제하는 금지정책을 유지해 나감으로써 젊은층이 마약 사용에 빠지는 것을 예방해야 합니다." 국무부 측도 이와 유사한 입장에서 다음과 같이 밝히고 있다. "마약을 통제하는 이유는 그것이 해악을 끼칠 가능성이 크기 때문이며, 마약법 및 법적 제재야말로 마약을 실험적으로 사용하는 것을 막는 데 크게 일조하고 있습니다." 이와 같은 인식은 마약정책의 전환과 개혁에 반대하는 정치권 및 언론의 인기 있는 인사들 발언에 있어서도 여실히 드러나고 있다. 예컨대 가장 최근 대마초 등급 하향논쟁에 있어서도 이들이 "마약 사용에 청신호를 켜준다." "잘못된 메시지를 전파한다." 등과 같은 지적들을 빈번하게 하게 된 것도 바로 이와 같은 인식과 동일 연장선상에서였다.

이처럼 마약논쟁에서 그토록 자주 등장하는 마약을 금지하는 정책을 쓰니까 그나마 이렇게 마약 사용 보급률을 떨어뜨리거나 막을 수 있었다고 하는 그야말로 단순하기 짝이 없는 이 논리와 주장은, 실상 보다 더 복합적이며 보다 더 중요한 쟁점을 은폐하고 있다. 이를 정리해 보면 다음과 같다.

- 마약을 하게 된 동기, 구체적으로 사람들이 과연 왜 마약을 하지 않기로 작정하는가, 그리고 법집행의 갖는 마약 사용 억지효과의 수준 등에 관한 연구 등은 극히 부족한 실정이다. 국무부 측은 영국 마약정책의 핵심인 바로 이 억제효과를 뒷받침하는 실질적인 증거를 전혀 제시하거나 갖다 붙이지 못하고 있는 실정이다. 그나마 우리가 알고 있는 불과 얼마 안 되는 증거에 입각해 보았을 때 법집행이 갖는 억제효과와 그 수준이라고 하는 것은 지극히 미미한 수준에 머물러 있는 것으로 나타났으며, 그나마 마약의 온갖 종류에 따라 그리고 마약을 사용하는 계층이나 집단에 따라 격차가 크게 나타난다.
- 영국정부가 천명한 마약정책 추진의 핵심 중의 핵심인 헤로인

과 코카인에 대한 중독이나 의존적 사용자들에 대한 억제효과에 대한 연구는 거의 이루어진 바 없거나 아예 전무하다시피 한 실정이다.

- 마약을 하기로 결심하는 데 영향을 미치는 요인은 법집행에 의한 억제보다는 훨씬 더 많은 변수들이 작용하고 있다. 여기에는 법집행에 억제 요인 외에도, 사회경제적 변수, 유행, 문화와 음악 광고, 입수 용이도, 가격, 리스크 인지도 등이 포함되어 있다. 정작 마약 합법화 이후 시기에 가게 되면 마약 사용을 증대시키는 효과가 있는가 하면 반대로 마약 사용을 감소시키는 효과가 있기도 할 것이다. 합법화가 마약 사용을 증가시키게 되는 요인은 억제의 제거, 가격의 하락, 입수가 보다 더 용이해진다는 점, 마약의 질이 향상된다는 점 등이 있으며, 거꾸로 마약 합법화가 마약 사용을 감소시키게 만드는 요인은 '언더그라운드 글래머(마약을 은밀히 즐기는 매력)'의 제거, 중독자에 대한 환자 처우 및 치료의 확대, 새로운 마약 사용자를 겨냥한 마약거래자들의 근절, 치료에 대한 투자확대, 마약교육, 사회적 재생 등이 있다. 이렇게 서로 상반되는 이 두 요인을 합쳐 보았을 때 그 결과가 어느 쪽으로 기울 것인가 하는 것은 마약금지론자들 주장과는 달리 전혀 확실하지 않다.

- 현재 신문을 장식하는 마약 사용 수치들은 마약 사용의 강도나 빈도에 대해 아무런 것도 알려주지 못하며 따라서 전혀 객관적 지표가 될 수 없다. 뿐만 아니라 이것은 중독이나 마약 사용에 따른 해악 수준에 대한 구체적인 정보도 전혀 제시해주지 못하고 있다. 그리고 마약 사용 보급률의 증가가 반드시 전반적인 해악 수준의 증가를 가리키는 것도 아니며, 이론상

으로는 이 마약 사용 보급률 증가란 거꾸로 마약중독이나 전반적인 해악 수준의 감소를 가리키는 것일 수도 있다.

마약 사용의 성격이 합법적 규제 시스템에서는 과연 어떻게 바뀌어나갈 것인가에 대해 올바르게 인식하는 문제도 매우 중요하다. 이를 정리하면 다음과 같다.

- 마약이 합법화되어 규제 대상이 되면, 마약은 더욱더 안전한 것이 될 것이다. 예컨대 마약의 강도와 순도가 공개되며, 이에 대해 보증이 이루어지고, 건강과 안전에 관한 안내문이 부착되며, 포장지에 경고문과 안내문이 제시되고 이것은 적어도 판매시점에서는 제공하게 될 것이다.
- 마약금지정책은 사용자로 하여금 더욱더 농축된 마약을 사용토록 하는 형태로 몰아왔다. 예컨대 아편에서 헤로인으로, 코카 음료 형태에서 코카인으로 그리고 이어서 크랙 코카인으로 옮아왔다. 마약 합법화 이후 시기에 가면 보다 더 안전하며 그리고 보다 덜 농축된 마약으로 거꾸로 이동하는 것을 목격하게 될 가능성이 크다. 예컨대 미국에서 금주정책이 종식되었을 때 소비패턴이 증류주나 화주 형태에서 맥주나 와인 쪽으로 옮겨간 바 있다.
- 마약이 합법화되면 술이나 담배처럼 크게 확산될 것이라고 보는 주장은 수십 년 동안에 걸쳐 술과 담배가 겪어온 공격적 마케팅을 이제 막 새로 합법화되는 마약도 금세 직면할 수밖에 없다는 가설에 근거하고 있다. 하지만 영국의 처방마약 및 예컨대 네덜란드 대마초 카페(판매점) 등에 대해 시행되고 있는 합

법화 모델에서와 마찬가지로 마약에 대한 광고와 판촉에 대해 엄격히 제한하게 될 것이므로 그렇게 단정할 수 없다는 점에 유의해야 한다. 트랜스폼은 술과 담배를 포함하여 모든 마약에 대한 광고행위에 대한 금지 조치를 적극 지지하고 있다.

트랜스폼은 마약정책의 목표가 마약 없는 사회라는 비현실적인 것이어서는 안 된다고 본다. 마약정책은 오히려 마약이 마약 사용자 및 보다 더 광범위한 커뮤니티 측에 대해 유발하는 해악을 최소화할 수 있도록 마약 사용을 제어하며 관리해 낼 수 있어야 한다. 이렇게 하기 위해 우리는 '마약문제'를 단지 '사람들이 마약을 사용한다.'는 것 이상의 것으로 재규정해야 한다. 결국 마약정책의 효율성을 제대로 측정하기 위해서는 훨씬 더 광범위한 지표들이 필요하다. 이 지표에는 국민건강, 범죄, 시민의 권리, 커뮤니티의 안전, 국제개발, 국제분쟁 등이 포함되어야 한다. 마약 사용 보급률이란 단지 건강지표의 하나일 따름이며, 여기서 건강지표란 다시금 평가 분석되어 마땅한 그런 정책 영역의 하나일 따름이다.

2) 취약계층 문제

트랜스폼은 일반국민들 우려와는 정반대로, 마약시장에 대한 정부의 규제와 통제 정책을 통해서 가장 좋은 서비스를 받는 계층은 폭력적인 조직범죄자들이나 길거리 밀거래자들이 아닌, 청소년이나 사회적 배제계층에 속하는 바로 이 취약계층이 된다고 본다. 정부가 이들에 대해 마약가격 및 이용 편의성에 있어서 여러 가지 편의를 제공하게 되기 때문이다. 다른 계층보다 바로 이 취약계층이야말로 금지주의 정책으로 인해 초래된 과도한 해악들(건강에 미친 해악 및 금지주의 정책으로 인해 범죄화 등)을 경험해야 했던 것이다.

사실, 마약오남용에 대한 사회적 우려는 특히 취약계층에서 가장 첨예하다는 것은 올바른 지적일 뿐만 아니라 충분한 공감이 간다. 여기서 취약계층이란 기본적으로 어린이와 청소년을 말하며, 한 걸음 더 나아가 정신건강상의 문제가 있는 사람들, 집 없는 사람들, 사회적으로 배제 당한 집단과 계층 등을 일컫는다. 트랜스폼은 마약시장에 대한 합법적 규제야말로 취약계층에 대해 현재와 같은 혼돈스러우며 규제가 전혀 이루어지지 않는 불법시장보다 훨씬 더 커다란 수준의 보호를 해 줄 수 있다고 본다. 앞에서 요약적으로 밝힌 것처럼 합법적 규제의 중요한 장점 중 하나는 광고와 판촉에 대한 통제는 말할 것도 없고 가격과 입수 용이도(장소, 개점시간, 나이제한 등) 측면에서 적절한 통제를 가할 수 있게 된다는 점이다. 정확히 말해서 마약이 리스크를 가지고 있다고 하는 바로 이 이유 때문에 특히 미성년자들을 위해서 마약은 적절한 수준의 규제를 해야 하는 것이다.

하지만 실제 현실은 어떤가? 현행 제도에서 불법마약은 대부분의 젊은층이 손쉽게 입수할 수 있게 되어 있으며, 소수지만 상당히 많은 젊은층들에서 한 가지 이상의 마약을 하고 있는 것이 현실이다. 물론 규제만으로는 이런 마약 사용을 근절할 수는 없다. 이것은 담배와 술에 대한 규제에서 나타나는 바와 같다. 하지만 입수 용이도 차원에서 통제하게 되면 해악을 줄이는 데 중요한 환경개선을 조성할 수 있으며 장기적으로는 마약수요 그 자체를 감소시킬 수 있게 된다.

- 젊은층의 건강에 대해 가장 커다란 위협을 가하는 마약은 오히려 다른 마약과 매우 큰 차이를 보이는 담배와 술이다. 모든 마약에 대해 합법적 규제를 하게 되면 건강에 대해 보다 더 균형 잡혀 있으며 일관되고 신뢰할 수 있는 메시지를 촉진시킬 수 있다.

- 아무리 사소한 경범의 마약범죄라 할지라도 형사전과기록은 취약계층에 대해 사회적 배제를 더욱 가속화시키면서 황폐하기 짝이 없는 결과만을 초래하고 있다. 형사전과기록은 일자리 구하기, 여행, 개인금융, 주택 구입이나 세 얻기 등에 대해 상당히 커다란 압박을 가한다. 많은 이들은 감옥에 간 경험까지 있게 되는데 이 경우에 이것은 단지 어쩌다 우발적으로 한 마약 사용보다 건강과 웰빙에 대해 훨씬 더 커다란 위협요인이 된다는 점은 두말 할 나위가 없다

- 금지정책은 젊은층에게 직접적으로 위험상황 속에 빠뜨리며 해악을 끼치기도 한다. 즉 젊은층은 마약이 유발하는 길거리 범죄와 폭력에 있어서 가장 빈번한 피해자들이 되고 있으며, 전혀 알려져 있지 않은 순도와 강도의 불법마약 사용으로 인한 리스크 부담이 크게 증대되고 있는 실정이다.

만일 젊은층과 기타 취약계층 및 사회적 배제계층에 대해 손을 뻗쳐 도움을 주고 책임 있는 생활 자세를 고취시키려 한다면, 이들을 대상을 하여 전쟁을 선포하는 것이 곧 그렇게 할 수 있는 제대로 된 방법인 것은 아니다. 오히려 이 경우 범죄화의 망령을 제거하는 것이야말로 마약업무와 마약에 관한 각종 정보제공이나 안내 등이야말로 이를 가장 필요로 하면서도 접근하기가 가장 어

렵게 되어 있는 이들에게 훨씬 더 매력적이며 접근 가능한 것이
되도록 할 수 있는 지름길이다.

3) 상업화 문제

새롭게 합법화되는 마약시장에 진입하여 마약 및 마약 사용에
대하여 공격적인 마케팅을 펼치면서 영리를 추구하려는 상업적 회
사들 문제에 대하여 많은 우려를 하지만, 이는 전혀 사리에 맞지
않는다. 정부는 현재와 같은 불법마약의 생산제조에 대한 개입포
기와는 정반대로, 적절하다고 판단한 규제를 통해 생산제조 과정
에 대해 얼마든지 개입할 수 있게 되기 때문이다. 향후 합법적 마
약의 생산제조 회사들의 경우 세금도 꼬박꼬박 내게 되며, 이들은
외부로부터 조사도 받게 되고, 법절차에 따른 책임도 져야 하는
것이다.

합법적 마약시장은 결국에 가서는 공격적 마케팅을 펼치며 마약
과 마약 사용에 대한 판촉을 벌이며 이윤을 추구하려는 기업들에
게 점령당하고 말 것이라고 하는 우려는 그 나름대로 상당한 설득
력이 있다. 이미 제약 산업계는 그 윤리, 비즈니스, 마케팅 관행 등
으로 인해 상당히 커다란 비판의 표적이 되어 왔다. 이와 유사하게
술 및 특히 담배회사 부문은 예컨대 스포츠와 음악 분야에 대한
스폰서 되어 주기 등을 통해 국민들 건강에 대한 우려 문제보다
자신들의 이윤추구를 앞세워 왔으며, 이로 인해 비윤리성을 노정해
오고 있다는 비난을 받고 있는 실정이다. 그러나 상업적 회사들에
대한 온갖 비판에도 불구하고, 이 형태야말로 현재와 같은 국제조
직범죄 네트워크라는 잘못된 현실보다는 훨씬 더 나은 대안이 된
다. 이 점을 입증하기 위해 상업적 회사들이 다음과 같은 것들을

하고 있다는 점을 열거하고 여기에 주목할 필요가 있다.

- 세금을 낸다
- 독립적 회계감사기구, 거래 및 금융 규제기관, 노조와 소비자 단체 등으로부터 외부감시와 조사를 받게 된다.
- 관련 법률에 따라 답변해야 할 의무가 있으며, 자신들이 한 행위들에 대해 법적으로 책임을 지고 있다.
- 무기로 무장하지 않으며, 일상적인 업무 및 거래에 있어서 폭력을 사용하지 않는다.
- 정부가 적절하다고 간주하는 바에 따라 통제와 규제를 가할 수 있다.

합법적 마약시장의 등장은 과거의 실패상을 청산하고 새 출발할 수 있는 기회를 제공한다. 이것은 우리가 일반 시민들에게 최선의 이익이 되는 쪽으로 기능하는 최적의 합법적 규제 틀을 확립할 수 있는 매우 드문 절호의 찬스가 될 것이다. 만일 예컨대 상업적 회사들이 적합하지 않다고 간주되면 보다 더 위험한 몇몇 마약들에 대한 생산제조나 공급은 100% 국영회사가 담당하게 전환시킬 수 있다. 이와 유사한 예를 들어보자. 경마 마권 영업이 합법화되었을 당시에도 마권 총액계산기(Tote) 관련영업 그 자체는 여전히 국영기업이 담당했으며, 개인회사들의 경우에는 이후 한참 지난 나중 단계에 이르러서야 이 경마마권 영업시장 진입이 허용되었고, 그러면서도 마권 총액계산기 관련 영업은 현재까지도 국영기업으로 남아 있다.

앞에서 본 대로 트랜스폼 측은 현행 합법마약에 대한 기존하는 생산제조와 공급 모델은 약간 수정을 거치면 다른 대부분의 마약들에 대해서도 그대로 적절한 합법화 모델이 될 수 있다고 본다. 기존하는 합법마약에 대한 합법화 과정에서 초래되었던 문제점들로부터 배울 수 있는 교훈이 있다면, 그것은 담배광고 및 공공건물에서의 흡연 금지와 같은 유익하면서도 포괄적이고 철저한 개혁을 추진해야 한다는 점이다. 이런 교훈은 과거 저질렀던 실수를 피하면서 합법화하게 되는 마약에 대하여 보다 더 실효성 있는 규제 틀을 발전시키는 데 있어서도 커다란 도움이 된다. '엑스터시 세계 스누커 당구대회', '코카인 프리미어 축구리그대회' 등과 같은 사태의 도래를 경험해서는 안 되기 때문이다.

4) 윤리 및 메시지 타락 문제

지금까지 금지주의 정책은 불법마약 사용은 용인할 수 없다는 윤리적 메시지를 집행하기 위하여 마약법을 활용해 왔다. 이것은 성인인 개인이 동의한 행위에 관련되어 있는 법 및 사회정책 제도에 있어서 매우 이례적인 것으로서, 기본적 인권과 개인의 자유를 침해하는 것이다. 트랜스폼은 진정한 윤리적 정책대안이란 곧 마약 사용자 및 보다 폭넓은 전체 사회에 대한 해악을 최소화하는 것이라야 한다고 본다.

마약을 하는 데 동의한 성인(consenting adult)의 경우 이들이 마약공급에 접할 권리라는 게 포퓰리즘의 여론몰이나 호소운동을 통한 제약이 이루어지고 있음에도 불구하고, 이는 매우 중요한 기본권 원칙에 속한다. 한 인간이 자신의 신체에 대해 통제할 수 있는 권리, 가정에 있어서 프라이버시를 침해당하지 않을 권리, 자유로운 사상·신념·실천의 권리, 스스로 리스크를 감수하는 행위에 대해 유익한 선택을 할 수 있는 권리 등은 아주 오래전부터 확립되어 있는 기본적 인권의 영역에 속한다. 마약 사용은 최악의 경우 무모하며 무책임한 것이 될 수는 있지만, 그렇다고 해서 남에게 해를 입히지 않는 한 범죄로 간주되어서는 안 되기 때문이다.

리스크 감수 및 자신에게 해악을 입힌다고 하는 것이 국가가 너 그럽게 보아 넘겨야 하는 것은 아니라는 점은 명백하다. 그럼에도 불구하고 이것은 불법적인 것은 아니다. 예컨대 1960년대 합법화된 자살 행위의 경우에도 이 범주에 속한다. 과거 비윤리적인 '비행'으로 간주되어 줄곧 금지되어 왔던, 그렇게 하는 데 동의한 성인이 하는 여러 가지 행위들의 경우, 나중에 가서 합법화된 바 있으며, 합법화되는 과정에서 이것이 장려대상이라는 식의 어떠한 입장 표명도 이루어지지 않았다는 점은 주지의 사실이다. 이와 같은 법적 개혁이 이루어진 분야는 경마와 카지노의 합법화뿐만 아니라 호모와 같은 성적 행위 영역까지 망라하고 있다. 영국 정부 측에서 현재 매춘 합법화에 대한 검토작업을 벌이고 있는 것 역시도 이와 유사하며 환영할 만한 것이다.

국무부는 "마약으로 인해 초래될 수 있는 해악 때문에 통제해야 하며 마약금지법 및 법적 제재 조치는 마약에 대한 실험적 사용을 억제하는 데 도움이 된다."는 논리를 펴고 있다(국무부가 의회 국내문제특위에 제출한 마약정책보고서 비망록 제73호). 그러나 초고속 출력을 자랑하는 오토바이 경주, 위험천만하기 짝이 없는 암벽타기, 콘돔 없이 하는 우발적 성행위, 고지방의 정크푸드(칼로리는 높으나 영양가가 적은 즉석 음식류), 술, 담배, 그 외에도 불법 마약 사용 이상의 '해악 가능성'까지 있음에도 불구하고 사용자에게 리스크를 감수하게 만드는 온갖 숱한 행위들이나 소비재 등등에 대해서는 정부가 전혀 금지하고 있지 않다. 영국 정부 당국이 불법마약 이외에 지각 있으며 건강하고 안전한 다른 온갖 라이프 스타일들을 선택하여 영위하라고 권장하는 윤리적 메시지를 전파할 때 동원하는 것은 여러 가지 제도나 기관 및 언론 등과 같은 공적 교육 방식이라야 하지, 법제도 및 형사처벌 방식은 아닌 것이다.

마약정책은 형사사법기관을 기본적으로는 교육적인 수단으로서 동원하여 사용하고 있는 유일한 영역으로 되어 있다. 유독 마약 분야에 있어서만 정부는 체포, 범죄화, 투옥 등을 하겠다고 하며 그렇게 해서 교육목적을 달성하려 하고 있다. 형사사법기관은 국민건강이나 개인윤리에 대해 어떤 윤리적 메시지를 전파하라는 임무가 내맡겨져 있는 것은 아니며, 만일 그렇게 하려 하는 경우엔 오로지 비효율적인 성과밖에는 거둘 수 없다.

그토록 엄청나게 많은 범죄, 폭력, 분쟁 등을 야기하게 만드는 정책, 사회적으로 가장 가난하고 어려운 처지에 빠져 있으며 취약한 계층에 속하는 이들을 범죄로 낙인찍어 주변계층으로 전락시키는 정책, 마약 사용에 결부되어 있는 리스크를 극대화하기만 하는 정책, 이런 정책을 추구하는 정부 측에 대하여 우리는 어떠한 윤리의식도 깃들어 있지 못하다는 점을 발견하게 된다. 트랜스폼은 정책이란 모름지기 마약이 그 사용자들 및 보다 광범위한 커뮤니티에 대해서 초래하는 해악을 최소화해야 하는 것이지, 이런 해악을 극대화하면서까지 어떤 윤리적 입장을 강요하려 해서는 안 된다고 본다.

2000년 시민단체 '리버티' 연차총회에서는 다음과 같은 내용을 담고 있는 결의안이 통과된 바 있다. "이번 리버티 연차총회는, 법에 따라 명시적으로 미성년자 보호, 범죄 대처, 중독 치료, 기타 정당한 국민적 목표 등을 위하여 강제하도록 되어 있는 경우를 제외하고는, 모든 성인은 개인적으로 사용하기 위하여 정신에 작용하는 물질에 대한 합법적 공급에 대하여 접근할 수 있는 권리를 가지고 있다는 점을 주장하면서, 이에 따라 이런 법률들을 개정하여 개혁하도록 정부에 요청하는 바이다."(www.liberty-human-rights.org.uk, 2000. 6. 25)

5) 사실적 증거들의 결핍 문제

마약 합법화, 이것은 과연 어둠 속의 도약이자 도박에 불과하기만 한 것일까?

하지만 이런 생각이나 주장과는 달리 합법적 규제정책이 갖는 장점에 대한 실질적인 증거들은 오히려 주변에 숱하게 널려 있다. 이것은 과거 특정 제품이나 활동에 대해 금지정책이 시행되다가 이어서 이 정책이 좌절된 다음 합법화와 규제의 길을 갔던 온갖 사례들이 널려 있음을 말한다. 금지정책의 실패에 대한 증거들은 차고 흘러넘치는 실정이다. 이를 열거하면 현행 합법마약인 술과 담배사례, 알코올 금지정책의 종언, 헤로인 처방제도(네덜란드, 독일, 스위스 등), 마약의 개인소지에 대한 비범죄화(대부분 대마초에 국한되고 있으나, 포르투갈, 스페인, 이탈리아, 웨스턴 오스트레일리아 주, 러시아 등은 전체 마약에 대해서까지도 비범죄화하고 있다는 점), 네덜란드의 대마초 실험(대마초 판매에 대해서까지 비범죄화하고 있는 점), 도박과 매춘의 합법화 및 규제정책으로의 전환추세 등등이 있다.

사실, 마약 합법화란 국민건강과 복지 문제에 대해 위험천만한 도박이 될 것이며, 이런 급진적 개혁을 뒷받침할 만한 사실적 증거들이 전무하다시피 하다는 주장이 있다. 물론 아직까지 유엔마약조약에서 정하고 있는 어떠한 마약이라도 이를 합법화한 다음 이를 규제하는 나라는 없다. 하지만 마약정책의 전환이나 개혁 논리를 뒷받침하는 사실적 증거가 없다는 주장은 잘못된 것이다. 마약정책 및 마약법 개혁을 지지하는 많은 중요한 사실적 증거들은 광범위한 출처들을 통해 수집되어 있다. 이를 정리하면 다음과 같다.

● 현행 합법마약

마약 합법화에 대한 기존하는 가장 명백한 사실적 증거는 술과 담배라고 하는 현행 합법마약에 대한 규제모델이 불완전하나마 효과적으로 작동하고 있다는 사실에서 찾아볼 수 있다. 술과 담배는 매우 유독하고 중독성이 강해서 국민건강과 사회에 대해 미치는 해악이 매우 크다. 그러나 술과 담배에 대한 합법적 규제를 한다고 하는 것은 정부가 가격 및 입수 용이도와 같은 측면들에 대해 개입할 수 있음을 뜻하며, 실제로 현재 술과 담배는 금지정책을 폈을 경우 초래할 수 있었던 대부분의 사회적 해악들로부터 벗어나 있음을 뜻한다.

● 금주정책의 종언

금주정책이 만들어 낸 온갖 문제점들은 현재 마약금지정책이 초래하고 있는 문제점들을 그대로 빼다 박았으며, 금주정책을 폐지함으로써 누리게 된 장점과 혜택에 대해서는 이를 입증하는 온갖 기록들이 있다.

• 헤로인 처방제도

마약공급을 위한 기존의 처방모델은 마약 합법화를 뒷받침하는 가장 중요한 사실적 증거 중 하나에 속한다. 대규모 헤로인 처방 프로젝트들은 네덜란드, 독일, 스위스 등과 같은 서유럽국가들에서 채택되어 성공적으로 운영 중에 있으며, 이 정책이 범죄, 국민건강, 사회적 불법행위 등에 대해 지표상 매우 인상적인 효과를 보여주고 있다. 이와 같은 사실적 증거는 영국에서도 찾아볼 수 있다. 영국의 경우 1920년대부터 헤로인 처방제도를 선구적으로 실시해 오고 있으며, 다만 1970년대 이후부터 그 적용 범위가 크게 제한되었을 따름이다. 영국에서는 아직도 유지용 헤로인이 주사제 형태로 특정 개인들에게 처방되는 제도가 운영되고 있다는 점에 대해 주목해야 한다. 물론 영국에서 헤로인 처방을 받는 사람 수는 2백 명 안팎으로 소수에 머물고 있다. 그러나 영국 정부, 즉 국무부 측은 이를 2천 명 수준으로 확대할 방침이라고 입장을 발표한 바 있다.

• 마약의 개인 소지에 대한 비범죄화

마약의 개인소지에 대한 비범죄화는 이미 수많은 국가들에서 주로는 대마초에 대해 가장 많이 실시되고 있다. 하지만 포르투갈, 스페인, 이탈리아, 웨스턴 오스트레일리아 주, 러시아 등은 대마초뿐만 아니라 마약전체에 대해서 비범죄화하고 있다는 점을 주목해야 한다.

• 네덜란드의 대마초 실험

네덜란드에서는 대마 소지뿐만 아니라 대마초 판매에 대해서까지 비범죄화하고 있다. 즉 네덜란드에서는 1976년 이후부터 라이선스가 있는 '커피숍'에서 대마초 판매가 허용되고 있다. 물론 네덜란드에서도 법적으로는 그와 같은 대마초 판매가 불법이지만 네덜란드의 실용주의 입장은 합법적 대마초 시장이 얼마나 효율적으로 작동할 수 있는가를 보여주는 가장 선도적인 사례를 여실히 보여주고 있다. 주목되는 점은 역사적으로 보았을 때 네덜란드는 대마초 사용 수준이 미국이나 영국보다도 더 낮은 수준을 기록해 왔다는 점이다(네덜란드의 경우 www.cedro-uva.org 참조).

• 도박과 매춘의 합법화 및 규제

도박과 매춘의 합법화와 그 규제 문제는 마약과 같이 어떤 제품에 대한 것이기보다는 오히려 인간의 행위 측면에 대한 것이긴 하지만, 불법행위에 대한 높은 수요가 있는 경우 발생하는 문제점들이 합법적 규제를 통해 과연 어느 정도까지 최소화할 수 있는 것인가에 대해 어떤 대안이 가능한가를 여실히 잘 보여주고 있다.

사실적 증거가 포괄적일 뿐만 아니라 최종적인 사례와 근거는 영국과 국제 수준에서 바로 그 금지정책이 실패한 모습을 적나라하게 보여주고 있다는 점에서 찾아볼 수 있다. 금지정책 그 자체야말로 애당초 이를 고안하여 집행했을 때 사실적 증거나 토대가 전혀 없었다는 점을 환기할 필요가 있다. 마약 합법화라는 것은 국민들의 건강과 복지에 대해 일대 도박을 벌이며 그 자체가 모순되는 것으로서 실패할 수밖에 없는 것이라면서, 마치 어둠 속에서 일대 도약을 하려는 무모한 시도로 비쳐지고 있다. 하지만 이와는 대조적으로 시장규제 조치는 잘 작동할 수 있으며, 그 혜택과 장점들은 매우 크다는 것을 입증하는 사실적 증거들은 흘러넘칠 정도로 엄청나게 많은 실정이다. 물론 이 정책의 필요성들에 대한 평가 작업, 선도적 연구, 기타 새로운 정책을 개발하고 집행하는 것과 관련된 연구 등과 같이 해야 할 일도 많이 남아 있다는 것은 분명하다. 하지만 이미 알려져 있는 것들 속에서만 보더라도 합법적 규제를 위한 정책이라고 하는 것은 결코 어둠 속에서 일대 도약을 하려는 것은 결코 아니라는 점 역시도 명백한 사실이다.

7. 마약 합법화 정책에 대한 장애물과 호조건

그럼 마약정책 전환과 변혁 앞에는 어떤 장애물들이 가로 놓여 있는가?

그간 마약정책은 매우 감정적이며 정치화된 환경 속에서 이루어져 왔으며, 윤리, 종교, 정치 운동과의 연관 속에서 왜곡되기 일쑤였다. 마약 및 마약 사용자에 대한 여러 견해들은 종교 교리와도 매우 유사한 윤리적 절대주의 형태를 띠고 있다. 즉 마약이란 그 자체가 악이며, 마약금지정책을 지지하는 사람들은 공정하고 올바르며, 이를 반대하는 사람들은 병약하며 우둔하기 짝이 없다는 식이다. 마약정책은 다른 정치적 명분, 즉 이민 수용 반대론, 테러반대운동, 외국에 대한 군사개입, 영국의 경우 보수당 정부와 노동당 정부가 시행한 온갖 형태의 법질서 수호 십자군 운동 등을 추진하기 위한 볼모로 잡혀 있었다.

마약 및 범죄문제 이슈들에 대한 각 정당의 명확하며 선명한 입장들은 양대 주요 정당의 경우, 범죄나 마약에 대해 '소프트'한 것으로 비쳐질 수 있는 개혁정책에 대해서는 결코 접근해 가고 있지 않으며, 대신 국민의 건강보다 오히려 처벌을 강조하는 '강경한'

포퓰리즘적 정책대안 채택에 치중하고 있는 실정이다. 자유민주당의 경우 새로운 마약정책 문서를 통해 금지정책의 실패 측면들에 대해 도전장을 냄으로써 기존 틀을 깨부수긴 했으나, 엄청난 논란을 불러일으키는 이런 이슈에 대해 정치운동으로까지 벌이는 데 대해 두려움과 부담을 느껴오고 있는 실정이다.

유럽 차원에서 보았을 때 마약금지정책의 배후에 있는 컨센서스는 크게 무너져 내리고 있으며, 전통적인 국가와 진보적인 국가 간 차별성이 더욱 크게 벌어지고 있고, 이미 많은 나라들이 마약법 및 마약정책을 긍정적인 방향으로 개혁해 나가고 있는 상태이다.

미국은 금지주의 정책의 정신적 고향이며 금지정책을 국제적 제도로 유지하는 핵심역할을 다하고 있다. 미국이 동원하는 방식은 주로 유엔 마약통제기구들에 대한 정치적 헤게모니 및 정치적 지배를 통해서이다. 하지만 진보적 국가들이 유엔마약조약의 근본 신조들에 대해 말과 행동을 통해 도전장을 내게 되면서부터는 금지정책의 배후에 있는 국제 컨센서스란 것도 산산조각 무너져 내리고 있는 실정이다.

1) 종교 차원의 마약금지정책

지난 세기 동안 마약정책 및 그 입법 상황을 틀지우고 있었던 것은 여러 가지 다채로운 종교, 윤리, 정치 차원의 여러 운동과 움직임들이었으며, 그 결과 마약정책은 윤리적 명령의 교시를 받아 정해졌고 윤리적 명령이라는 특성을 갖게 되었다. 즉 마약이란 '악' 혹은 '천벌'이며 이에 대항하여 '십자군' 혹은 '전쟁'을 벌여야 하는 것으로 보았다. 마약에 대한 형벌부과든 극단적 정책이든 상관없이 거의 모든 정책들은 정치적 정당성을 획득하게 된 것은 바로 이 '마약과의 전쟁'이라는 맥락에서였던 것이다. 거꾸로 모든 불법마약 사용의 특징은 '중독', '일탈행위', '또래들 압력' 탓 등이라고 보았으며, 금지정책의 기본 원칙에서 한 치라도 벗어나는 어떠한 운동도 비윤리성, 나약함, 항복 등과 결부되는 것이라고 간주하였다.

피터 코헨은 마약금지정책이라고 하는 게 종교적 담론과 같은 톤과 언어를 선택적으로 사용하면서 기본적 정책원리를 의심하기 너머에 있는 종교적 믿음의 원리로까지 승화시키는 것으로 보고 이를 '마약금지의 성전(drug prohibition church)' 즉 마약금지교라고 부른 바 있다. 이와 관련하여 피터 코헨은 유엔마약헌장을 "마약금지의 성전"이라고 표현하고 있다. "유엔마약조약의 출발점이 무엇이든 간에 그리고 이 공식적 수사를 통해 이 조약의 기능을 무엇이라고 하든 간에 상관없이, 이제 이 조약을 바라보는 가장 좋은 방법은 이 조약을 종교 교리로서 이해하는 것이다. 이 조약은 내재적 가치 및 의심의 여지가 전혀 없는 가치를 가진 것으로서 고색창연한 품격을 획득했으며, 이를 전파하기 위해 나서는 독실한 신자 및 개종자들로 이루어진 교파를 끌어 모았다. 이 조약은 일종의 '인류교'를 신봉하며, 이 종교를 위해 특정 마약에 대해서는 절제와 금단을 해야 한다는 것이 교리의 주요 내용을 이루고 있고, 이것은 마치 다른 종교의 교리가 특정한 음식이나 행위를 금지하는 것과 정확히 일치한다. 따라서 유엔마약조약은 국제 '마약금지의 성전'의 토대를 구성하는 것이다. 이 성전에 속해 있다는 소속감과 일체감은 독립적 안보의 원천이 되며, 이 성전의 적들과 맞서 싸우는 것은 그 자체가 자동적으로 고결한 선과 미덕의 원천이 되고 있다."[2]

이처럼 마약문제와 그 이슈들은 일촉즉발의 긴장 및 지극히 감정적인 맥락에서 오랫동안 정치적 악용 대상이 되어 왔다. 세대를 거듭하면 할수록 정치인들은 본질적으로 국민건강문제인 마약정책을 볼모로 삼아 다양한 포퓰리즘적 주의주장들을 촉진하기 위한 희생양으로 삼아 왔던 것이다. 이를 정리하면 다음과 같다.

- 20세기 초 도입된 대마초, 코카인, 아편 등에 대한 금지정책은 다른 인종과 이들의 이민에서 초래되는 공포심과 두려움(이민자들에게 점령당하지는 않을까 하는 류)을 악용하는 것과 밀접한 관계가 있었다.
- 미국의 경우 마약과의 전쟁은 무수한 국제적 군사개입을 정당화하기 위한 슬로건이 되어 주었으며, 만일 마약과의 전쟁이라는 연막이 없었더라면 국민들의 정치적 지지 획득을 위해 다른 수단을 동원해야만 하는 엄청난 부담을 덜 수 있었다.
- 최근 수년 동안의 경우 '마약과의 전쟁'은 새로운 '테러에 대한 전쟁'과 이어주는 연결고리 역할을 하도록 모든 노력을 경주해 온 것을 볼 수 있다. 미국의 TV 광고를 통하여 불법마약 사용은 테러리즘에 대한 지원과 같다는 캠페인이 전례 없이 크게 이루어졌으며 이것은 영국의 경우에도 토니 블레어의 각종 최근 연설들에서 반복되고 있는 동일한 정서적 토대들 이루고 있다.

---

2) Peter Cohen(2003), "The drug prohibition church and the adventure of reformation", *International Journal of Drug Policy*, Volume 14, Issue 2, April 2003, pp.213-215.
http://www.cedro-uva.org/lib/cohen.church.html.

2) 정치권의 금지정책 고수

영국의 경우 최근 수십 년 동안 법질서 수호를 위한 포퓰리즘적 십자군 운동이야말로 마약정책의 전개 및 관련 입법에 대해 왜곡된 악영향을 가장 크게 미쳐왔다. 노동당이 집권하게 된 것은 부분적으로는 보수당 측으로부터 폐기물이 되다시피 해버렸던 '법질서 아젠다'를 끌어들여다가 활용했던 덕분이다. "범죄에 대해 강경대처, 범죄의 원인들에 대해서도 강경대처"라는 선거 슬로건을 통해 집권하게 된 노동당 정부는 외형상 범죄, 그중에서도 마약에 대해 '소프트'하게 보이지 않도록 하는 측면에 몰두하다시피 하며 사로잡혀 있다. 그 결과 노동당이 보수당에 대해 서로 값을 깎아내려가는 식의 경매 논리에 빠져들고 말았으며, 이렇게 해서 노동당과 보수당이 서로 더욱더 강경 단속 일변도의 범죄정책을 발표하면서 누가 먼저 깜짝 놀라 자빠지는가를 고대하는 형국이 되고 말았다. 하지만 오늘날 영국 국민들은 마약문제라는 이슈에 대해 노동당과 보수당 사이에서 '리즐라+ 게임(Rizla+)' 종이를 더 이상은 짜낼 수 없게 되었다.

① 노동당

집권 노동당은 일관되게 범죄에 대해 강경한 목소리를 내왔으며, 마약에 대해서도 '천벌'이자 '악'으로서 짓밟아 깔아뭉개야 하는 것이라고 주장해 왔다. 보수당과 마찬가지로 노동당 역시 보다 양질의 마약치료에 대해 아낌없이 투자를 하는 것이 충분한 가치가 있음을 확인은 하면서도, 그러나 새로운 자원의 투입은 압도적으로 마약중독자를 강제로 치료에 임하도록 하기 위해 형사사법기관을 동원하는 정책에만 치중해 오고 있다.

토니 블레어 총리 자신의 '전략과 제10호(Number 10 Strategy

Unit)'로 만들어진, 최근의 2004년 마약법집행에 대한 존 버트 (John Birt) 보고서에 따르면 "분석에 따르면 마약시장 개입 정책은 전혀 작동하지 않음을 잘 보여주고 있다."는 결론을 내리고 있다(인디펜던트 신문 기사 2003. 12. 31). 이러한 결론 때문에 이 보고서는 공개 출판되지 않고 비공개로 남겨둔 것으로 보이며, 어쨌든 이런 극적인 결론에도 불구하고, 이 보고서 작성자들은 마약 공급에 대한 합법적 규제 정책을 포함한 어떠한 해결책도 제대로 논의하지 못하면서, 그 대신 '강경한 정책 대안'만을 선택하여 권고하고 마는 우를 범하고 말았다.

이 강경한 정책 대안 속에는 헤로인 사용까지도 범죄로 규정하며, 이런 유의 마약중독자들을 강제 치료로 한꺼번에 몰아넣도록 하는 정책도 포함되어 있다. 현재는 단지 헤로인 소지만 불법으로 되어 있으며, 소변검사나 혈액검사에서 양성반응이 나왔다고 해서 이것이 곧 범죄인 것은 아닌 것으로 되어 있다. 향후 정책대안에 대하여 '푸른 하늘'과 같다고 보는 이 비공개 보고서에서 우울하게도 비전과 창조성을 전혀 찾아볼 수 없는 실정이다. 노동당 소속의 수많은 평의원들이 오랫동안에 걸쳐 마약과의 전쟁이 실패했다고 숨김없이 주장해 왔음에도 불구하고, 집권 노동당 정부의 전략은 마약문제라는 이슈를 한낱 윤리적 십자군 운동쯤으로 전락시키고 있는 실정이다.

노동당 측이 마약과의 전쟁이라고 하는 포퓰리즘에 빠져 있는 실태를 살펴보자. 영국 노동당에서 마약 및 범죄 정책 분야에서 실용주의보다는 오히려 포퓰리즘이 승리하게 된 계기는, 토니 블레어 총리가 그의 보좌관인 필립 굴드에게 전한 메모가 최근 폭로된 악명 높은 사건에서 더욱 확연하게 밝혀지게 되었다. 아래 열거하는 세 가지 정책사업 모두 마약 및 마약 관련 범죄에 직접 관련되는 것들이다.

　　"우리는 다음과 같은 강경조치들을 부각시키고 강조해야 합니다. 즉 보석 이전 단계의 강제적인 마약 테스트, 범죄자산 몰수 실적의 성과급 반영, '삼진아웃제'에 의해 투옥된 주거침입 강도범의 추가 수용 등이 그것입니다. 이런 조치들은 신속하게 취해져야 하며 개인적으로 본인도 직접 관여해야 합니다."(2000년 4월 토니 블레어 총리가 필립 굴드에게 보낸 메모)

　국무부장관 및 차관들 역시 가능한 한 자주 '강경카드'를 사용하는 데 커다란 관심을 가지고 있으며 이는 빈번하게 동원하고 있는 마약과의 전쟁이라고 하는 친숙한 수사를 동원하고 있다.

　　"우리는 A등급 마약으로 인한 천벌과도 같은 것들에 대처하기 위하여 금년에만 해도 13억 파운드에 달하는 기록적인 예산을 투입하고 있습니다. 이 싸움에서 해이함이나 중단은 있을 수 없습니다."(2004년 7월 국무부 차관 캐롤라인 플린트)
　　"마약을 하게 하는 것이야말로 가정과 커뮤니티를 좀먹는 벌레이며, 범죄의 온상입니다. 우리가 커뮤니티 차원에서 이 천벌과도 같은 마약을 없애버리려면 이런 사실을 직시하는 정직함을 견지해야 합니다. 그리고 보다 더 세련되게 해야 합니다. 이것은 보다 더 큰 도전의 단초에 불과하며, 우리가 치러내야 할 국내전쟁이기도 합니다."(국무부장관 데이빗 블렁킷, "블렁킷의 총기 및 마약과의 전쟁", 데일리 미러지, 2004년 7월호)

② 보수당

보수당의 경우에도 '범죄에 대해 강경대처'하는 것으로 보여야 할 필요성은 최고의 위치를 점하고 있으며, 2001년 보수당 선언문에서도 명확히 포퓰리즘적인 법질서론을 명확하게 천명하는 모습을 보여준 바 있다. 보수당은 마약치료를 확대해야 한다는 필요성은 인정하면서도, 범죄감소 전략과 조치들이야말로 최우선적인 것이라고 인식하고 있다.

영국 보수당은 스웨덴이 앞서서 나아간 길을 채택하였다. 스웨덴의 경우 마약 사용 보급률이 영국에 비해 상대적으로 낮다. 그런데 영국의 보수당 측은 그 이유가 스웨덴 측의 강경한 법집행을 통해 그런 성과를 이룩했다고 본다. 하지만, 실제로는 오히려 스웨덴 사회의 응집력, 고도로 발달한 사회복지제도, 빈곤층 및 도시의 박탈계층 부재 등이야말로 마약 사용 보급률이 낮은 진짜 이유라고 보아야 한다. 현재 영국 보수당은 마이클 하워드 당수가 이끌고 있으며 지금은 '교도소가 잘 먹혀든다.'는 슬로건을 다시 한번 더 부활시켜 써먹고 있는 실정이다.

보수당 내에도 과거 피터 릴리와 같은 원로인사들과 같이 마약합법화와 규제 정책에 대한 두뇌가 명석한 사고구조를 가진 인사들이 있었다(피터 릴리의 삶에 대한 입장에 대해서는 영국 보수당 웹사이트 참조). 그럼에도 불구하고 보수당은 자유와 개인의 선택이라는 언어수사를 마약논쟁으로까지 확장하기를 싫어했으며, 정부가 범하는 눈에 금세 보이는 그런 정책상의 실패상들에 대해 공세를 취하는 것에도 별로 흥미를 가지지 않았다.

③ 자유민주당

자유민주당은 2002년 당 공식 정책으로 채택한 새로운 마약정책자료집에서 기존 틀을 깨부수었다(2004년 자유민주당 정책 문서

"Drug Law Reform: Honesty, Realism, Responsibility" 참조). 주요정당들 가운데 유일하게 자유민주당만 현재와 같은 마약금지주의 사고방식의 한계를 깨고 이를 넘어섰으며, 대마관련 법 개정을 제외한 관련 입법조치들을 요구하는 데까지 나아가지 못하는 한계는 있었지만 어쨌든 마약금지주의의 한계뿐만 아니라 그 치명적인 역효과에 대해서도 제대로 인정하는 모습을 보여주었다. 자유민주당의 새로운 정책자료집이 마약법 개혁운동이라고 하는 정치적 지뢰밭을 포함하여 보다 광범위한 논쟁에 기꺼이 참여하고, 대중 추수주의적인 타블로이드판 신문들의 포퓰리즘적 법질서운동이라는 아젠다에도 영합하지 않은 것 등은 자유민주당의 명예를 한층 드높여 주는 것이었다.

하지만 불행하게도 새로운 이 마약정책을 진전시켜야 하는 때가 되었을 때 용기 있는 전진적 자세를 보여주지 못했다. 자유민주당은 이 새로운 강령을 실천하기 위해 적극적인 캠페인을 벌이지 못했다. 그 이유는 영국 국민들과 언론의 반응이 어떻게 나타날 것인지 불확실하다고 보았던 데 있었다. 보수당 쪽에서는 자유민주당 측이 '마약 관련 법률들을 약화시키기 위해' 미치광이와 같은 법질서 정책을 채택했다고 공세를 취했으며(영국 보수당 보도자료 참조), 자유민주당 측도 이것이 자신들의 당에 대해 현재와 같은 높은 인기도를 위태롭게 할지 모른다며 우려하고 있는 것 또한 명백하다. 자유민주당 찰스 케네디 당수는 BBC의 뉴스나이트 (Newsnight) 프로그램에 출연했을 때 제레미 팍스만이 당정책자료집을 흔들어 보이며 신호를 보내는데도 불구하고, 대마 합법화 정책을 부인하는 것이 당 정책이라고 밝히는 모습을 연출하기까지 했던 것이다.

④ 녹색당

녹색당은 영국의 정당들 중에서도 가장 선진적인 마약정책을 표방하고 있으며 현재 불법마약을 포함하여 모든 마약에 대하여 합법적 규제정책의 채택을 제시하고 있다(http://drugs.greenparty.org.uk/aboutus).

⑤ EU 정치권

EU 내에서는 도대체 '마약문제'란 게 무엇인가를 둘러싸고 더이상 유럽 차원의 합의점이라는 게 존재하지 않는 실정이다. 개혁적이며 진보적인 국가군과 여전히 미국 스타일대로 마약과의 전쟁수준에 머물러 있는 국가군 사이의 긴장이 자꾸만 높아져 가고 있으며, 유럽 국가들의 마약정책들은 더욱더 다양성을 크게 띠어 가고 있는 실정이다. EU 차원의 정치권에서 긍정적인 신호와 징후들은 다음과 같은 것들이 있다.

• 유럽의회는 마약금지정책을 비판하고 그 개혁을 요구하는 데 있어서 영국 의회보다 훨씬 더 솔직하다. 2002년 108명에 달하는 유럽의회 의원들(영국 출신의 유럽의회 의원 10명, 영국의 의회 의원 5명 포함)은 다음과 같은 내용을 천명한 청원서에 서명하여 발표했다. "1961년, 1971년, 1988년 유엔마약조약에서 유래하는 마약금지정책은 불법마약물질의 생산제조, 거래, 판매, 소비 등이 공공기관뿐만 아니라 전체 사회와 경제에 대해 점점 더 커다란 피해를 입히고 있으며 그로 인해 국민건강, 자유, 개인의 삶 등을 훼손하고 있으므로, 현재 불법으로되어 있는 마약물질의 생산제조, 판매, 소비 등에 대한 합법적

통제 및 규제를 위한 시스템의 도입을 요청하는 바입니다."

- 유럽의 여러 국가들은 유엔마약통제기구 및 미국에 대항하기 위하여 이미 정책과 법률을 개혁적으로 전환(대부분 개인적 마약 소지에 대한 비범죄화 조치)하고 있다. 이들 국가들의 연합체는 호주, 뉴질랜드, 캐나다, 많은 남미국가들 등과 협력하여 유엔마약조약의 개혁을 선도하고 있다. 이들은 유엔마약조약을 개정하여 금지정책을 넘어서는 마약정책대안을 선택할 수 있는 결정권을 각국의 자율에 맡기도록 하는 재량권 확대를 꾀하고 있다.

⑥ 미국정치

미국은 마약금지정책의 정신적 고향인 동시에, 계속해서 마약금지정책을 국제적 제도로 유지하는 데 핵심역할을 다하고 있는 세력이다. 세계유일의 초강대국이 마약금지정책을 유지시키고 있는 데 있어서 맡고 있는 막중한 역할은 아무리 강조해도 지나치지 않을 정도이다. 미국은 미국 측의 마약과의 전쟁을 지지하는 국가들에 대해서는 무역 및 원조 측면에서 혜택을 부여하는 공인제도를 운영하고 있는 반면, 미국의 마약금지정책에 대해 우려를 표명하는 국가들에 대해서는 외교 및 정치 차원에서 중대한 결과가 초래할 것을 각오해야 하는 형편이다.

닉슨 대통령이 연방 차원에서 마약과의 전쟁을 개시한 이후 미국의 마약정책은 점점 더 극단으로 치달아 왔으며 그 언어수사 역시 더욱더 귀에 거슬리는 것이 되어 가고 있다. 미국정치의 기독교 우파 및 보수우파들이 가하는 압력으로 인해 마약과의 전쟁은 전례 없이 커다란 강도로 더욱 강화되고 있다.

오늘날 미국은 마약과의 전쟁을 치르는 데 연간 4백억 달러 이상을 쏟아 붓고 있으며, 비폭력 사범인 마약사범 재소자 수가 7십만 명을 넘어섰다. 이와 같은 마약사범 재소자 수는 유럽 전체의 마약사범 재소자 수를 초과하는 것이며, 그와 동시에 미국의 이 재소자 수는 인구대비 비율 측면에서도 영국의 경우보다 6배에 달하고 있다. 다른 유형의 범죄자를 제외한 마약사범의 경우 연방정부가 지원하는 대학 학비대출을 받을 수 없으며, 삼진 아웃제 입법조치로 인해 사소한 마약소지 범죄만으로도 종신형까지 받을 수 있게 되었고, 몇몇 유형의 밀거래 사범들에 대해서는 사형까지도 내릴 수 있게 되어 있다. 하지만 이 모든 조치들에도 불구하고, 미국은 서방 국가들 중 최악의 마약문제를 안고 있으며, 마약 가격은 과거 그 어느 때보다 더욱더 저렴해지며 입수도 더 용이해진 사태에 처해 있다.

하지만 긍정적인 징후들도 있으며 이는 다음과 같다.

• 미국 내에서도 미국 정부의 마약과의 전쟁 형태는 종식시켜야 한다는 목소리가 개인과 NGO 및 국제 수준에서 점점 더 거세게 터져 나오고 있으며 캠페인을 벌이는 세력들도 매우 다양해지고 있다. 이에 관하여 보다 많은 정보를 얻기 위해서는 미국의 마약정책 개혁운동 NGO인 '마약정책연맹' 웹사이트 (www.drugpolicy.org)를 방문해 보면 된다.

⑦ 유엔정치

유엔 마약기구들은 미국의 영향력 및 참호로 둘러싸인 그 견고한 금지주의 정책의 사고논리구조 아래 놓여 있으며, 그 결과는 가공할 만한 것이다. 이들 유엔마약기구들은 철저하며 교조적이고 심지어는 현실과도 단절되어 있음은 물론이며, 보다 더 실용주의적이며 해악감소를 지향하는 유엔에이즈기구와 국제보건기구를 포함한 각급 유엔기구들로부터도 괴리를 보이고 있는 실정이다. 그럼에도 불구하고 세 개에 달하는 유엔마약조약은 각국의 국내마약 관련 입법에 대해 막강한 영향력을 행사하고 있으며, 마약정책의 전환과 개혁을 염두에 두고 있는 국가들의 행보의 여지를 크게 제약하고 있는 실정이다.

하지만 유엔에서도 긍정적인 징후들은 있으며 이는 다음과 같은 것들이 있다.

- 개혁을 선도하는 실용주의 국가들이 유엔마약조약이 천명한 엄격하기 짝이 없는 금지주의에 대해 도전장을 내면서부터는 유엔을 통한 컨센서스 구조가 크게 무너져 내리고 있는 실정이다.
- 2004년 러시아가 모든 마약의 개인적 소지행위에 대해 더 이상 범죄로 규정하지 않기(하지만 대신 행정적 제재수단을 동원함)로 한다고 발표한 데 대하여 '유엔마약통제계획'의 신임 총재는 이 조치에 대하여 다음과 같이 칭찬을 아끼지 않았다. "러시아의 개정 법률은 마약문제를 법집행 문제로만 보지 않고 건강문제로도 평가한 것이며, 따라서 공급 측면만이 아니라 수용 측면에서도 문제의 핵심을 향해 내디딘 거보입니다."

3) NGO와 언론계

우리나라와 마찬가지로 영국에서도 개인이든 NGO든 마약논쟁에서 핵심적 당사자들은 마약금지정책에 대한 반대 및 개혁 지지 등과 관련하여 용기를 내 말하기를 꺼려 하고 있다. 그 이유는 대체로 보아 정치적 동맹에 관한 부정적인 결과 초래, 국민들과 매스 미디어의 조롱, 불확실한 자금지원 등의 문제를 두려워하기 때문이다. 이에 관한 영국의 상황을 정리하면 다음과 같다.

첫째, 학계는 합법화가 너무 멀리 나아간 것이라고 보며, 이들은 정부의 자금지원에 크게 종속되어 있는 실정이다. 그리고 선명한 마약정책 개혁노선을 취하는 것은 '정치적'이며 학자의 독립성을 훼손할 수 있다고 우려한다.

둘째, NGO이다. 그중 형법개혁 및 형사사법 시민단체들은 강력한 비판적 입장과 캠페인을 취하고 전개하는 데 필요한 세부적 지식을 갖추고 있지 못하며, 자신들이 '범죄에 대해 소프트하다.'는 비판을 받고 싶어 하지도 않는다. 한편, 마약치료 시민단체들은 '친마약적'이라는 비난을 받고 싶어 하지 않으며, 스스로 자신들의 밥줄을 끊어서는 안 되는 기득권을 가지고 있고, 현재와 같은 정책만 시행되더라도 역사적으로 보았을 때 돈에 목말라 있던 이 분야에 대해 엄청나며 새로운 자원들이 쏟아져 들어오고 있다고 보고 있는 실정이다.

셋째, 경찰은 마약법 그 자체를 비판하는 게 적절하지 않다고 보며 경찰의 소임은 단지 주어진 법을 집행하는 데 있다고 본다. 그리고 경찰은 마약소지자 체포권을 놓치고 싶어 하지 않는다.

넷째, 의원들은 언론 및 선거구 주민의 반응이 어떻게 나타날지 두려워한다. 하지만 논리정연한 입장이 반드시 문제가 되는 아니라는 사례가 있긴 하다. 즉 폴 플린 의원(뉴포트 선거구)은 하원에서 마약법 개정 목소리가 가장 높은 정치인이며 선거 때마다 그에 대한 지지자는 더욱 증가하고 있다.

다섯째, 마약오용 문제에 대한 자문위원회(ACMD)이다. ACMD
는 마약법 개정에 있어서 해당 분야 장차관들에 대한 자문 책임을
맡고 있는 기관으로 되어 있다. 이들은 정부 측과 너무 밀착되어
있어서 비판적 자문을 해 줄 수 없으며, 이 위원회 심의과정에 있
어서도 투명성이 결여되어 있다.

마지막으로 여섯째, 미디어는 독자 및 광고주의 편견에 민감하
게 반응한다. 미디어 측은 오랫동안 확립된 편집노선을 갖고 있으
며 그 노선의 변화에는 많은 시간이 소요되고 있다. 한편, 미디어
측은 생각보다 이 마약논쟁에 대해 전혀 받아들일 것 같지 않은
주제를 포함하여 매우 개방적인 자세를 갖고 있다. 마약논쟁에서
영국언론의 개방적인 태도를 보여주는 사례를 제시하면 다음과 같
은 것들이 있다.

첫째, 데일리 텔레그라프 지 사설이다.

"2003년 3월 데일리 텔레그라프 지가 노동당 정부 측에 대하여
'마약과의 전쟁'이라고 하는 독선적이며 어리석은 언어수사에 대해
도전하기 위한 한 방법으로 대마초 합법화를 실험적으로 시행하도
록 촉구했을 때, 우리는 이것이 '새로운 노동당'의 통제성의 본능
에 대해 정면으로 배치될 수 있다는 점을 잘 알고 있었다. 우리는
상당수 보수당 인사들도 우리 입장을 반대하며, 마치 우리가 어떻
게든지 대마를 말아 피우는 게 매우 좋은 아이디어라고 생각하고
나 있는 것처럼 크게 잘못된 인식을 갖고 있다는 점도 받아들일
수밖에 없었다."

"우리가 벌이는 '자유국가' 캠페인 운동의 저변에는 의회가 우
리를 통제하는 법률을 강제해야 하는 압도적인 필요성을 제시하지

않는 한, 개개인은 자신들이 원하는 바를 할 수 있도록 허용되어야 한다는 가정이 깔려 있다. 블렁킷 국무부장관은 그의 많은 동료 정치인들이 개입하기를 몹시 꺼려 하는 마약논쟁에 대해 과감히 뛰어든 점에 대해서는 커다란 축하의 말을 받아 마땅하다. 하지만 이제 블렁킷 장관은 스스로 대마초는 도저히 받아들일 수 없을 정도로 위험천만한 물질로 평가했던 것에 대하여 자신감을 보여주어야 하며, 그다음 논리적 귀결은 실험적 기간을 설정하여 마약을 합법화하는 조치와 그와 같은 단계 쪽으로 전진하겠다는 용기도 보여주어야 한다."(2001. 10. 24. 데일리 텔레그라프지 사설)

둘째, 데일리 미러지 사설이다.

"경찰과 세관 당국이 위험천만한 마약을 지금까지 이토록 많이 압수한 적은 없었다. 하지만 그토록 많은 마약이 돌아다녀 사용되며 마약으로 인해 그토록 많은 범죄가 저질러지게 된 것도 지금까지 전례가 없는 일이다. 그럼에도 불구하고 경찰과 세관이 그토록 많은 단속을 벌인다 해도 마약산업(마약은 정녕 산업이다)은 이미 몇 배 더 앞질러 가 있는 실정이다. 새로운 무슨 조치인가가 시도되어야 한다는 것은 명약관화하다."(2003. 6. 25. 데일리 미러 지 사설)

셋째, 데일리 메일지 사설이다.

"혹자는 마약과 관련된 총기범죄를 퇴치하기 위한 전투 비용이 수백만 파운드가 들며 많은 인명이 희생되고 있다면서, 이에 대한 유일한 해결책은 모든 마약을 합법화하는 데 있다고 주장한다. 하지만 이런 주장은 아직도 해결해야 할 과제들이 많이 남아 있다. 이 난에서 브루스 안더슨이 매우 도발적인 개인적 의견 형태로 이미 주장한 바와 마찬가지로 우리는 가장 폭발성이 큰 이 이슈에 대해 정보가 풍부한 논쟁조차 벌일 때를 한참이나 더 기다려야 하는 상황에 처해 있다."(2003. 12. 30 데일리 메일지 사설, 이 사설 바로 옆 난에 모든 마약의 합법화를 요구하는 브루스 안더슨의 칼럼도 게재되었다.)

넷째, 이코노미스트 지 사설이다.

"정부의 역할은 첫째 가장 큰 혼란을 초래하는 마약 사용자들이 다른 사람들에게 해악을 초래(예컨대 강도, 마약을 한 채 운전하는 것 등)하지 못하도록 막는 데 있으며, 둘째 마약시장에서 최소한의 질을 보장하도록 하며 안전한 공급과 배급이 이루어지도록 규제하는 데 역점을 두도록 해야 한다. 이 중 첫째 과제는 법집행자들이 모든 마약 사용을 중단하도록 막는 데 전념하는 한 수행하기 어려운 것이 되고 말며, 둘째 과제는 불법으로 규정된 마약이 존재하는 한 수행하기가 아예 불가능한 노릇이다."(2001. 28. 이코노미스트 지 사설(당시 주간 이코노미스트지 표지는 타이틀이 '이제 모든 마약을 합법화할 때이다'였다.)

8. 영국의 마약정책 개혁운동

1) 세 가지 개혁론 관점

현행 마약금지정책은 공식목표 달성에 실패하고 말았다는 데 대하여 컨센서스를 넓혀가고 있다. 하지만 과연 금지정책의 실패를 어떻게 해명하고 어떻게 앞으로 나아갈 것인가 하는 데 대해서는 아직 합의가 제대로 이루어지지 않았다. 폭넓게 보아 바로 이 점과 관련하여 두 가지 사상의 흐름 내지는 학파가 대립하고 있다. 이를 정리하면 다음과 같다.

첫째, 금지주의적 법적 틀 내에서 점진적 변화와 개혁을 모색해 보자는 입장이 있다.

이 입장은 일반적인 용어로 말한다면 마약법 집행에 대한 처벌 위주 접근법의 탈피 및 국민건강 및 해악감소 측면에 보다 더 많은 초점을 기울일 것을 요구한다. 이들이 제시하는 정책은 마약의 개인 소지에 대해서는 체포하지 않거나 기소하지 않도록 하는 것, 마약 소비자 전용실 설치, 헤로인 처방의 확대조치 등이 포함되어 있다.

금지주의 정책 내에서 점진적 변화와 개혁을 옹호하는 이 입장 에 서 있는 인사들은 이미 상당한 변화와 개혁 조치를 이루어냈 다. 즉 마약치료를 위한 새로운 자원투입, 해악감소개념이 유행세 를 타게 된 점, 대마초의 등급 하향조정과 같이 최근 일부 입법개 정이 이루어진 점 등이 손꼽힌다. 이 입장은 기본적으로 금지주의 그 자체에 대해서는 도전하지 않지만, 금지주의 틀 내에서 보다 나은 결과를 달성하고자 노력한다.

이 점진주의 입장(들)의 장점은 마약시장에 대해 지금처럼 범죄 자가 통제토록 할 것인가 아니면 정부가 통제토록 할 것인가 하는 문제에 대해서는 아무런 입장표명도 하지 않은 채, 정책당국에 대 해 좋지 않은 현실상황을 개선토록 압박을 가한다는 점에 있다. 하지만 문제는 과연 이들이 지지하는 해결책이라고 하는 게 그 의 도야 아무리 좋은 것이라 해도 불법마약의 생산 제조와 공급 측면 에서 비롯되고 있는 중요한 해악문제에 대해서는 아무런 영향도 끼칠 수 없으며, 금지주의 정책 그 자체에 대해서는 아무런 입장 표명도 하지 않음으로써 결과적으로 금지정책을 암묵적으로 지지 하는 것이 되고 만다는 데 있다.

둘째, 금지주의 정책을 마약의 생산 제조와 공급에 대한 합법적 규제 정책으로 대체하자는 입장이 있다. 트랜스폼은 바로 이 입장에 서 있다.

이 입장은 금지정책 틀 내의 개혁이란 대체로 금지정책이 만들어 낸 해악을 완화하는 것이긴 하지만, 지속가능한 장기적 해결책은 아니라고 본다. 해악감소정책을 해악을 극대화하는 금지주의 정책 틀 내에서 추구한다는 그 자체야말로 비논리적일 뿐만 아니라 스스로 지탱해 나갈 수조차 없다. 오직 마약금지정책을 폐지하며 이어서 마약의 생산 제조, 공급, 사용 등에 대한 규제정책을 도입하는 것이야말로 불법마약시장 문제를 일소하며, 마약의 사용과 오용이 효과적으로 관리되고 개인 및 커뮤니티 등에게 초래된 해악들을 최소화할 수 있는 그런 환경을 조성하는 지름길이라고 본다.

마지막으로 제3의 대안으로서 마약과의 전쟁 강화론 입장이 있다.

이 입장은 대체로 닉슨 대통령 시대 이후 미국의 경험에 국한되어 있다. 이 입장의 특징은 형량의 장기화 및 위임의 최소화 등과 같이 점점 더 가혹해지는 집행조치 도입, 일부 마약거래범죄에 대한 사형제도 도입, 폭력범 아닌 재소자 수의 급증, 국제마약통제 집행의 군사화, 마약수확물 근절을 위한 생화학적 수단 동원 등을 손꼽을 수 있다. 이 입장은 영국에서는 의미 있는 정치적 내지는 대중적 지지기반이 전혀 없다.

2) 상황적 호조건

그럼 왜 지금이 마약정책 개혁의 적기라고 보는가? 트랜스폼은 마약금지정책이 오늘날 역사상 그 어느 때보다도 개혁 흐름에 대해 취약해진 상태라고 보고 있다. 여기에는 여러 가지 요인들이 있으며 영국에서는 이런 요인들이 함께 결합, 작용하여 마약정책

개혁이 현실화되며 불가피한 것이 되도록 하는 환경을 조성하고 있다. 이를 정리하면 다음과 같다.

첫째, 금지주의 정책은 역사상 최초로 외부비판에 직면하고 있다. 영국에서는 지난 5년 동안 역사상 최초로 현행 마약통제정책에 대한 의회 차원의 면밀한 조사가 이루어졌으며, 하원 국내문제특위가 2001년 토론을 벌이기도 했다. 이와 유사하게 미디어, 주요 NGO 보고서, 싱크탱크, 학계 등에서도 이 문제에 대해 전례 없는 열띤 관심을 보여주었다. 그간 마약정책의 성과에 대한 의미 있는 평가 작업이 이루어지지 않았다는 점에 대한 문제점도 제기되었으며, 이에 대해 정부 측은 답변 준비에 노심초사하고 있는 실정이다.

둘째, 마약금지정책의 실패들이 점차 적나라하게 밝혀지고 있다. 지난 20여 년 동안 불법마약 사용 및 관련 마약범죄가 기하급수적으로 증가함에 따라 마약금지정책의 실패상이 결코 무시할 수 없는 수준을 넘어서 버렸으며, 마약과의 전쟁이라는 이데올로기적 수사도 점점 더 공허한 것이 되어 가고 있다.

셋째, 영국의 현재 마약정책은 실패하고 있으며 다른 규제정책 대안을 마련해야 한다는 컨센서스가 확고해지고 있으며, 이는 당파를 떠나 폭넓은 공감대를 형성해 가고 있다. 이 컨센서스는 모든 정당, 학계, 경찰, 마약치료기관들, 정치평론가들 등을 망라하고 있다. 견해차가 없는 것은 아니나, 영국에서 마약논쟁은 과거 그 어느 때보다 활활 타오르고 있는 실정이다. 이제 개혁에 대한 지지가 주류를 이루고 있으며, 국민들이 보기에도 신뢰를 쌓아가고 있다. 지난 10여 년 동안 트랜스폼이 출범하여 활동해 오고 있다고 하는 사실은 영국에서 역사상 최초로 이 논쟁을 주도하면서 마약개혁운동에 전념하는 시민단체가 등장했음을 뜻한다.

넷째, 국제적 차원에 있어서도 마약정책 개혁의 컨센서스가 확대되고 있다. 국제적 마약개혁운동은 단순한 이론수준을 뛰어넘고 있으며, 유럽, 남북 아메리카, 호주 등을 망라한 실질적 개혁세력으로 등장하고 있고, 영국에 대해서는 정치적 선례 및 풍부한 경험적 증거들을 통한 지지를 제공하고 있다.

다섯째, 영국의 국민여론 및 언론의 지지가 상승곡선을 그리고 있다. 정치인들은 이제 더 이상 아무런 문제도 제기하지 않는 일반국민들 및 언론 등이 가혹한 마약금지 법집행에 대한 지지 자세를 보이고 있는 데 대해서 이를 무조건 신뢰할 수만은 없게 되었다. 대마초법 개정에 관한 영국의 일반국민들 지지도는 1980년대 중반 15%에 불과했으나, 오늘날은 50%를 상회하고 있다. 이것은 일반국민여론이라고 하는 게 논쟁의 의미전달이 얼마나 제대로 이루어졌느냐에 따라 크게 요동친다는 점을 잘 보여주고 있다. 마약법 개정에 대한 언론의 논조 역시 국민여론의 변화와 유사한 변화를 보여주고 있다.

3) 영국의 마약정책 개혁세력

첫째, 싱크탱크이다. 1997년 싱크탱크인 '데모스'는 모든 마약의 합법화를 요구하는 개혁선언을 발표하였다. '외교정책센터', '개혁센터', '사회적 시장 연구소 재단', '복스그룹' 등도 모두 마약정책 개혁 및 합법화를 요구하는 입장을 담은 간행물을 발표했다. '경찰재단 조사단'(2000)은 마약과의 전쟁의 실패를 적나라하게 비판했으며 대마초 및 엑스터시에 대한 등급하향조정을 요구함으로써 마약법 개정운동에 대해 스포트라이트를 비추는 디딤돌 역할을 다하였다.

둘째, 의회와 화이트홀(정부내각)이다. 최근 '자유민주당'은 마약 정책을 전면 재작성하고 마약금지정책에 대한 불같은 비판을 포함시켰다. '하원 국내문제특위' 측은 2002년 청문회를 열고 영국정부 측에 대해 유엔 차원의 논의를 발의하여 마약 합법화 가능성을 타진하도록 요구하였다.

셋째, NGO이다. '터닝포인트', '드럭스콥' 및 수많은 지역 차원의 마약행동그룹들은 모든 마약의 개인적 사용을 위한 소지 혐의에 대하여 비범죄화하는 방안에 대하여 지지를 표명했다. '캠든 마약행동그룹', '릴리즈', '전국보호관찰관연맹', '리버티' 등은 모든 마약의 합법화 방안에 대하여 공식지지 입장을 밝힌 단체들이다. '스코틀랜드 경찰노조'는 '왕립위원회' 측이 마약법을 폐기토록 하며, 마약금지정책이 '먼지를 뒤집어쓰고 있는 케케묵은 법률의 적나라한 실패작'이라고 지적한 결의안에 대해 투표를 통해 이를 만장일치로 채택하였다. 클리블랜드 자치경찰위원회 측은 당시 클리블랜드 카운티 자치경찰청 배리 쇼우(Barry Shaw) 청장이 마약금지정책에 대한 가장 명확한 정책대안은 모든 마약의 합법화와 규제 정책이라고 밝힌 보고서를 지지하고 뒷받침해 주었다.

넷째, 사회저명인사들의 지지이다. 합법화를 요구한 사회저명인사들은 전 마약담당 차관 '모 모울램', 전 교도소 수석감찰관 '데이빗 램즈보탐 경', 전 주콜롬비아 영국대사 '케이드 모리스 경', 현직 자치경찰청장 '리처드 브룬스트롬', 전 영국산업연맹(CBI) 총재 '어데어 터너' 등이 있다.

〈표〉 트랜스폼의 마약 합법화 로드맵

	1998~2002	2003~2006	2007~2012	2013~2018
세계의 정책	♦ 유엔, "마약 없는 세상: 우린 해낼 수 있어"라는 슬로건을 내걸고 10년 계획으로 마약금지라는 야심만만한 목표치를 설정하다.	♦ 금지정책의 실패가 점차 가시화되면서 금지주의 국가와 개혁주의 국가 간 분열이 확대된다. ♦ EU 회원국가들 상호간 유엔마약조약 개정을 위한 공식적인 동맹이 강화되는 동시에, 캐나다, 호주, 남미국가들 등을 포함한 보다 광범위한 전 세계 국가들의 비공식 동맹도 강화된다. ♦ 마약수확물에 대한 기체훈증을 통한 고사작전을 중단한다.	♦ 유엔의 10개년 마약계획이 완전 실패로 귀착되는 것으로서 그 시효가 만료된다. -진보적 국가들이 유엔 마약통제 시스템에 대해 공개적인 도전장을 낸다. ♦ 각국이 유엔 마약기구들이 제대로 활동하지 못하도록 방해함에 따라 유엔마약조약이 점차 쓸모없는 것이 되고 만다.	♦ 작심한 연립국가군이 유엔마약조약을 탈퇴하기로 결정한다. ♦ 대부분의 마약들에 대하여 광범위한 국제적 합법화 및 규제 정책이 실시된다. ♦ 마약개혁을 추진하는 국가들끼리 쌍무적 마약협약이 체결된다.
영국의 정책	♦ 영국은 처음 유엔의 목표를 지지했으나, 10년이라고 설정한 목표기간에 대해 자신감을 상실했다. ♦ 하원 국내문제 특위, 마약정책을 비판하고 규제의 강화를 주문했다.	♦ 사실상의 마약 비범죄화가 대마초에서 모든 마약으로까지 확대 적용되며, 처음에는 경찰력 행사의 관용 베풀기 형태로 이루어진다.	♦ 마약 법집행기관 예산에 대한 정부회계감사 결과가 정책상의 실패상들을 부각시킨다. ♦ 보건부가 국무부로부터 마약업무 개요서를 인수한다.	♦ '1971년의 마약오용금지법'이 폐지된다. ♦ 대체입법이 만들어지며, 이에 따라 새로운 규제기관 및 라이선스 업무담당기관이 설립된다.

	1998~2002	2003~2006	2007~2012	2013~2018
영국의 정책		♦ 마약금지법 집행에 쓰이던 자금을 돌려 치료/교육/예방 분야로 재배정토록 한다. ♦ 헤로인 처방을 확대하며, 안전한 마약 주사기 서비스 센터의 시범운영사업을 시작한다. ♦ 중앙마약치료기관 및 마약법 집행기관 측에서 마약정책 현상유지 사태에 대한 비판이 고조된다. ♦ 마약법 개정과 개혁에 대한 평의원 정치인들 사이의 크로스보팅 허용요구가 점증한다.	♦ 대마초 생산과 공급이 합법화되어 규제를 받게 된다. ♦ 성인 개인의 마약소지 및 사용에 대하여 형사적 제재 대신 행정상 벌금으로 대신하게 된다. 이와 같은 조치는 '유럽인권헌장'에 따른 법적 도전에 따라 취해진 조치가 된다.	♦ 어느 모델이 가장 효율적인가를 보여주는 평가 작업이 이루어지며, 이에 따라 각기 다른 마약들에 대한 시범적 라이선스 발급 및 관리절차들이 마련되어 테스트를 거친 다음, 점차 시행과 운영 준비를 하게 된다.

9. 전망

영국에서 마약 합법화를 공개적으로 지지하는 전현직 경찰이 적지 않다. 예컨대 마약 합법화를 지지한 전 런던경찰청 마약수사대 작전팀장(Eddie Ellison), 대마초 사용자에 대한 인권문제를 제기한 전 그웬트 자치경찰청장, 대마 합법화를 지지한 쿰부리아 자치경찰청장, 마약금지정책은 실패했으며, 합법화를 고려해야 한다고 주장한 클리블랜드 자치경찰위원회와 동 부청장, 금지정책은 민권을 침해하므로 합법화를 고려해야 한다고 한 런던경찰청 부청장, 대마 비범죄화를 지지한 런시만 보고서상의 두 명의 간부경찰, 마약 소지 혐의를 문제 삼아서는 안 된다고 한 전 자치경찰청장 출신의 중앙마약기구 이사장 등이 있다. 그럼에도 불구하고 정치권의 반대로 이것이 이루어지지 못하고 있는 실정이며, 이는 세계 각국에서도 공통된 상황이다. 영국의 경우 우리나라(김부선, 전인권 등)와 달리, 마약 합법화 논의가 마약 사용 당사자나 몇몇 이익집단 아닌, 전문가 및 일반국민으로부터 제기되고 있는 실정이다.

예컨대 1967년 7월 더타임즈지에 나온 마약 합법화 의견광고(제목: 마리화나 금지법은 원리상 비윤리적이며 현실적으로는 실행될 수 없다)는 각계 인사들이 서명한 것으로 되어 있었다. 광고문안 중에서도 당시 영국경찰 움직임에 대한 다음과 같은 지적 부분은 매우 비판적이다.

"대마 금지는 법이라고 하는 것에 대해 그 위신을 크게 추락시키고 말았으며, 경찰관들에게 불의하며 잘못된 법을 집행하도록 강요함으로써 경찰윤리를 타락시키고 말았다. 셀 수도 없이 많은 수천 명의 시민들이 공포에 휩싸인 채 자의적으로 범죄자로 내몰렸으며, 체포, 피해자화, 생계 위협 등에 내몰리고 말았다. 이들은 탐지견의 추적을 받기도 하며 길거리에서 무작위로 정지당한 채 적법절차를 벗어난 수색을 강요당하기도 했다. 시민단체인 '시민적 자유를 위한 전국연맹'(현재 약칭 리버티라고 부르는 유서 깊은 영국의 시민인권운동단체를 말함) 측은 대마 흡연자 혐의가 있는 사람들에게 마약을 몰래 전달하거나 판매한 것이 명백한 많은 사례들에 대하여 주의를 환기시키기도 한 바 있다. 심지어 자치경찰청장 계급의 경찰 지휘부는 국민들에게 이웃 주민들이나 심지어 자식들이 마약을 하는 경우 이를 신고해 달라고 호소하기까지 했다. 하지만 그와 같이 시민적 자유에 대한 이런 무지막지한 호소와 위협에도 불구하고 경찰은 대마 흡연의 확산사태를 예방하지 못해 왔음을 공공연하게 인정하고 있는 실정이다."

이것은 가수 신해철이 MBC TV 100분 토론에서 한때 마약사범이었던 어느 한 방청객이 자식이 대마를 피운다고 하면 허락할 것인가라고 질문한 것에 대해, 그럼 자식이 마약한다고 경찰에 전화하여 징역을 살게 할 것이냐고 되물은 것과 유사한 비판이다. 영국에서 당시 이 광고가 나간 지 16개월 뒤 우톤 보고서(Wooton Report)가 나오게 되는데, 대마의 위험은 과장되었으며 형사제재는 정당화될 수 없다며 대마 비범죄화를 권고하는 내용을 담고 있다. 당시 이 위원회에 참여한 경찰 측 인사는 런던경찰청 청장보 피터 브로디 경이었다.

마약범죄는 경찰부패와 밀접한 관계에 있다. 그 근본원인은 마약범죄가 피해자 없는 범죄라는 특성을 갖기 때문이라는 점에서 찾아볼 수 있다. 그리고 대마가 범죄의 원인이라는 증거는 없으며, 잘 알려져 있다시피 마약하기 위하여 돈을 조달해야 하기 때문에 발생하는 것이라는 점에 유의할 필요가 있다. 보수적이라는 영국 경찰의 상당수가 마약 합법화를 추구하게 된 동기도 바로 여기에 있다고 알려져 있다. 물론 네덜란드의 경험도 적지 않은 영향을 미쳤다.

하지만 현재 영국의 정치권은 제3의 길을 추구하는 쪽을 택하고 있다. 즉 대마의 등급을 낮추면서도, 그와 동시에 갑자기 공급자 처벌은 대폭 강화토록 요구하여 이를 관철시켰다. 물론 이것이 결코 마약 사용을 감소시키지는 못하고 있다(농축마약 등장 등). 정치권은 대마소지 혐의에 대해서는 삼진아웃제(기소)를 도입(이에 대해 경찰은 정지수색-체포라는 기득권을 놓치지 않으려고 이를 받아들였음)했으나, 이는 국제마약조약을 위반하지 않으면서도 대마소지를 용인하는 듯한 모습을 보여주려는 자세에서 비롯된 것이다. 영국에서 대마소지는 여전히 체포대상 범죄지만, 경찰의 관용이나 재량권 등을 통해 비범죄화를 추진하려는 것은 허구적이다. 왜냐하면 이는 모든 사람을 똑같이 대해야 한다는 인권법을 위반하는 것이 될 수 있기 때문이다.

한편, 2004년 10월 13일 폴리 토인비(가디언신문사)의 사회로 진행된 당시 트랜스폼 보고서 출판기념식에는 상원과 하원 의원들, 귀족, 공직자, 학계, 경찰 관계자, NGO 대표 등이 참석했다. 참석자 명단을 보면 폴 플린 의원(의원단체 마약오남용문제협의회 부회장), 사이몬 젠킨스(더타임스 신문 전 편집국장, 현재 더타임스와 런던이브닝스탠다드 칼럼니스트), 우나 킹 의원(패트리샤 휴잇 무역산업부 장관 정무보좌관), 벤타민 맨크로프트 상원의원(영국 Mentor 회장), 비비엔 스턴 남작(국제교도소연구소 선임연구원), 클리스 화이트(테이사이드 자치경찰청 전 경위 및 마약 코디네이터) 등이 눈에 띈다(트랜스폼 홈페이지). 이 보고서에 대해 가디언지는 마약 합법화 정책대안을 구체적으로 상세하게 제시한 최초의 시도라고 평가하고, 트랜스폼이 제시한 이 '마약 합법화=규제와 통제'라는 정책비전이 실현되는 2020년을 다음과 같이 표현하고 있다.

"2020년 무렵이 되면 여러분은 마약금지 정책이 없어지고 대신 시장을 통한 규제와 통제 정책이 시행되는 것을 목격할 가능성이

큽니다. 트랜스폼이 짜놓은 시간표가 맞는 것이라면 2020년 무렵 범죄시장은 마약거래에 대한 통제를 포기할 수밖에 없게 되며 정부 측의 규제 정도가 정상적인 형태가 될 것이다. 그때 가면 마약 사용자들은 더 이상 지금과 같이 아무런 규제도 받지 않는 마약 거래자들로부터 애써 마약을 입수해야 하는 상황에서 벗어나게 될 것이다. 마약 사용자들은 마약을 전문약국에서 구입하거나 취급 라이선스가 있는 소매점에서 구입할 수 있다. 또는 의료적으로 치료해야 하는 환자들의 경우 처방전을 받아 구입할 수 있다. 마약의 합법화, 통제 및 규제 정책을 가장 단순화시켜 말한다면 바로 그렇게 쇼핑하며 의사를 방문하는 형태를 뜻하는 것이 된다. 요컨대 불법마약에 대한 관리와 규제라는 현재와 같은 정책 패러다임으로부터 탈피하는 것을 가리킨다."

영국의 마약개혁운동을 트랜스폼 보고서를 중심으로 소개하였으나, 우리나라에서 진행되고 있는 문제에 대해서는 다루지 못했다. 하지만 영국의 논쟁이 향후 우리나라와 타이밍의 차이만 있을 뿐 거의 그대로 반복될 가능성은 상존한다고 보아야 한다. 우리나라 상황에서 트랜스폼 보고서가 어떤 시사점을 주며, 우리나라와 영국의 마약 합법화 내지 비범죄화 논의의 배경이나 차이 등에 대해서 추후 검토와 논의가 필요하다.

제6장 영국 마약시민단체, 릴리즈

1. 활동내용

영국의 시민단체 릴리즈(www.release.org.uk)는
'석방'을 뜻하는 단체명을 쓰고 있는 마약 사용
자 인권을 위한 시민단체이다. 이 단체는 1967년
창립한 이래 마약 관련 각종 사건 및 그 법적인
측면에 대해 일반 국민들 및 전문가들에게 전문

릴리즈 로고

적이며 특수한 서비스를 제공해 오고 있다. 이 단체가 수행하는
핵심 업무영역은 '법률구조전화'와 '헤로인 구조전화'를 운영하는
일이다. 릴리즈는 마약 사용자와 그 가족과 친구들, 그리고 이들을
지원하거나 다루어야 하는 일을 담당하고 있는 공공기관이나
NGO 종사자 등에 대해서도 자문활동을 전개하고 있다. 이런 자문
활동은 무료로 수행하며, 전문성에 입각해 있고, 가치판단을 떠난
상태에서 수행하며, 당사자들에 대한 비밀을 보장하고 있다. 한편,
릴리즈는 마약 관련 이슈들에 대한 이해를 진작시키는 데 있어서
흔히는 소외계층 마약 관련자들을 지원하는 데 치중하고 있다. 고
용하고 있는 직원 수는 18명이며, 촉탁 전문가(trustee)도 5명을 더
두고 있다.

2. 법률 서비스

릴리즈의 법률서비스는 변호사팀, 행정지원팀, 자원봉사자 등이 담당하며, 전화나 이메일로 답변해 주는 '법률 구조전화' 팀을 운영하고 있다. 릴리즈 법률서비스국은 '법률봉사활동 프로젝트' 런던지부 주간모임에도 참석한다. 릴리즈가 제공하는 이런 법적 자문은 무료로 제공하며 전문성에 입각하고 비밀을 보장한다.

릴리즈의 이 법률서비스는 마약과 법률에 직간접적인 영향을 받고 있는 모든 이들에게 제공하며, 복잡다단하며 빈번하게 개정되는 법률문제에 대해 전문성에 입각한 지원을 하고, 마약 관련 문제들을 앞에 두고 고립적인 채 노심초사하는 많은 시민들에게 기초적인 지원활동을 전개하고 있다.

릴리즈 지원의 목적은 도움을 청하는 사람들이 자신감을 갖고 제대로 알면서 판단과 결정을 내릴 수 있도록 해 주는 데 있다. 이를 위해 전용전화와 사이트를 운영하고 있다.

릴리즈 안내문은 "마약 테스트가 진행 중인데 결과가 어떻게 나올지 걱정이 태산 같으십니까? 법이 개정되어 혼돈이 많이 되십니까? 당신이 운영하는 영업장에서 다른 사람이 마약을 한 관계로 발생한 사고에서 당신의 책임이 어디까지인지 명확히 하고 싶으십니까?" 등에 대해 릴리즈 법률팀이 도와줄 수 있다고 예시하고 있다. 질문을 경청하고 절대 비밀을 보장하면서 현실적인 조언을 담당하고 있다.

한편 '헤로인 구조전화' 안내문을 보면 릴리즈는 여러 형태의 지원단체에 연결시켜 드리며, 치료받는 데 어려움이 있으면 지역서비스 제공기관이 의사에게 연결되도록 도와드린다고 홍보하고 있다. "당신은 유지요법이 필요한 상태라고 생각하는데, 해독치료 방식으로 하도록 강요당하고 있다고 생각하십니까?" 이런 경우 릴리즈는 당신 편에 서서 대변해드린다고 다짐하며, "당신은 헤로인 사용과 관련하여 법적 문제가 있습니까?" 이런 경우 릴리즈는 릴리즈 내부의 법률팀에게 연결시켜 주고 있다.

3. 릴리즈의 역사

이처럼 마약 사용자 편에 서서 이들의 인권을 위해 활동하고 있는 릴리즈는 장구한 역사를 보여주고 있다. 릴리즈 홈페이지에서 그때그때의 영국사회 모습과 릴리즈 활동을 담은 수많은 사진들을 곁들여가며 자신들 역사를 생생하게 소개하고 있다.

<u>1960년대</u>

1967년

러브의 여름. 로큰롤과 청년문화가 폭발해 나왔으며 이로 인해 세대차를 크게 노정하였다. 롤링 스톤스 그룹에서 믹 재거가 떨어져 나갔다. 경찰과 법원 측이 히피족 마약 사용자들에게 가한 가혹한 처우에 대해 분노한 예술학도이던 캐롤라인 쿤과 루푸스 해리스 두 사람은 릴리즈를 창립하게 된다. 런던 외곽의 쉐퍼드 부시 지역에 위치한 쿤의 플랏 지하실에 자리 잡게 된 릴리즈는 세계 최초로 하루 24

Release Office, Life Magazine 1967
1967년 릴리즈 사무실 내부 모습

시간 마약 및 무료 법률자문을 하는 구조전화를 설치하였다.

영국 최초의 마리화나 합법화 행진이 하이드 파크 공원에서 열렸으며, 여기서 쿤과 해리스는 릴리즈가 처음 제정한 "당신의 권리를 아십시오."라는 버스트 카드를 선포하였다. SOMA의 스티브 아브람스가 조직하고 비틀즈의 재정지원에 힘입어 릴리즈는 더 타임즈 신문에 최초의 '대마초 합법화 법개혁을 위한 광고'를 게재한다. 많은 명사와 선량한 시민들 및 연예계 인사들이 여기에 서명하였다. 의회에서는 위험천만하기 짝이 없는 '마약금지법'이 토론도 거의 거치지 않은 채 통과되었다.

1968년

릴리즈는 런던 프린스데일 로드에 위치한 사무실 겸 청소년회관 건물로 이사했으며 두 개 층을 사용했다. 오즈 잡지는 릴리즈의 바로 옆 사무실에 있었다. 베트남 전쟁 반대운동이 국제 청년들 사이에 치열하게 점화되어 혁명의 분위기가 감돌았다. 릴리즈는 '우톤 마약중독자문위원회' 및 '경찰의 수색체포 권한에 대한 디즈 위원회'에서 증인으로 참여하여 진술하였다.

릴리즈 사무실 바깥 모습

릴리즈는 영국의 찰스 위잔스키 판사, 미국의 '베라 사법연구소', 영국의 제프리 아처 의원, 데이빗 베일리, 저메인 그리어 등과 같은 다양한 명사들 지원 덕분에 '한 세대인들의 친구'로서 명성이 매우 높아졌다. 이때 릴리즈의 민권운동 활동들은 미성년자 가출, 홈리스, 공유지 점유, 낙태 등과 같은 젊은층과 관계된 이슈들 일체에 대해서까지 확대되었다. 영국 최초의 자유주의적 낙태법을 계기로 전 세계 수백 명의 여성계 인사들이 릴리즈로부터 자문을 받기 위해 몰려들어왔다.

1969

닐 암스트롱이 달 표면 이글 지역에 "인류역사를 위한 거보의 발걸음"을 디뎠다. 지구에서는 우톤 위원회 측이 '대마초 합법화를 위한 법개혁'을 제기한 데 대하여 당시 노동당 정부의 제임스 캘러헌 국무부장관이 이를 거부했다.

런던의 커다란 공연건물인 로얄 알버트홀 측은 "우리가 상대하고자 하는 단체가 아니라"는 이유로 릴리즈 측의 장소 우대사용을 거부하였다. 올나이터, 로빙클럽, UFO, 미들이스트, 임플로전 등은 티켓 1장을 판매할 때마다 내야 하는 6펜스의 지하층 커뮤니티세까지 물어가며 릴리즈를 계속해서 지원해줬다.

릴리즈는 '마약범죄와 마약금지법 보고서'를 내고 경찰부패와 법원 측의 과도한 형량에 대해 상세하게 공표했다. 런던경찰청 측은 이 보고서 출간을 저지하려 했으나 막지 못했다.

조지 해리슨은 5천 파운드라는 거액을 기부했다.

1970년대

1970년

신원을 숨긴 익명의 화이트 팬더즈라는 집단이 릴리즈 사무실에 쓰레기를 처넣고 불 지르고 모든 서류들을 훔치며 릴리즈에 대해 "대중 속으로 돌아가라"고 요구한 사건이 발생했다. 릴리즈는 이들에게 직접 솔직히 정체를 드러내고 동의해 주도록 요구했다. 이 사건은 '대중'들이 모습을 드러내지 않아 한바탕 희극으로 끝나고 서류들이 모두 돌아왔으며 릴리즈는 정상화되었다.

믹 재거는 자신의 영화 '퍼포먼스'의 세계 우승을 릴리즈에 바쳤으며, 에릭 클랩톤은 4천 파운드를 기부했다.

1971년

'마약오남용금지법'이 통과되었는데, 대마 소지혐의 처벌에서 최고 형량을 5년으로 줄인 반면 대마 공급혐의에 대한 처벌은 14년으로 늘렸다.

오즈는 청소년 문제를 둘러싸고 외설혐의로 기소되었다. 캐롤라인 쿤은 런던 중앙형사법원에서 오즈 측 증인으로 나서 진술하였다. 오즈 측의 세 사람이 징역형을 받았다. "플라워 파워"는 만신창이가 되고 말았다. 매우 어려운 시기였다. 쿤은 릴리즈를 그만두

Oz Supporters Clash With Police, August 1971

1971년 오즈 지지자와 경찰 충돌하다

고 자신의 길을 가게 되었으며, 릴리즈는 공동 단체로 재조직되었다.

1972년

영국의 대마 사용자 수는 1백만 명 선으로 추산되었다. 릴리즈는 법원에까지 간 사건들 중 3분의 1에 대해 변호를 맡았다. 릴리즈는 엘진 애비뉴로 이사했다.

1973년

릴리즈는 전 세계 각국의 마약금지법, 경찰의 수색과 체포, 판결과 양형 유형 실태에 대한 지침서인 『암페타민의 바이블』(*The Truckers Bible*)을 발간했다. 보수당 소속의 로날드 벨 의원은 이 책을 "마리화나 밀수꾼 지침서"라고 혹평했으나 국무부 및 하원 측은 이 책을 수십 권씩 주문했다.

'폴 매카트니 앤 윙즈'와 '브린슬리 슈와르츠' 등은 '하드 록 카페'에서 개최된 릴리즈를 위한 자선 콘서트에 출연했다. 릴리즈는 '체포문제 대처를 위한 해외국'을 신설했다.

1974년

릴리즈는 '레인 위원회' 보고서 발표에 이은 지원 및 캠페인 활동 요구들로 인하여 임신, 피임, 낙태 등과 관련된 업무를 다하기 위해 초과근무를 해야 했다. 릴리즈는 재정적 위기가 닥쳤음에도 불구하고 '한동안' 국무부 국고보조금 지원신청을 하지 않았다.

릴리즈가 '넵워어드'라는 곳에서 반 모리슨 및 도비 브러더즈 등과 함께 윈저 그레이트 파크에서 개최한 무료 페스티벌에서는 탬즈 밸리 자치경찰청 측이 새벽에 페스티벌을 중단시키기 위해 수색, 체포, 이른바 공격 등을 위해 급습작전을 펼치면서 녹음작업을 중단시키려 함에 따라 대혼란과 난투극이 벌어졌다.

릴리즈는 국무부 로이 젠킨스 장관에 대해 경찰비리민원을 제기했으며, 공개청문회를 요구했다.

1975년

네덜란드 정부는 마약거래와 마약 사용을 명확히 구별하는 바탕

위에서 새로운 마약법안을 내놓았다. 미국 알라스카 주 연방법원 측은 미국 시민은 헌법상 마리화나를 소지할 수 있는 권리를 가지고 있다고 판결했다. 릴리즈는 넵워어드에서 핑크 플로이드, 캡틴 비프하트, 스티브 밀러 등과 함께 행사를 개최했다. 릴리즈는 리즐라(Rizzla) 게임에서 전에 스킨이 75장 남아 있던 것이 당시엔 50장으로 줄었다고 발표했다.

릴리즈는 국무부 측으로부터 최초로 보조금을 받았으며, 이 돈으로 윈저 그레이트 파크의 무료 페스티벌 사건에 대한 보고서인 『공원에 날아든 경찰봉 세례』를 발행했다. 정부 측은 위치필드 인근에 있는 방치된 비행장을 무료 페스티벌 개최지로 할 것을 제의했다. 이렇게 해서 개최된 워치필드 무료 페스티벌에서는 정작 경찰비밀작전이 벌어졌으며 이것은 영국경찰 역사상 LSD 생산제조와 공급에 대한 최대 규모 수사작전이 되었다. 세계뉴스 프로그램에서 길거리 마약의 순도에 대해 상담활동을 벌이던 릴리즈 전문가 구조전화를 '헤로인 마약 상담전화'라고 비난하자 영국 체신청을 이 전화선을 끊어버리는 사고가 발생했다.

1976년

릴리즈는 당시 막 시작된 공유지 불법점유 운동을 적극 지원했으며, 그 활동가들을 위한 핸드북인 『공유지 불법점유 운동의 법적 근거』를 발행했으며, 영국의 대마사범에 대한 판결형량과 유형에 대한 보고서인 『자제심을 잃고 위험을 무릅쓰기』라는 책자도 발간했다.

릴리즈는 올리피아 뮤직 페스티벌에서 스테이터스 쿼, 뱃 컴퍼니, 프로킬 하렘, 바클레이 제임스 하베스트 등과 함께 공연을 펼

쳤다. 릴리즈는 당시부터 '연합활동' 형태로 활동하기 시작했다. '대중들과 함께 하는 무료 페스티벌' 장소는 정부 측이 제2차 연도 개최지 제공을 거부함에 따라 워치필드 지역에서 스톤헨지로 옮기게 되었다. 릴리즈는 긴급구조전화 서비스를 계속했다.

1977년

『형법에 관한 법률』이 발의되었다. 이 법안은 정부 측에 대해 공유지 불법점유 운동가 및 공유지를 실제로 점유한 사람들에 대해 진압할 수 있는 권리를 새로 부여토록 하고 있었다. 페스티벌 시즌에 대해서 "불충분한 설비, 주최단체 부재, 최면제 과다복용 등으로 이어지는 공포소설"이라는 식의 혹평을 받았다. 릴리즈는 '마약오남용금지법'상의 경찰의 권한이 실제 동원되는 실태에 대한 보고서인 '수색정지권 사용 실태'를 발간했다. 대마초 896파운드(1파운드=0.4536kg) 분량이 와핑(런던 동부한 한 지역 이름)의 경찰창고에서 아무도 모르게 없어지는 사고가 발생했다. 대마 관련 법에 항의하는 제1회 하이드 파크 마리화나 합법화를 요구하는 '스모키 베어즈' 마리화나 흡연 집회가 개최되었으며, 이때 15명이 체포당하는 사고가 발생했다.

Release publication 1977

릴리즈 유인물, 1977년

Release Publication Cover 1977

릴리즈 유인물 표지, 1977년

1978년

이해에 '대마합법화운동 시민연합(LCC: Legalise Cannabis Campaign)'이 출범했으며, 록음악 전문 주간지인 뉴 뮤지컬 익스프레스(*New Musical Express*) 지는 이 단체의 대마합법화를 촉구하는 광고 게재를 거부했다. 릴리즈의 '체포문제 대처를 위한 해외국' 활동에 대한 지지를 추가시키는 데에도 크게 기여한 영화 '미드나이트 익스프레스'가 개봉되었다. 릴리즈는 '런던마약중독 컨설팅사' 측에 대해 헤로인 및 주사제 마약의 처방을 크게 제한한 데 대하여 이를 강력하게 비판하는 동시에 향후 불법 헤로인 시장이 엄청나게 큰 규모로 팽창할 것이라고 예견했다. 릴리즈는 터키 및 이란 등지의 외국 교도소에 영국인 죄수가 다수 투옥되어 있는 상황을 타개하기 위한 노력을 지속적으로 전개하였다. 특별히 공유지 불법점유 운동 및 불법퇴거조치 등에 대한 법률구조요청이 증가하면서 주택 마련 관련 업무가 크게 증가했다. 릴리즈는 넵워어드 페스티벌과 스톤헨지 페스티벌을 함께했다.

1979년

릴리즈는 콥든 재단 측이 수여하는 민권운동상을 받았으며, 수상 이유는 릴리즈 측이 '버스트 북'을 제작 배포하면서 구조운동을 전개해 오고 있는 것이 "법률문제로 인한 고통을 함께 풀어왔기" 때문이라고 밝혔다. 매직 머쉬룸(환각물질 함유한 버섯) 금지법으로 인해 일대 혼란이 발생했다. 릴리즈는 '해외 죄수들 복지를 위한 전국연합' 창설을 지원했

가이드북 - 머쉬룸

다. 현재 이 단체는 재외 체포자 업무를 떠맡은 '해외 죄수 협의회'로 알려져 있다. 이해 마가렛 대처가 총리로 선출되었다.

1980년대

1980년

헤로인 입수 용이도 개선과 가격하락으로 인해 그 사용이 지속적으로 증가하는 문제로 인해 이에 대한 사회적 우려가 크게 대두되었다. 릴리즈는 경찰의 정지권과 수색권 동원이 급증하면서 이것이 민권 및 민경관계에 심각한 위협이 된다는 추가 보고서를 발간했다. 영국의 '대마합법화운동 시민연합(LCC)'과 미국의 '마리화나금지법 개정 전국연합(NORNL: The National Organization for the Reform of Marijuana Law)'은 네덜란드 암스테르담에 위치한 '코스모스 클럽'에서 제1회 대마합법화 국제회의를 공동 개최했다.

1981년

브리스톨, 브릭스톤, 톡스테스 등지에서 마약과 관련하여 관용제로 경찰활동 전략과 강력한 정지수색권 등이 동원되었으며, 이것은 20세기 영국 본토에서 최대 규모의 도시폭동 발발로 몰아갔다. 영국 그린햄 몰스워드 및 기타 미군 기지가 있는 곳들에서 평화캠프가 꾸려졌다. 각지에서 벌어진 무료 페스티벌에서 릴리즈는 항상 참석하여 공공질서 위반죄 혐의가 씌워지는 참석시민들을 지원하는 활동을 벌였다. 하워드 마크 형제는 대마초 15톤(1ton=1010.05kg)을 스코틀랜드에 밀수입했다는 혐의에 대해 '무죄평결'을 받았다.

1982년

릴리즈는 터키산 및 이란산 헤로인 입수가 용이해지면서 엄청난 가격하락이 이뤄지며 새로운 유입경로가 열리게 됨에 따라 이 헤로인을 둘러싸고 걸려오는 문의전화들이 크게 증가되었음을 강조했다. 릴리즈는 처방마약과 관련된 중독문제에 대한 문의전화 증가가 폭증함에 따라 이에 대처하기 위해 새로운 진정제 지침서를 발간했다. 이 지침서는 엄청난 반응이 밀려들었다. 릴리즈 여성국은 낙태 관련법 설명 및 소개활동에 매우 적극적으로 임했다. '지방정부법' 제정으로 옥외 대중 음악행사 허가제도가 도입되었다. '평화호송단'은 스톤헨지 페스티벌에서 그린함 커먼 지역으로 이동했다.

1983년

헤로인과 진정제에 대한 구조문의전화가 릴리즈 상담활동을 마비시킬 지경으로 많았으며, 릴리즈는 진정제 피해자 자활단체 설립에 지원을 아끼지 않았다. 법률구조활동은 점차 공공질서 위반 사범 및 보다 심각한 마약 사범 쪽에 집중되어 갔다.

1984년

특정 상황에서 경찰이 제3자가 보유한 증거에 접근할 권리를 갖도록 허용한 '경찰 및 형사증거법'이 통과되었다. 스톤헨지 페스티벌이 마지막으로 개최되었다. 광산파업이 발발했다.

1985년

릴리즈 활동가들이 보다 명확한 단체활동 방향이 필요하다는 점을 둘러싸고 신랄한 우려들이 속출함에 따라 단체활동 구조가 파탄 났으며 크게 축소되었다. 뉴 스테이츠맨(주간) 지는 릴리즈가 '빗발치는 총탄세례보다 더 혹독한' 시련을 겪고 있다고 보도했다. 새로운 단체구조는 전문성과 핵심역량을 특별히 마약 관련 구조 활동 분야의 법률구조 및 복지문제 쪽을 강조하는 방향으로 정상화되었다.

경찰이 스톤헨지 무료 페스티벌에 대해 '빈필드의 전투'라는 이름으로 작전을 벌여 중단시키는 과정에서 535명을 체포하며 여행객 숙소를 파괴하는 사태가 벌어진 직후, 릴리즈는 여행객 및 페스티벌 참석자들 대상으로 긴급법률구조 및 법률지원 활동을 벌였다.

1986년

'마약거래금지법'이 발효되었으며, 이 법에 따라 마약사범의 자산 및 '마약거래에 필요한 설비 일체'를 몰수할 수 있는 권한이 확대되었다.

정부 측은 국무부 데이빗 멜러 담당차관의 로비에 따라 주사기 교환 제도가 합법적이라는 승인을 내리게 되었다.

주사제 마약 사용자들에게 에이즈가 확산될 위험이 매우 크다는 우려가 크게 대두했다. 올리비아 차논의 마약공급 사건은 마약공급에 대해 새로운 양형표를 만들게 했다. 보이 조오지가 입국하면서 마약을 소재했다는 혐의로 고발되었다. '공공질서 유지법' 법안이 발의되었으며, 여행객 및 공유지 불법점유자들에 대해서도 같은 죄목을 씌울 수 있도록 했다.

1987년

릴리즈는 쇼어디치 지역의 커머셜 로드로 이사했다. 벅셔 지방에서 마약에 중독된 엄마가 이른바 '자궁 속에 있는 태아를 학대했다.'는 이유로 아기를 보호소로 옮겨야 했던 헤로인에 노출된 아기 사건이 발생한 여파로 임산부 마약 사용자들로부터 구조문의전화가 폭주했다. 과거 '빈필드의 전투'에서 체포된 537명에 대한 기소조치가 기각되었다.

1988년

영국 보건부 측은 릴리즈에 대해 전문적인 마약 관련 교육훈련 프로그램 개발을 위해 3개년 동안 보조금을 지급하였다. 에이즈 및 법적 문제점들에 대해 상당히 많은 활동들이 이루어졌다. 엑스터시 관련 문의구조요청 전화가 처음으로 분리 설치되어 운영되었으며, 릴리즈가 최초의 엑스터시 실태 보고서를 만들었을 때 연간 전체 마약 구조요청 전화 중 7%가 엑스터시와 관련된 것이었다.

정부 측 마약오남용자문위원회는 에이즈 치료 및 양성반응자 치료가 필요한 사람들에 대해 보다 더 유연하며 동조적인 서비스를 해 주도록 요청했다.

1989년

동유럽 공산주의에 대해 쳐져 있던 장막이 걷혔다. 릴리즈는 미국과 호주에서 지팡이 무늬 두꺼비(LSD와 같은 환각제 성분이 있다고 함) 핥기 현상으로 인해 불법적인 두꺼비 수입사태가 벌어질수 있다는 사실을 발표했다. 릴리즈 사무실이 커머셜 로드에서 올드 스트리트 지역으로 이사했다. '행사 행진'을 금지할 수 있는 공공질서 단속권한이 처음으로 스톤헨지에서 행사되었다. 허가받지 않은 유흥 영업에 대한 벌금에서 최대 부과액수가 2만 파운드(한화 약 4천만 원)로 인상되었다. 코카인 가격은 하락한 반면 순도는 높아졌다.

1990년대

1990년

미국 법집행기관들은 메틸암페타민 '아이스' 흡연으로 인해 1990년대 미국 마약문제를 더욱 커다란 위험에 빠뜨리고 있다고 경고했다. 이탈리아 나폴리 참전용사회는 마피아 밀수작전이라는 혐의가 있다고 들통이 난 사건에서 황소의 위 속에 헤로인 1kg이 들어있는 것을 찾아냈다. 알케미라고 하는 런던에서 가장 오래된 '마리화나 용품점' 소유자인 리 해리스는 '대마흡연에 사용되는 것으로 믿어지는' 담배종이와 파이프 등과 같은 용품을 판매했다는 이유로 3개월형을 선고받았다. 나중에 항소심에서 이 판결은 파기되었다. 런던의 트라팔가 스퀘어에서 인두세 '폭동'이 발생했다.

1991년

'형사법원법'은 마약사범 형벌 종류로 커뮤니티 차원의 치료명령이라고 하는 새로운 대안을 도입했다. 릴리즈는 고용주를 앞세워 마약 테스트 실시사례가 엄청나게 증가하고 있다는 점을 주목한다고 발표했다. 크랙 코카인 사용이 꾸준히 증가했다.

1992년

릴리즈는 창립 25주년을 경축했다. 릴리즈가 자체적으로 작성한 '마약법 개혁'을 위한 백서를 발행하면서 타임즈 신문에 대마합법화를 요구하는 전면광고를 게재했다. 대마소지 혐의로 인해 학교에서 퇴학당한 학생들 문제에 대한 문의구조요청 전화가 크게 증가했다. 에이본 무료 페스티벌에 대해 경찰 측이 봉쇄조치를 취하면서 2만 5천 명에 달하는 여행

Release 25th Anniversary, 1992

1992년 릴리즈 창립 25주년
기념식

객 및 열성 팬들이 캐슬모톤 커먼 지역 주말 페스티벌에 운집하는 사태가 초래되었다.

1993년

여러 언론기사들에서는 전체 영국 시민의 30% 이상이 어떤 형태로든 마약을 비범죄화 혹은 합법화해야 한다고 보는 것으로 각각 보도하였다. '유목민 작전'과 '스냅사진 작전'이 개시되었으며 여행객 및 옥외 '랩' 주최 측을 타깃으로 삼아 여러 기관과 경찰이 합동 정보공유를 통한 작전을 벌였다. 새로운 '형사법원 및 공공질서법안'이 발표되었으며, 이 법은 묵비권을 침해하며, 레이브, 페스티벌, 항의집회, 여행객, 공유지 불법점거운동 등에 대해 새로운 제한을 가할 수 있도록 하는 제도를 도입했다.

1994년

'크리스마스 호소문 재단' 측의 자금지원으로 주디 덴치 나이이

트작 주최로 릴리즈는 '학교마약 구조상담전화'를 개통하였다. 처음 2개월 동안 2백 건의 구조상담전화가 걸려왔다. 릴리즈가 개설한 '학교마약 구조상담전화'는 OFSTED(교육윤리청 the Office for Standards in Education), '중앙마약협력국', 각급 학교, 지방자치단체 등과 협력하며, 마약 사용으로 인해 추가 교육기회가 박탈된 학생들 증가 문제에 대처하기 위한 것이다.

캐슬모톤 커먼 지역에서 '공공소란행위 모의' 혐의로 고발된 모든 피고인들이 무죄로 석방되었다. '형사법원 및 공공질서법'이 법제화되었다. 여행객 거주지에서 이들을 대량으로 퇴거시켰다.

1995년

국무부 마이클 하워드 장관은 대마소지 혐의에 대한 벌금 상한선을 5배 인상토록 하는 방안을 제시했다. 정부는 새로운 3개년 마약전략을 마련하면서 백서 『다함께 마약문제에 대응합시다』라는 사업에 착수했다.

1996년

단백질 동화 스테로이드제가 '1971년의 마약오남용금지법' 통제 대상에 포함되었으며, 타마제팜에 대한 규제도 더욱 강화되었다.

모든 죄수들에 대한 무작위 강제 테스트 제도가 영국 전역의 교도소에서 실시되기 시작했다.

A등급 마약 거래자에 대해서는 최소 7년형을 가할 수 있는 권한을 새롭게 도입하기 위한 검토가 이루어졌다.

1997년

마약거래가 벌어진다는 혐의가 있는 클럽을 폐쇄할 수 있도록 한 새로운 법률이 도입되었다. '새로운 노동당' 정부는 마약과의 전쟁에 관한 전략을 조정하는 업무를 맡는 마약정책 책임자(Drug Czar) 직을 신설했다. 릴리즈는 '마약과 댄스에 관한 서베이 조사 결과' 및 '섹스노동자와 법제도' 책자를 발간했다. 인디펜던트 신문 일요판은 대마 비범죄화 운동에 관한 연재기사를 시작했다. 릴리즈는 현행 추세대로라면 1967년과 2000년 사이에 영국에서는 대마 관련 사범 수가 1백만 명 수준에 이르는 것으로 추산하였다.

1998년

릴리즈가 추진하는 '보다 안전한 클럽활동 즐기기' 사업은 클럽 파티 참석자 세대들에 대해 필요한 응급구조 활동을 벌이며 관련 정보를 제공하고 있다. 이에 관한 책자는 국무부의 협력을 받아 발간되었다. 이 사업은 클럽 활동 중 발생할 수 있는 마약문제를 피하며 안전을 지킬 수 있도록 참석자들에게 도움을 주기 위한 목적을 가지고 있다.

1999년

'사회적 포용' 사업은 마약 사용 때문에 사회적 배제에 직면해 있는 사람들의 어려움을 돕고 이를 부각시키기 위한 것이다. 여기에는 크게 환영을 받은 『마약하는 방』 출간도 들어 있으며, 특수한 학술연구 영역인 홈리스와 영업장에서의 마약 사용 등에 대한 투쟁을 병행하도록 했다. 1994~1999년 기간 동안 릴리즈는 6천 통의 구조요청 전화를 받아 처리했으며 2만 권의 안내와 가이드용

팸플릿을 배부하였다. 핵심은 배제과정에 포함되어 있는 모든 당사자들과 의사소통을 활성화하며 주류 교육과정에 배제위기에 처해 있는 젊은층을 되도록 많이 재통합하도록 하기 위한 것이다.

2000년대

2000년

잉글랜드와 웨일즈 지역 경찰(영국의 거의 전 지역을 망라함)은 대마사용 및 대마소지 분야에서 5만 7천 건의 훈방조치를 내렸다.

2001년

2001년 7월부터 1년 동안 패딕 실험이 실시되었다. 그 유명한 브릭스톤 지역이 포함되어 있는 런던경찰청 람베드 지구의 브라이언 패딕 지구대장 주도로 실시된 이 사업은 소량의 대마를 소지한 마약 사용자들은 체포하지 않는 대신, 공식 경고에 그치는 용서를 해 준다는 내용으로 되어 있다. 릴리즈는 '젊은층을 위한 법률구조 전화'를 개통했다.

2002년

국무부 데이빗 블렁킷 장관은 대마를 B등급에서 C등급으로 낮출 방침임을 밝혔다. 자유민주당 그림자내각 국무부 담당 대변인 사이먼 휴즈는 "대마관련 발표내용은 환영하지만 이렇게 되기까지 너무도 오랜 세월을 견뎌왔던 것은 너무나도 터무니없었다."고 지적했다. 릴리즈는 『헤로인 구조전화』를 개통했으며, 최초의 『보다 안전한 헤로인 사용』 책자를 발간했고, 헤로인 사용자 1천 7백여

명을 대상으로 사용자 서베이 조사를 실시했다.

2003년

국무부는 영국의 스테로이드계 사용자가 4만 2천여 명 수준이라고 추산했으며, 전년도 영국의학협회는 스테로이드계 오남용을 국민건강의 위험요소 유형으로 포함시켰다. 릴리즈 헤로인 구조전화 담당국은 두 번째 책자 '아편제 사용자를 위한 치료대안들'을 출간했으며, 서베이 조사 결과를 분석평가하기 위하여 '전국중독센터' 측과 토론회를 공동개최했다.

릴리즈의 '마약사업에 대한 전향적 사고방식'이라는 성과물이 유엔에 보고 발표된 바 있다. 릴리즈의 법률 및 헤로인 구조전화 측은 주당 2백 통 꼴의 구조요청 전화를 처리했다. 릴리즈는 새로운 브로셔를 발간했다. 릴리즈는 2004년 마약 사용자 및 마약업무에 대해 영향을 주는 상당히 새로운 법안들이 시행됨에 따라 예상되는 전문가 업무수용의 증가에 대해 만반의 대비를 하였다.

2004년

릴리즈는 홈페이지를 새로 단장했다.

2004년은 새롭게 부흥기를 맞이한 릴리즈로서는 매우 분주한 한 해였으며 수많은 중요한 입법 사항들에 대해 정부 측과 집중적인 협의를 벌여야 했다. 이 중 '마약법안'을 입안하는 것과 관련된 여러 측면들에 대하여 많은 역량이 투입되었으며, 이는 경찰의 권한을 확대하며 강제적 처우 방향으로 추가조치를 취하도록 하는 내용에 관한 것이었다. 릴리즈는 이 마약법 조문과 시행령의 매 단계마다 협의절차에 임했으며, 시민단체 트랜스폼(Transform

Drug Policy Foundation) 측과 함께 '국민건강론' 및 '형사사법 법집행론' 관점에서 벗어나 마약정책이 '사회정책' 관점에서 이뤄지도록 공동성명서를 내기도 하였다.

릴리즈는 각종 실태 분석 보고서들을 냈으며, 이는 국내 마약 관련 입법과 정책 제안과 개혁요구에서 아프가니스탄 아편류 무역 같은 국제적 이슈들에 이르기까지 매우 광범위한 주제들을 다루었다.

2005년

릴리즈는 2005년 새해 벽두 『성노동자 관련 입법 체계』라는 제목의 간행물을 내면서 이 문제를 끌어들였다. 이 문건은 영국의 급성장하는 성산업 분야에 종사하는 여성과 남성들에 대한 것으로서, 이들의 권리에 관한 정확하며 접근 가능한 정보를 제공하고 있다. 또한 이 문건은 성노동자들이 감당해야 하는 법적 문제, 사회적 문제, 건강 문제 등에 대한 정보, 그와 같은 제반 측면의 위험들을 최소화하며 올바르게 대처하는 방안, 각각의 특정 문제들에 부닥칠 때마다 도움을 청할 수 있는 기관이나 단체 그리고 현실적인 방법 등에 대한 자료들을 망라하고 있다.

릴리즈는 '반사회질서행위금지법'이 안고 있는 사회적 법적 인권침해 요인들에 대해 분석 보고하고 대책을 모색하는 시민단체연대 활동에 동참하고 있다. 이 인권 침해적 법안은 릴리즈가 활동 분야로 삼고 있는 '마약 분야, 입법 분야, 인권 분야' 등의 전 분야와 관련되어 있다.

4월에는 '2005년의 마약법'이 여왕의 동의가 이루어져 시행에 들어갔다. 총선으로 인한 의회 해산 직전 시기에 급박하게 기습적으로 통과되었기 때문에, 릴리즈는 많은 NGO와 의원들을 포함한

수많은 비판자들과 더불어 이 마약법의 최종안에 대해 당혹감과
경악을 금할 수 없었다.

마약법 제개정과 통과를 위한 협의절차에 대해 많은 인사들이
부당하다고 인식하였으며, 정부 측은 현대
적인 마약처우에 대한 확립된 사실관계들
과 부합하도록 법안을 수정하는 데 충분한
의지가 결여되어 있었다. 5월, 국무부 마
약정책국장인 빅 혹(Vic Hogg)은 '2004/5
릴리즈 연례보고서' 출판기념회에 참석하
기 위해 릴리즈 사무실을 방문하였다. 이
행사는 릴리즈가 영국의 집권여당과 주변
계층이나 소외계층 간의 의사소통 통로 및

2007년 릴리즈 창립 40주년

상호이해 촉진자로서 움직이기 위해 지속적으로 이 전술을 채택해
오고 있음을 과시한 사례이다.

4. 릴리즈의 대마초 단속 대처지원 활동

릴리즈 측은 대마초 단속에 임하는 기초적인 행동요령을 다음과
같이 제시하고 있다(www.budbuddies.com).

여러분이 경찰로부터 대마초에 대해 신문하면 의료용 대마 사용
자로서 마약오남용이 아니라고 설명하십시오. 그간의 병력을 상세
히 되도록 오랫동안 설명하십시오.

경찰이 누가 대마초를 공급했는지 그리고 버드 버디즈(Bud
Buddies) 측이냐고 물으면, 그렇다고 답변하십시오. 버드 버디즈의

모든 회원들을 기꺼이 서로를 위하여 형사법원(Crown Court)에 출두할 용의가 있습니다.

기소가 '공공의 이익에 합치하지 않거나 유죄평결 가능성이 51% 이하인 경우' 기소하지 않도록 하는 것은 바로 그 CPS(the Crown Prosecution Servicethe Crown Prosecution Service: 우리나라 검찰에 해당하는 영국의 기소 여부 결정기관임. 하지만 경찰이 CPS에 '고발'하지 않으면 CPS는 기소여부를 결정조차 할 수 없음)의 권한에 속합니다. 의료용 대마 사용자에 대한 기소는 이 두 가지 기준 모두 충족시키지 못합니다.

모든 회원들이 형사법원 재판에 나서서 자기입장을 주장하도록 권장합니다. 경찰의 훈방을 받아들이거나 치안판사법원(민간인 3명이 재판부를 구성하며, 여기서 영국의 형사재판 중 95% 이상의 경미사건들이 처리되고, 형사법원의 배심재판을 받을지 여부를 이 단계에서 결정함)에서 유죄를 인정하게 되면 여러분은 전과자가 됩니다.

형사법원(이 단계에서 배심재판 제도가 적용됨)에 가면 경찰이나 판사 아닌 여러분과 똑같은 동료 시민들(배심원)이 상식과 진짜 정의의 이름으로 판결을 내리게 됩니다.

여러분이 배심원을 신뢰할 수 없다면 그것은 곧 여러분 자신을 신뢰하지 못하는 것과 같습니다.

5. 버스트 카드

이는 릴리즈가 마약 사용과 관련하여 체포당하는 상황이 벌어졌을 때 유념해야 하는 체포당하는 자의 권리에 대해 간편하게 휴대할 수 있도록 정리한 내용이며 실제로 팸플릿으로 만들어 보급하고 있다. 이는 버스트 카드로 불리며 2004년 6월 작성된 내용을 소개하면 다음과 같다. 우리나라 마약법규와 다른 영국의 마약법규를 기준으로 한 것이므로 당연히 우리나라와는 많은 차이를 보여주고 있다.

체포당하게 될 때 여러분이 가지고 있는 권리는 다음과 같습니다.

경찰, 법원, 마약문제 등에 대해 알고 싶은 사항이 있거나 도움을 받고자 할 때, 릴리즈로 연락을 주십시오. 이 버스트 카드는 출판될 당시 시점에서 유효한 것이므로 반드시 추후 개정 여부를 확인하시기 바랍니다.

☞ 여러분은 경찰에게 공정하게 대우받으며 존중받을 권리가 있습니다.

여러분은 경찰에게 어느 것도 말해야 하는 것은 아닙니다. 그러나 나중에 가서 여러분이 범죄 혐의로 고발되고, 여러분이 심문을 받게 될 때 나중에 법원에서 의존해야 하는 어떤 사항에 대해 말하지 않았다면, 이는 여러분이 유죄인가 아닌가를 결정할 때 참작될 수도 있습니다.

릴리즈가 제작 배포하는
버스트카드

여러분이 경찰에게 어떤 사항에 대해 말하고 싶지 않은 좋은 이유가 있을 수 있으며, 이때 심문에 답변을 강요당해서는 안 됩니다. 가능한 한 사무변호사로 하여금 경찰서 심문 장소에 임석해 주도록 하십시오.

다음과 같은 점을 명심하십시오.

- 여러분이 한 행위에 대해 순진하게 설명하려 할 때 경찰이 그렇게 하도록 내버려두는 때가 있을 수 있습니다.
- 여러분이 개인적으로 사무변호사 도움을 받기 전에는 경찰과 사건에 대해 이야기하지 않는 것이 현명합니다.
- 경찰이 이미 여러분을 체포했거나, 막 체포하려 하는 경우, 사태를 정돈해서 말하는 '우호적이며 친절한 대화나 잡담' 따위는 존재하질 않습니다. 이때 여러분이 말한 것은 모두 나중에 가서는 여러분에게 불리한 쪽으로 활용될 수 있습니다. 말하기 전에 한 번 더 생각하시기 바랍니다.

☞ 경찰이 잘못할 때

여러분이 경찰이 저지른 것에 대해 무엇인가 문제 삼고자 한다면 당시 증인의 이름과 주소, 해당 경찰관의 이름이나 번호를 받아 적어 놓고 사고 직후 가능한 빨리 서면기록을 남겨두십시오. 이 서면기록을 써놓는 것을 옆에서 누군가 보도록 하며, 날짜를 적고 사인해 놓으십시오. 상해를 입거나 물건이 파손된 경우 가능한 한 사진이나 비디오로 기록을 남겨두시고, 신체부상에 대해서는 의사의 진찰을 받으십시오.

공정하지 못한 대우를 받은 경우 여러분은 경찰옴부즈맨 기관인은 독립경찰비리민원조사처(the Independent Police Complaints Commission, www.ipcc.gov.uk)에 신고하시고, 릴리즈와 같은 인권시민단체나 '시민자문국' 혹은 사무변호사 측을 통하여 법적조치를 취하도록 접촉하십시오.

☞ 길거리 상황의 경우

여러분이 경찰에 의해 정지당했다면, 그리고 경찰이 경찰제복을 입지 않은 경우, 신분증과 같은 정당한 사유를 제시해 달라고 요구하십시오. 왜 내가 정지당해야 하는지 물어보고, 마지막에 가서는 수색기록을 달라고 요구하십시오. 여러분은 경찰이 보기에 여러분에게 다음과 같은 것들을 소지한 혐의가 있다고 볼 만한 합리적인 이유가 있으면 정지수색당할 수 있습니다.

- 규제 대상이 되는 마약
- 공격무기나 총기류
- 날카로운 물건
- 장물
- 버스나 기차를 탄 경우
- 스포츠 관람을 하러 가는 도중이거나 그 운동장에 있는 경우

그 밖에 여러분이 정지수색당할 수 있는 다음과 같은 상황들이 있습니다. 경찰이 특정 지역에서 중대한 폭력이나 테러 위협이 있을지 모른다고 우려하는 경우 경찰은 최고 48시간 동안 그 지역에 있는 사람은 누구나 정지수색할 수 있습니다. 이 경우 경찰은 여러분이 무기를 휴대하지 않고 있거나 아니면 범죄를 저지를지 모른다는 혐의가 없다 하더라도 이에 개의치 않고 정지수색을 실시할 수 있습니다.

다음과 같은 점을 명심하십시오.

- 여러분이 수색에 대해 물리적으로 저항하는 경우 신체적 부상을 당할 뿐만 아니라 중대한 범죄혐의를 받게 될 위험을 무릅쓰는 것과 다름없습니다. 만일 경찰 정지수색이 위법적이면

여러분은 나중에 법대로 필요한 조치를 취해야 합니다.

☞ 경찰서에서 여러분은 항상 다음과 같은 권리를 가지고 있습니다.
- 고통을 당하지 않을 뿐만 아니라 존중 받을 권리가 있습니다.
- 여러분의 권리에 대해 그리고 여러분이 어떻게 대우받아야 하는가에 관하여 서면규정을 볼 권리를 가지고 있습니다.
- 구금담당 경찰관에게 말할 권리가 있습니다. 구금담당 경찰관은 여러분 복지를 돌보도록 '해야 합니다.'
- 여러분이 왜 체포되어 경찰서에 왔는지 알 권리가 있습니다.
- 여러분이 17세 이하인 경우 책임질 수 있는 성인이 임석하도록 할 권리가 있습니다.

여러분은 다음과 같은 권리도 가지고 있습니다(하지만 이 권리는 매우 드물긴 하지만 지연될 수는 있습니다.).

- 다른 누군가에게 여러분이 체포되어 있다는 점을 통지해 달라고 할 권리가 있습니다(여러분 스스로 전화를 걸지는 않은 채).
- 사무변호사와 개인적으로 상담할 권리를 가지고 있습니다.
- 어딘가 편찮으면 의료 검사관을 데려다 달라고 요구할 권리를 가지고 있습니다.

여러분이 의약품 복용이 예정되어 있는 경우 가장 **빠른** 기회에 구금담당 경찰관에게 이 점을 알리십시오. 어떤 경우 여러분은 의약품을 복용하도록 허락받을 수 있으며, 의약품을 받거나 챙길 수 있도록 협의하는 수도 있습니다. 그렇게 하지 못하는 경우 여러분

담당 사무변호사에게 알리고, '1984년의 경찰 및 형사증거법' 규범 C 제9조에 따라 처리해 주도록 하십시오.

다음과 같은 점을 명심하십시오.

- 당황하거나 겁을 먹지 마십시오. 경찰은 흔히 여러분을 유치장에 혼자 대기하게 합니다. 무엇보다도 여러분은 조용히 있도록 노력하십시오. 경찰은 단지 일정 시간 동안만 붙잡아둘 수 있습니다. 통상 그 시간은 24시간 이내이며, 중대한 체포 대상 범죄인 경우 36시간, 테러범죄의 경우 48시간 이내입니다. 구금시간 추가 연장은 극히 예외적인 상황일 때에만 가능합니다.
- 여러분이 체포된 정확한 시간이 구금기록부에 맞게 적혀져 있는지 확인하십시오.
- 왜 체포되었는가를 알고 있도록 확인하십시오.
- 여러분이 기다려야 할지라도 사무변호사를 대하게 해 주도록 주장하십시오. 심문 시에는 반드시 사무변호사가 임석해 주도록 반드시 요청하십시오. 경찰이 사무변호사 대하는 것을 미루도록 하게 하지 마십시오. 사무변호사 대하는 것은 '여러분의 권리'이며 '무료'입니다.
- 여러분이 무엇인가 요청했는데 거부되었다면 이 사실이 여러분 구금기록부에 그대로 기록되도록 확인하도록 하십시오.

☞ 경찰이 여러분 집을 수색할 때

경찰은 점유자 동의를 받아 집을 수색할 수 있습니다. 경찰은 치안판사로부터 특정 범죄증거를 찾기 위해 집 수색 영장을 발부

받을 수 있습니다. 경찰은 여러분이 살고 있는 부분과 공동 부분만을 수색할 수 있습니다.

경찰은 수색영장 '없이도' 다음과 같은 경우를 포함하여 여러 상황에서 여러분 집에 들어갈 수 있습니다.

- 경찰은 체포해야 할 사람을 추적하다가 잡힐 사람이 사는 집이나 그 혐의자가 통제력을 가지고 있는 곳에 진입할 수 있습니다.
- 도망한 죄수를 잡기 위해 진입할 수 있습니다.
- 체포대상 범죄 혹은 특정 공공질서 위반사범을 체포하기 위해 진입할 수 있습니다.
- 생명을 보호하기 위해 혹은 중대한 대물피해를 막기 위해 진입할 수 있습니다.
- 기타 법률에서 경찰에 대해 집에 수색하러 들어갈 수 있는 구체적 권한을 부여한 경우가 있습니다.

다음과 같은 점을 명심하십시오.

- 여러분은 수색영장 사본을 볼 권리가 있습니다.
- 경찰은 진입할 때 합리적인 무력을 사용할 수 있습니다.
- 경찰은 여러분에게 집 수색 권한이 어떤 것인가에 대해 알려주어야 합니다.
- 경찰은 수색에 대한 기록을 반드시 보관해야 합니다.
- 여러분이나 친구는 수색하는 동안 임석하도록 허용해야 합니다. 그러나 이 권리는 수사에 방해가 된다고 사료되는 경우엔 거부될 수 있습니다.

6. 전망

릴리즈는 장기적인 안목으로 마약 및 법률 관련 자문활동을 하기 위해 설립되었으며 현재 변화한 환경에 맞추어 새로운 전문가 활동을 벌이고 있다. 릴리즈는 마약 사용자 및 마약 관련 업무에 대해 직간접적 여파를 미치는 여러 가지 많은 새로운 입법사항들에 대응하면서 복잡다단한 이슈들에 대한 전문적 자문을 제공할 태세를 갖추고 있다.

마약은 소비량이 많은 국가들에서는 사회적 대혼란을 초래하며 보다 가난하면서 마약을 생산 제조하는 국가들에서는 정치적 해체사태를 증대시키고 있다. 어느 경우가 되었든 간에 많은 이들의 인권이 바로 세계마약문제로 인해 침해되며 거부당하고 있는 실정이다.

마약을 사용하고 판매하는 사람들에 대해 보다 더 가혹한 처벌을 가하자고 주장하는 사람들이 있는가 하면, 마약 합법화야말로 유일한 대응책이라고 보는 이들도 있다. 이렇게 다양한 견해들이 있음에도 불구하고 정말 풀기 어려운 이 문제에 대한 대책이 어떻게든 나와야만 하는 실정이다. 릴리즈는 법률, 경제, 경찰 등 법집행기관, 보건, 윤리 등 다양한 분야 전문가들이 함께하고 있으며, 난마처럼 얽혀있는 것처럼 보이는 이 문제에 대한 현실주의적 출구전략을 마련하기 위해 노력하고 있다.

7. 마약 사용자 인권 권리장전

릴리즈는 2003년 마약 사용자 인권을 '권리장전' 형태로 작성하여 홍보 교육에 활용하고 있다. "릴리즈 권리장전"의 내용은 다음과 같다.

정보의 권리

우리는 마약 사용 및 마약의 위험은 무지 및 정확하지 않은 정보 등으로 인해 더욱 악화되고 있다고 믿는다.

법적 권리

우리는 기존하는 마약 관련법은 결함이 많을 뿐만 아니라, 예방하려고 의도했던 것보다 훨씬 더 커다란 해악을 실질적으로 초래하고 있다고 믿는다. 우리는 마약 관련법이 독립적 위치에서 전면 재검토되어야 하며 이성적인 출구전략이 마련되어야 한다고 믿는다.

고용의 권리

우리는 인간은 노동할 수 있는 기본권을 가지고 있다고 믿는다. 우리는 마약 사용 그 자체가 고용에 장애물이 되어서는 안 된다고 믿는다. 우리는 현행과 같은 마약 관련법 체제에서는 마약을 생산 제조하는 국가들에서 노동하는 사람들에 대하여 경제적으로 생존 가능한 대안을 제공하기는 불가능하다고 믿는다.

교육의 권리

연구결과에 따르면 교육에 접근하여 교육받는 것이야말로 마약중독 등에 대한 실질적인 보호막이 되며, 교육으로부터 배제 사태는 마약중독문제에 대한 실질적 위험 요인이 되고 있음을 입증해 주고 있다.

존엄성의 권리

우리는 모든 사람은 존엄한 존재로 대우받을 권리를 가지고 있다고 믿는다.

주택의 권리

우리는 모든 이들을 위한 안정적이며 안전한 주택에 대한 접근권 보장은 개개 시민들 및 보다 광범위한 사회 자체에 대해서도 유익한 것이라고 믿는다.

건강을 보호받을 권리

우리는 마약을 사용하는 사람들도 마약을 사용하지 않는 사람들과 마찬가지로 실효성 있으며 적절한 건강보호를 받도록 진작시켜 달라는 권리를 가지고 있다고 믿는다.

안전의 권리

우리는 마약을 많이 사용하면 내재적으로 위험한 것임에도 불구하고, 개인 및 국가 양측에 대해 이 위험을 줄여나갈 수 있는 전략과 인적 물적 자원이 존재한다고 믿는다.

가정생활의 권리

우리는 가정 내에서 벌어지는 마약 사용 문제를 이성적이며 실용적인 방법으로 바라다보는 정책과 관행을 지지하며, 가정 내에서 마약 사용에 접하고 있는 그런 가정들을 지원하고자 한다.

NORML설립자-케이트 스트룹과 친구 윌리 넬스

8. 미국 삼 합법화 시민단체(NORML) 활동 사례

2008년 4월 19일 노멀 설립자 케이드 스트룹 씨가 삼 합법화 운동 지지자들에게 보내는 "4월 20일은 '삼의 날'"이라는 편지를 를 소개한다. 이 서신의 제목은 "4월 20일은 마리화나 축제일, 4월 21일은 마리화나 재합법화 행동의 날!"로 되어 있다. 이 서신 전문을 번역 소개한다.

4월 20일은 마리화나 축제일, 4월 21일은 마리화나 재합법화 행동의 날!

자유를 애호하는 여러분에게 드립니다.

오늘 여러분에게 역사적인 역할을 해 주시도록 당부하려고 이 서신을 보냅니다. 맞습니다. 바로 역사적인 일이라고 말씀드리고 있습니다.

노멀 측은 25년 만에 처음으로, 미국 연방의회 측에 대해 연방 차원의 마리화나 금지법을 폐지하라는 운동의 최일선에 다시 나섰습니다. 연방의회는 마리화나 금지법을 통과시킨 바 있으며, 미국의 온갖 법원 측은 마리화나 합법화 운동가들에 대해 연방의회야말로 마리화나 금지법 철폐의 주체라고 되풀이만 해 오고 있을 따름입니다.

-마리화나 금지법 철폐 방안에 대한 공화 민주 양당의 지지-

그동안 노멀 측은 마리화나 금지법 철폐를 위하여 너무도 뒤늦긴 했으나 우리 노멀 측과 가장 가까운 민주당의 바니 프랑크 의원(매사츄세츠주)과 공화당의 론 폴 의원(텍사스 주) 두 분과 한 팀이 되어 작업을 추진해 왔습니다. 저는 지난 몇 달 동안 용기 있는 이 공화당의원과 긴밀히 협력하여, 연방정부 측으로부터 마리화나 소지 금지법을 시행하는 권한을 박탈하도록 하는 법안 초안을 만들어왔습니다. 마침내 이 법안은 하원 법안 "HR 5843호: [책임 있는 성인의 개인적인 마리화나 사용에 대해 연방정부 측의 처벌을 폐지하도록 하는 법률]"이라는 이름으로 연방의회에 제출 발의하기에 이르렀습니다.

그렇습니다. 25년여 만에 비로소 처음으로 우리는 의회에 이 같은 법안을 제출하게 된 것입니다. 이 법안이 연방의회를 통과하여 시행에 들어가게 된다면 미국 연방정부 차원에서 성인의 마리화나 소지와 사용에 대해서는 기소할 수 없게 됩니다.

연방정부가 마리화나를 비범죄화하도록 규정한 법안

연방의회에 발의되는 이 법안의 내용은 노멀 측의 방안을 담은 것으로서 실제 시행하게 된다면, 성인 개인이 3온스 분량의 마리화나를 사용하거나 소지하는 행위에 대해 연방정부는 일체 처벌할 수 없게 됩니다. 이 법안은 성인이 삼, 즉 마리화나를 사용하거나 소지한 경우, 이 법안이 통과되어 시행되면 그때로부터는 체포와 투옥은 말할 것도 없고, 민사상 벌금까지도 일체 과할 수 없게 됩니다.

이와 더불어 이 법안은 1온스 이하의 삼을 영리 목적 없이 건네주는 것조차 금지하며 그런 행위를 처벌토록 한 현행 법 조항도 철폐하도록 했습니다. 즉 1937년 이후 최초로 성인 개인의 마리화나 소지와 사용과 이전 행위 등이 모두 연방정부 차원에서 합법화됨을 뜻하는 것이 됩니다.

제가 40여 년 성상을 몸과 마음을 바쳐 마리화나 금지법 철폐운동에 헌신해 오는 동안, 일개 법안을 발의하거나 그 통과 전망을 갖게 된 오늘처럼 흥분되는 날은 처음이라고 감히 말씀드립니다. 바로 이것이 제가 겸손하게 여러분에게 이 법안이 통과되도록 하는 데 연대활동을 해 주도록 요청하는 이유입니다. 여러분이 함께 연대활동을 해 주실 때에만 이 법안이 연방의회를 통과할 수 있습니다.

지속적인 모금 운동과 그 성과야말로 연방의회의 교육운동을 성공시킬 수 있습니다. 언론의 핫이슈인 연방의회를 상대로 하는 이 운동을 제대로 전개해 나가려면 충분한 자금이 필요하며 여러분 같은 수만 명의 헌신적인 시민들의 모금 참여가 필수적입니다.

노멀 측이 전개하는 "2008년 마리화나 재합법화운동"을 위해 여러분께서는 1인당 50달러 혹은 그 이상을 기부할 수 있습니다. 이렇게 모금한 돈은 다음과 같은 활동을 벌이는 데 사용할 것입니다.

첫째, 연방정부 측의 마리화나에 대한 전쟁을 종식시키는 방안을 지지하는 청문회를, 민주당이 다수인 의회가 개최하도록 로비를 벌일 것입니다.

둘째, 미국 전역에 걸쳐서 연방의회 측에 대해 HR 5843호 법안을 통과시켜 주도록 폭넓으면서도 강력한 연대 청원운동을 전개하는 연합체를 구축해 내는 활동을 벌일 것입니다.

셋째, 이 HR 5843호 법안을 지지하는 신문기사와 TV 방송이 좀 더 자주 나올 수 있도록 하기 위하여 미국 전국 차원의 대언론 작업을 전개할 것입니다.

이 법안 통과에 필요한 실질적인 지지를 이끌어 내려면 여러분 개개인의 재정적 지원 이상의 그 무엇이 더 필요합니다. 여러분께서는 아래와 같이 짧은 시간이라도 할애해 주셔야 합니다.

'4월 20일 삼의 날'을 경축합시다. '4월 21일 삼 재합법화 날' 로 삼읍시다.

자, 하루를 정하여 1천 명이 동시에 연방의회에 "책임 있는 성인이 마리화나를 피우는 행위에 대해 체포를 중단해 주십시오!"라고 하는 똑같은 내용으로 전화를 건다고 생각해 봅시다. 그 충격은 정말 이루 말할 수 없이 크지 않겠습니까? 1천 통이 아닌 1만 통의 전화라면 어떨까요? 아니면 5만 통의 전화라는 또 어떻게 될까요? 연방의회의 모든 전화회선이 마침내 불통되고 말 겁니다. 바로 이렇게 연방의회에 전화를 거는 일이야말로 노멀 측이 연방의회에 보여줄 수 있는 이 법안에 대한 지지자들의 열기를 표현하는 것이 될 것입니다. 그리고 여러분께서 잠시 시간만 할애해서 전화를 걸기만 해 주시면 우리가 바라는 지지열기의 성과를 낼 수 있습니다.

여러분은 저의 충심어린 이 서신과 호소를 4월 19일 오늘, 받았습니다. 자, 그럼, 4월 21일 월요일, 이날 여러분 모두가 나서서 한 분도 빠짐없이 제110대 연방의회에 전화를 걸어주십시오.

달력에 4월 21일을 표시하여 두었다가, 이날을 연방의회가 결코 잊을 수 없는 그런 날로 만들도록 합시다.

노멀 측은 여러분이 4월 21일 월요일, 여러분 거주 지역을 대표하는 연방하원의원에게 각자 전화를 걸어 다음과 같이 말씀을 전해 주십시오.

> "열심히 일하는 수백만 명의 미국시민들이 마리화나를 피우고 있어요. 그 대부분, 자신의 집에서, 혹은 술과 흡사한 장소에서 그리고 술과 흡사한 방법으로, 즉 책임 있는 자세로 마리화나를 피워요. 가만 놔둬도 법 없이도 살 그들을 왜 매년 수천만 달러를 들여가며 체포하나요? 이젠 그런 광기의 시대를 끝내야 할 때가 왔어요. 이제 책임 있는 마리화나 사용자들은 체포하지 말아야 할 때가 왔어요. 의원님께서는 'HR 5843호: [책임 있는 성인의 개인적인 마리화나 사용에 대해 연방정부 측의 처벌을 폐지하도록 하는 법률]'을 꼭 지지해 주세요."
>
> (연방하원의회의 해당 의원실 전화번호는 대표전화 202-224-3121로 하면 바로 연결해 줍니다.)

이렇게 전화로 전한 내용을 이메일로도 해당 의원에게 보내주십시오. 노멀 홈페이지 여기를 클릭하시면, 해당의원에게 노멀 측이 준비한 문안을 여러분 이름으로 보낼 수 있도록 해놓았습니다.

연방의회 의사당에 마리화나 합법화를 지지하는 수천, 수만 통의 전화벨이 한꺼번에 울린다고 생각해 보세요. 그리고 수천, 수만 통의 이메일이 연방의회 의사당에 한꺼번에 쏟아져 들어온다고 생각해 보세요. 이렇게 마리화나 금지법 철폐운동을 위한 정치적 운동을 전개하는 것은 역사상 이번이 최초입니다. 시민들이 선거로 뽑은 의원들이 결코 이 날을 잊을 수 없는 날로 만들어봅시다. 처음 말씀드린 대로 그렇게 하면 정말 우리가 역사를 만들어 내게 될 것입니다.

노멀 설립자. 알 케이드 스트룹 드림

PS.

4월 20일 미국의 수백여 개 장소에서 동시에 개최되는 삼 축제 혹은 실내 '슈퍼하이미' DVD 파티 등지에서도, 4월 21일 '행동의 날'에 대해 함께할 수 있도록 말씀해 주십시오(노멀과 노멀재단).

에드로젠탈

에드 로젠탈, 아내 제인, 딸 저스틴 등이 연방법원 유죄평결 직후 법정 바깥에서 지지자들과 함께하였다. 당시 에드는 주법에서는 합법이지만 연방법으로는 불법으로 되어 있는 의료용 삼 재배 혐의로 유죄가 확정되었다. 배심원단은 공개적으로 에드의 편에 서서 의료용 삼을 불법화하는 데 대하여 공개적으로 항의의 뜻을 전달하였다. 연방법상 그는 최저형량이 5년형이었으나 연방 판사는 안전판 개념을 적용하였으며 단 하루 동안 사회봉사를 하도록 명령을 내렸다. 그는 이에 불복하여 연방정부가 주정부의 권리를 존중하며 의료용 삼에 대하여 합법화해 주도록 소송을 계속하였다.

9. 미국 민주당 오바마 후보, '대마초 비범죄화' 지지

미국의 민주당 대통령 후보 예비선거에 나서고 있는 오바마가 미국 연방정부가 금지하고 강력 처벌토록 하고 있는 대마초에 대해 비범죄화하도록 해야 하며 '마약과의 전쟁'은 실패했다고 밝힌 것으로 드러나 화제를 모으고 있다.

워싱턴타임즈는 2008년 1월 31일자 기사에서 버락 오바마가 4년 전인 2004년 일리노이 주 노스웨스턴 대학 학생들을 상대로 한 상원의원 선거운동 과정에서 연방정부가 대마초를 비범죄화해야 한다고 밝힌 바 있다면서, 이를 입증하는 당시 오바마의 발언 모습을 담은 비디오를 워싱턴타임즈 웹사이트에 공개했다.[3]

그동안 세간의 주목을 받지 않던 이 비디오에서 오바마는 "본인은 마약과의 전쟁은 실패했으며, 마리화나 금지법을 재고하여 비범죄화해야 한다고 생각합니다."라고 지적하고 있다. 이어서 그는 대마초 비범죄화는 지지하지만 완전한 합법화는 지지하지 않는다고 밝히고 있다.

하지만 오바마 후보는 2007년 MSNBC의 팀 러서트가 진행한 민주당 예비선거 후보토론회에서 마치 비범죄화를 지지하지 않는 것처럼 비쳐진 바 있다.

이 토론회에서 당시 민주당 예비후보이던 크리스 도드가 대마초 비범죄화를 지지한다고 입장을 밝혔을 때, 진행자가 나머지 후보들에게 비범죄화를 반대하면 손을 들어달라고 했으며, 그러자 오바마도 역시 다른 후보들과 함께 손을 든 것으로 되어 있다.

---

3) (http://www.washingtontimes.com/apps/pbcs.dll/article?-AID=/20080131/NATION/896961936/-1/RSS-NATION-PO)

그러나 당시 토론회 비디오를 자세히 보면 오바마 후보는 주저 주저하며 손을 반쯤 들었다가 재빨리 손을 내리는 모습을 볼 수 있다.4)

이렇게 당시 오바마 후보가 애매한 태도를 취한 것에 대해 당시 워싱턴타임즈 기자로부터 질문을 받게 되자, 오바마 선거본부 측은 성명을 내고, 오바마는 언제나 '일관되게' 대마초 비범죄화 노선을 지지해 오고 있으며 2007년 후보토론회 당시 그가 손을 반쯤 들었던 것은 진행자의 질문을 잘 알아듣지 못해 실수로 그런 것일 뿐이었다고 밝혔다.

이어서 오바마 선거본부 측은 오바마 후보가 대마초의 완전한 합법화에 대해서까지는 반대하지만, 오바마가 대통령에 당선되면 "마약정책을 재검토하여 폭력이 수반된 범죄에 대해 보다 더 집중하도록 하며, 현재와 같이 폭력행위가 전혀 수반되지 않는 마약사범에 대한 맹목적이며 역효과만을 초래하는 형사처벌 정책을 재고토록 할 것"이라고 밝혔다.

이에 대해, 미국 '대마초금지법 개정운동 전국연합(NORML, 노멀)'의 알렌 피에르 사무총장은 "미국 대선 주요후보 중 유일하게 오바마 후보만 대마초 비범죄화를 지지하는 용기를 보여준다."고 반가움을 표시하였다.

NORML대표
알렌 세인트 피에르 씨

피에르 사무총장은 이어서 지금이야말로 당장, 자기 행위에 대해 책임질 줄 아는 성인 대마초 흡연자를 범죄자로 취급하는 정책을 종식해야 한다고 밝히고, 최근 CNN과 타

---

4) (http://www.washingtontimes.com/apps/pbcs.dll/article?AID=/20080131/
NATION/896961936/-1/RSS-NATION-PO)

임워너 측이 공동으로 실시한 여론조사 결과를 예로 들면서, 미국인 중 76%가 오바마와 같이 대마초 비범죄화를 지지하며, 미국인 중 4천8백만 명이 최근 1년 이내에 대마초를 피워보았다는 조사결과를 제시하였다.

힐러리 후보의 선거본부 측은 힐러리 후보가 대마초 비범죄화에 반대한다고 밝힌 바 있다. 공화당의 경우, 매케인 후보는 비범죄화를 반대하는 반면, 롬니 후보는 비범죄화는 물론 의사가 처방한 의료용 대마초 허용에 대해서조차 반대하고 있다.

우리나라의 경우에도 대마초 사용자가 1백만 명에 달할 것으로 추산되기도 하나 총선이나 대선에서 대마초 비범죄화 문제는 전혀 이슈화되고 있지 못한 실정이다. 영화배우 김부선 씨와 일부에서 노력하고 민주노동당 일각에서 관심을 보여주고 있으나 선거쟁점으로까지 되기는 힘든 상황이다.

10. 마약문제와 2008년 미국 대선

2007년 말 미국의 수많은 온오프의 신문매체들은 오바마가 젊은 시절 불법마약을 사용한 전력이 있음을 시인한 것을 두고 몹시 소란을 떨었다. 2008년 1월 초에는 힐러리 측의 뉴햄프셔 선거위원회 공동위원장인 빌 샤힌이 이 논란에 뛰어들어 다음과 같이 주장했다.

"공화당은 싸움판을 벌이지 않고는 결코 항복하지 않는다. … 그런데 본선에서 공화당이 확실하게 치고 들어올 분야는 오바마가 마약을 했다는 대목일 수밖에 없다. 오바마가 솔직하게 마약 사용을 인정한 것은 공화당에게 싸움을 걸어달라고 간정하는 거나 진배없다. 좋다. 공화당 식으로 오바마에게 묻겠다. '마지막으로 마약을 한 건 언젠가? 다른 사람에게도 마약을 하도록 준 적이 있는 가? 누군가에게 팔아보기도 했는가?' 공화당이 더티플레이를 할 여지가 너무도 많다. 오바마가 본선에 가면 결코 이 대목을 이겨 낼 수 없다."

당시 오바마 측은 이에 대해 "힐러리 측의 필사적인 몸짓"이라 고 비난했으며 샤힌은 바로 그 다음날 사퇴했고, 힐러리는 개인적 으로 오바마에게 사과했다. 그러나 결국 이런 건 정직하지 못한 제스처에 불과하며 샤힌의 공세는 공화당이나 해야 하는 것이지만 실제로는 맞는 내용이라고 보아야 한다.

1월 중순 힐러리의 오랜 지지자이자 블랙엔터테인먼트 TV 설립 자이기도 한 로버트 L. 존슨은 뉴욕시에서 청중들이 운집한 가운 데 열리는 마틴 루터 킹 기념식에서 힐러리와 함께 무대에 서겠다 고 한 자신의 발언을 뒤늦게 철회하는 소동을 벌였다. 존슨은 나 중에 자신은 오바마의 마약 사용 문제가 아닌 그의 커뮤니티 행사 에 대해 심판을 보기로 했다고 해명을 하였다. 어쨌든 힐러리 진 영이 아닌 쪽 사람들은 이 해명을 받아들였다.

존슨, 알 샤프턴, 심지어 오바마와 맞서던 빌 클린턴 등과 같이 옛날에 학교를 다닌 민권운동 지도자들 사이에서도 세대 간 격차 현상이 벌어지고 있다. 사실 오바마는 민권운동에 빚진 바가 크긴 하지만, 그렇다고 해서 벌써 노인세대에서 있었던 민권운동을 직 접 보고 겪기까지 하진 않았다.

2008년 1월 사우스 캐롤라이나 주 선거 당시 젊은 세대인 오바 마 지지층과 기성세대의 힐러리 지지층의 격전은 그야말로 마약 문제를 들추는 등 추한 모습으로 얼룩졌으며 그래서 힐러리 지지 자조차도 고통스럽다고 할 정도가 되고 말았다.

오바마에게 마약 추문을 들추는 언론이 부당하다면 그럼 힐러리는 어떤가? 빌 클린턴은 힐러리와 함께 숨겨놓은 마리화나를 같이 하지 않았는가? 1971년 '버클리 사랑의 여름' 행사 때 스무 살 남짓의 힐러리 모습은 정말 어떠했는가? 당시 "공기는 해쉬쉬로 달콤했으며" 동거하던 클린턴 커플은 내연관계로 '피플스 파크'에서 두 블록 떨어진 더비 스트리트의 아늑한 한 아파트에 살고 있었다. 1980년 아칸소 주지사 부인으로서 처음으로 백만 달러의 거액을 투자하게 되었을 당시, 아칸소주 주변에서는 마약, 총기 등을 거래하는 엄청난 돈이 흘러 다닌다는 보도가 숱하게 나오고 있었다. 이는 뭘 말하는 것인가?

어쨌든 힐러리의 웹사이트는 힐러리가 불법마약을 했을 법한 점에 대해 일체 언급하고 있지 않다. 그러나 빌 클린턴이 적어도 아칸소에서 여러 해 동안 불법마약을 사용했으며, 1980년 코카인까지 했다는 논란이 끊이질 않고 있다(http://prorev.com/connex.htm).

민주당의 예비후보 존 에드워드의 경우 삼(대마초) 문화에 대해 정통하다고 보아야 한다. 에드워즈는 마리화나 골초였다고 시인한 바 있다(oftheissue.org). 수백 만 명이 넘는 마리화나 사용자 유권자 표를 끌어 모으기 위해 에드워즈는 힐러리나 오바마 못지않은 열의를 보였다. 특히 미국 서부 주들에서 더욱 그러했다.

에드워즈는 "의료용으로 합법화된 마리화나 클럽"에 대해 연방마약청의 급습작전을 즉각 종식시키겠다고 공약한 바 있으며 특별히 이를 캘리포니아 주에서 강조하였다. 2003년 12월 Vote-Hemp 인터넷 투표에서 친헴프 B 등급을 기록하였다.

실제로 미국에서도 상당수 하원의원들은 삼을 합법화하며 세금을 부과하고 알코올처럼 규제해야 한다고 본다.

그런데 대통령 후보가 과거 또는 현재 불법마약을 사용했는가 여부에 대해 아는 게 왜 그리도 중요한 것인가?

그것은 위선과 진실을 평가하는 요인이 되기 때문이다. 내가 어떤 마약인가를 했다거나 지금 하고 있다고 시인한다 하여 내가 '특별' 법원에서 처벌 받으며 전과자가 되고 아니면 강제적으로 마약 '치료'를 받도록 하는 후보를 과연 내가 지지해야 하는가? 후보가 마약을 한 것에 대해 '실수'라든가 '젊은 날의 치기'라고 변명하는 건 정직하기만 하다면 좋다. 그러나 과연 후보가 불법마약을 했는지 안 했는지 유권자들이 도대체 어떻게 알 수 있는가?

2008년 미국 대선에 출마한 모든 후보들에 대해 소변검사를 하는 것을 적극 환영한다. 이런 엉터리 같은 상황을 종식하려면 후보의 체액, 모발, 손톱과 발톱, 혈액 등에 대해 무작위 화학반응검사 결과를 제출하며 그 결과를 공개하도록 해야 한다. 이는 비이성적인 요구가 아니다. 이미 매년 건강보험도 안 되는 수백 만 명의 미국 국민들이 일자리를 구할 때나 아니더라도 일상적으로 그런 마약검사 수모를 당하고 있다. 미국 뿐 아니라 세계의 운명을 좌우할 미국 대통령만 마약검사를 면제해주어야 하는가?

재미 삼아 힐러리의 마약검사 결과를 만들어보았다. 후보는 더욱 더 중요한 마약검사를 거쳐야 한다. 이를 '마약금지 IQ 검사'라고 부르도록 해보자. 단지 '사실이다' '사실이 아니다'고 답하는 세 개 질문으로 만들었다.

1. 불법마약은 통제할 수 없다. (사실이다, 사실이 아니다)
2. 미국의 현행 마약금지법은 대체로 지켜지지 않고 있다. (사실이다. 사실이 아니다)

3. 미국의 현행 마약금지법은 일반 국민들로부터 널리 무시되고 있으며, 엄청난 부패의 늪에 빠져 있고, 조롱거리의 대상으로 전락해 있다. (사실이다. 사실이 아니다)

물론 이 세 질문의 정답은 모두 '사실이다'이다. 그 다음 이 검사를 통과한 후보들은 인종차별주의자나 엘리트주의자가 아니라면, 명백히 엉터리 같은 마약금지정책을 계속할 것인가 여부에 대해 재평가하도록 해야 한다. 실제로는 마약을 통제도 하지 못하는 정책을 통해 수백만 명에 달하는 대부분 가난하며 소수자에 속해있는 이들을 투옥하고 있다. 마약금지법은 가난한 사람들 특히 유색인종에게 훨씬 더 커다란 충격을 가하는 반면, 백인이거나 중산층인 절대다수 마약사범들은 손도 대지 않고 있다. 단속기관의 백인 편향성 때문이다. 더욱이 이 정책은 너무 오래 지속되고 있으며 경기침체와 맞물려, 멕시코국경과 주요도시 지역에서 인종 간 갱단 간 전쟁을 격화시키며 법질서를 붕괴시키고 있다는 점이다. 여전히 위 세 질문에 대한 정답은 한결 같다.

과거 불법마약을 한 사실을 시인하는 후보가 아무리 칭찬받는다 해도 고등학생의 50% 이상이 불법마약에 손을 대고 있는 이 미국 현실과 총기 사건이 난무하는 학교와 길거리를 연결 지어 제대로 포착하는 건 백악관에는 전혀 들리지도 않는 실정이다. 마약정책의 실패 문제가 또 다시 토론과 논쟁에서 실종되고 만 형국이다.

오바마는 개인의 마약 사용 이야기를 젊은

버락 오바마 아닌 배리 오바마 시절 흑인으로서 정체성을 고민하다

젊은 시절 히피 모습의 클린턴 부부

2008년 미국대선에서 매케인 후보 부인에 대해, 마리화나보다 훨씬 해로운 술 제조 판매상이라며 420달러에 현상수배하는 광고 전단

시절의 치기에 대한 실존적 이야기쯤으로 치부하면서 후회하며 많은 교훈을 배웠다고 말하는데 써먹었다. 진보주의자들은 오바마가 솔직하며 지혜를 얻은 것에 대하여 칭찬해주고는 논란을 접어주었으면 하는 바램일 것이다. '도취하진 않았습니다.' 하는 말도 바로 그런 식이다. 진보파 사람들은 여러 해 동안 그런 말에 웃고 지나갔었다. 이제 다시 그 다음 수준으로 도약해야 할 때가 되었다.

한편으로 오바마는 자신의 경험이 오늘날 젊은이들은 되도록이면 왜 마약을 피해야 하는가를 보여준다고 본다. 그러나 바로 여기 젊은 시절 마약을 하고 이제 미국연방의 대통령에 도전하는 인물이 등장하였다. 정말 머리를 혼란스럽게 만든다. 특히 마약을 했다 하여 학자금 융자를 거부당하는 수천 명에 달하는 학생 중 한 명이라면 어떠하겠는가?

그럼 오바마가 마약금지법을 개정할 어떤 비밀 방안이라도 가지고 있는가? 하지만 여태까지 오바바는 힐러리나 에드워즈와 실질적으로 다른 어떤 방안도 제시하지 않고 있다. 오바마는 단지 투옥이나 감금이라는 말 대신 '치료'라는 말로 바꿔 쓰고 있을 따름이며, 성인조차도 마약을 금지한다고 하는 근본적인 문제점에 대해서는 외면으로 일관하고 있다

(www.ontheissues.org/Drugs.htm).

 2008년 미국 대통령 선거 운동 과정에서 어느 한 마약정책 개혁 운동 시민단체가 마리화나 합법화 운동의 일환으로, 매케인 후보의 부인 신디 매케인에 대해 420달러에 마약거래 사범으로 현상수배 하는 운동을 벌이기도 하였다. 요컨대 신디는 삼 즉 마리화나보다 훨씬 더 해로운 알코올 제조 및 거래상이라는 것이다 (www.DrugDealerCindy.com).

제7장 영국경찰의 변화

1. 영국경찰의 마약정책

영국경찰은 마약정책을 어떻게 시행하고 있는가?

먼저 몇몇 지표들을 보도록 하자.

우선, 전 런던경찰청 마약수사대장 에드워드 엘리슨은 마약 합법화를 주장하고 있다. 영국의 전 그웬트 카운티 지방 자치경찰청장 역시 대마초 사용에 대해 인권 차원에서 지지하였다.

현직 쿰브리아 지방 자치경찰청은 대마 합법화를 주장하였다.

클리블랜드 카운티 지방 자치경찰위원회 측은 동 자치경찰청 부청장과 합세하여 영국 중앙정부 측에 대하여 마약금지정책은 파산되었으며 합법화를 추진해야 한다고 지적하였다.

런던경찰청 부청장보는 대대적인 마약금지정책 강행이 시민적 자유를 유린하고 있으므로 "도저히 생각조차 할 수 없는 마약 합법화를 고려해야 한다."고 주장하였다.

런시만 보고서 작성을 위한 마약청문회에서 수뇌급 경찰관 두 분은 대마에 대해 비범죄화해야 한다고 지적하였다.

중앙마약기구의 기관장이자 전직 자치경찰청장이던 분은 마약소지 행위조차도 단속 대상으로 삼아서는 안 된다는 입장을 명확히 밝혔다.

그러나 정작 영국경찰의 접근방식은 어떤가?

마약금지정책을 시행해야 하는 위치에 있는 기관에서 위와 같이 경찰의 태도와 접근자세를 보여주고 있는 데 대하여 혼란스러움을 금할 수 없다. 오늘날 경찰활동에 대한 정책이 어떠한가 하는 것이야말로 마약 사용자들에게 가장 큰 영향을 미친다. 하지만 과연 경찰업무라는 게 어떻게 해서 오늘과 같은 복잡하며 애매하고 기준도 없으며 지역마다 천차만별인 영국의 경찰을 포함한 법집행 정책들이 오늘날 이 지경에 이르게 되었는가를 보다 더 제대로 이해하는 것이야말로 전반적인 경찰정책과 마약에 대한 경찰정책의 상호관계를 제대로 짚어보는 데 가장 최선의 길이 될 수 있다.

2. 역사

논의의 출발점을 정해 보도록 하자. 마약문제는 팝뮤직, 10대의 경제적 독립, 성의 자유, 개인의 시민적 자유 개념, 기타 온갖 혁명적 상황 등과 맞물려 1960년대부터 마약이 크게 부각되었으며 그 문제가 시작되었다.

하지만 지금까지 거의 40년이란 세월이 흘렀지만 논리구조나 주장들은 변한 게 거의 없다. 이런 측면은 매우 나쁜 소식에 속한다. 그러나 각종 주장들이 이제 그 목소리를 내기 시작했으며, 그것도 소수의 마약 사용자나 이들을 대변하는 압력단체 쪽이 아닌, 광범위한 각계각층의 전문가들과 매우 큰 비율의 일반 시민들이 목소리를 내고 있는데, 이 점은 매우 좋은 소식에 속한다. 불행히도 오로지 영국의 전문가 집단만은 마약금지정책에 대한 정책대안에 대한 논의를 열린 자세로 정직하게 공론화하고 있지 못한 실정이다. 이것은 결국 영국 의회라는 토론의 장을 통해서 이루어져야 하는 데 아직 그렇게 되고 있지 못한 실정이다. 의원들은 자신들이 속해 있는 정당의 정치적 입장에 너무도 강하게 속박당하고 있는 탓에 가장 온건한 톤의 입장마저도 발언할 용기가 있는 의원들조차도 당 지도부로부터 침묵하도록 감시 및 강요를 당하고 있는 실정이다.

1967년 7월 더타임즈 신문에 게재된 대마초 합법화 광고(SOMA 이름으로 게재된 광고임) 문안의 제목은 "마리화나를 금지하는 법률은 원칙적으로 비윤리적일 뿐만 아니라 현실적으로 도저히 실행될 수 없습니다"로 되어 있었다. 이 광고는 여기에 서명한 인사들이 매우 폭넓으며 신망이 두터운 사람들로 이루어져 있어서 매우 유명해졌다. 하지만 당시 광고 문안에서 경찰활동 측면을 언급한 대목은 딱 한 문단이 들어 있었으며 그러나 이는 지금까지도 매우 귀중한 언급이 되고 있다.

> "대마 금지는 법이라고 하는 것에 대해 그 위신을 크게 추락시키고 말았으며, 경찰관들에게 불의하며 잘못된 법을 집행하도록 강요함으로써 경찰윤리를 타락시키고 말았다. 셀 수도 없이 많은 수천 명의 시민들이 공포에 휩싸인 채 자의적으로 범죄자로 내몰렸으며, 체포, 피해자화, 생계 위협 등에 내몰리고 말았다. 이들 중 많은 사람들은 법정에서 공개적인 인격모독을 당해야 했으며 법복을 입은 치안판사들로부터 경멸을 당하고 징역형에 처해지는 고통을 당해야 했다. 이들은 탐지수색견의 추적을 받기도 하며 길거리에서 무작위로 정지당한 채 적법절차를 벗어난 수색을 강요당하기도 했다. 시민단체인 '시민적 자유를 위한 전국연맹'(현재 약칭 리버티라고 부르는 유서 깊은 영국의 시민인권운동단체를 말함) 측은 경찰 측이 대마 흡연자 혐의가 있는 사람들에게 마약을 몰래 전달하거나 판매한 것이 명백한 많은 사례들에 대하여

주의를 환기시키기도 한 바 있다. 심지어 자치경찰청장 계급의 경찰 지휘부는 국민들에게 이웃 주민들이나 심지어 자식들이 마약을 하는 경우 이를 신고해 달라고 호소하기까지 했다. 하지만 그와 같이 시민적 자유에 대한 이런 무지막지한 호소와 위협에도 불구하고 경찰은 대마 흡연의 확산사태를 예방하지 못해왔음을 공공연하게 자인하고 있는 실정이다."

이상과 같은 1960년대의 모습이 있었음에도 불구하고, 영국경찰은 오랜 역사적인 여정을 거쳐 이제 와서야 비로소 서두에서 언급한 여러 경찰 전·현직 인사들이 표명한 언급이나 자세 등이 표출되는 상황으로 바뀔 수 있었다. 세상은 그렇게 호락호락하지 않았던 것이다.

더타임즈의 위 광고가 게재된 지 16개월 후 '마약중독자문위원회' 측은 통상 『우톤 보고서』라고 불리는 한 보고서를 발표했다. 이 보고서를 요약하면 다음과 같다. "지금까지 통상적으로 인정되어 온 대마초 사용의 위험성, 한 걸음 더 나아가 아편제로 전환해 나갈 위험성 등은 크게 과장된 것이다. 현행 형사처벌은 너무 심한 것으로서 결코 정당화될 수 없다."

우톤 보고서는 결론적으로, 대마초에 대해서 비범죄화하도록 권고하였다. 이 보고서 작성과정에 대해 지금까지도 제대로 대중적인 주목을 받지 못한 대목은 이 우톤 위원회 중 한 수석급 위원 중에는 당시 런던경찰의 범죄수사국 책임자급에 해당하는 런던경찰청 범죄담당 부청장보이던 피터 브로디 경이 포함되어 있었다는 점에 대해서이다.

그럼 과연 영국경찰 측은 어떻게 해서 더타임즈가 말하는 '억지춘향 식의 함정수사'라고 비난했던 대목에서 벗어나 과연 어떻게 합법화를 요구하는 단체 쪽의 목소리에도 귀를 기울이게 되었는가? 영국 국부무 측에 잘못이 있다는 점을 깨닫게 되면 매우 즐거워하겠지만 그러나 이것이 그렇게 크게 놀랄 일은 아니다. 국무부 측에 잘못이 있다는 말 속에서 영국 시민들은 금방 그 후렴구를 눈치 챌 것이다. 잘못은 바로 그 교육훈련, 교육훈련, 교육훈련에 있다고 하는 점이다.

과거 경찰운영 및 리더십의 역사는 군사적 스타일 일색이었다. 경찰간부는 통상 군 출신으로 채워졌으며, 경찰에 대한 교육훈련은 군사적 스타일로 이루어졌고, 경찰은 이들 간부를 통해서 소임을 다해왔다. 경찰은 결국 자신들 분수를 잘 알고 있었으며, 이른바 국왕과 정부에 대한 흔들림 없는 충성심을 다 바쳤으며, 그리고 퇴직 시점에 이르면 훈포장을 받아왔다. 경찰은 '뭐든지 문제를 던져주기만 하면 우리가 그 문제를 잘 처리하겠습니다.' 하는 자세로 일관해 왔다. '우리 경찰에게 경찰 인력만 주면, 우리 경찰에게 예산만 주면, 그 문제들을 깨끗이 해결하겠습니다.' 하는 식이다.

"음주운전이 문제입니까? 우리 경찰에게 음주운전처벌법과 음주측정기만 주십시오.

런던동부 지역에 조직폭력이 문제입니까? 국무부장관님 아무 문제없습니다. 저희가 조직폭력소탕팀을 만들어 처리하겠습니다.

열차 강절도가 문제입니까? 감히 어떻게 정부우편공사에 대해 무모한 짓을 한단 말입니까? 최소 30년 동안이나 말입니다.

런던 전역의 강절도가 문제입니까? 전혀 두려워하지 마십시오. 여기 신속수사대를 신설했습니다.

마약이 문제입니까? 확실히 그런 것 같습니다. 하지만 마약수사대를 신설했습니다.

포르노물이 문제입니까? 전혀 걱정하지 마십시오. 다른 포르노물 전문수사대를 신설했습니다."

겉으로 보면 이런 식의 해결은 아주 멋진 것이다. 시민들도 자기 분수를 잘 알고 있었다. 경찰을 나무랄 일은 아니었다. 우리 모두 경찰을 믿읍시다. 경찰은 아주 멋진 분들이라고.

1940년대, 1950년대, 1960년대 경찰은 순풍에 돛단 듯이 매우 순조로웠다.

그런데, 겉으로 그렇게 성공적인 것처럼 보이는 것 속에서는 거품이 터져 나오고 있었다. 내부감찰과 내부수사가 시작되어 마약수사대의 압수마약의 재유통 비리, 포르노업계의 뇌물비리 등과 의혹사건들을 시발로 하여 유사한 부패사건들이 줄줄이 쏟아져 나왔다. 중요 재판사건들에 있어서 고참 수사경찰들이 증거를 매수하여 조작했다는 불가항력의 사실증거들이 받아들여지는 사태가 벌어졌으며, 경찰 지도부는 정작 커뮤니티의 필요성들에 대해 직접 접하지 않고 있다는 문제점들이 노출되었고, 군소 자치경찰청들은 통폐합하여 거대 자치경찰로 재탄생하였다. 경찰조직은 매우 큰 데 비하여 제대로 교육훈련을 받고 경험이 많으며 충분한 질을 갖춘 관리자나 지도부는 갖춰져 있지 못했던 것이다.

마침내 경찰조직이나 심지어 다른 어떤 단일 기관조차도 협력 없이는 구체적인 사회문제들 그 어느 하나도 제대로 해결할 수는 없는 노릇이라는 인식에 도달하게 된 것이야말로 최악의 상황을 여실히 드러낸 셈이 되고 말았다. 그리고 경찰 측은 역사상 도대체 협력 활동과 협력 사업이라는 경험 그 자체가 전무했다.

경찰 소관부처인 국무부는 결국 경찰조직에 대해 교육을 제대로 하기로 작정하게 된다. 보다 질 좋은 신임경찰관 충원, 햄프셔 지역에 위치한 국립경찰학교, 각 경찰활동 영역별로 전문화된 교육훈련, 미래의 담당업무에 대비한 교육훈련, 회계관리 및 타운급 경찰활동 기획 등과 같은 기법, 여러 관련기관 상호협력 접근법 및 테크놀로지 활용 등에 따른 장점, 연구부서의 설치와 이에 대한 올바른 이해, 각종 법규의 발전 등등이 강조되었다. 경찰직업의 전문화 혁명이 도래한 것이다.

일개 직업에 불과했던 경찰이 전문직이 된 것이다. 경찰이 갖춰야 하는 온갖 장비 외에도, 자격요건, 선발과정, 농촌-타운급-시티급 경찰활동을 차례로 밟아나가는 순환근무, 경력관리, 특정 경찰활동 영역에 대한 전문화 등이 강조되었다.

하지만 이런 모든 것들과 더불어 또 다른 진행상황이 전개되기 시작했다. 만일 한 관리자급 경찰관이 변화와 개혁을 생각하고 연구하며 대안들을 검토할 수 있게 된다면 그는 자신이 해야 하는 것과는 다른 제대로 된 대응책을 찾아낼 수 있을지도 모른다. 그런데 바로 이점이야말로 현재 영국 경찰이 처한 긴장상황이다. 그런데 현재 영국 '경찰지도부' 부류는 변화와 개혁을 위한 정책대안들을 가지고는 있으며, 이것은 경찰과 시민 모두에게 이로운 것이 되긴 하지만, 정부 측에서 현재 표명하고 있는 의지나 뜻과는 다르게 결론을 내리고 있는 실정이다. 그리고 경찰활동은 매우 현실적인 문제점을 안고 있다.

영국의 입헌구조상 경찰은 의회를 매개로 한 시민들의 종, 즉 공복으로 되어 있다. 영국의 시민들은 모두 이 말에 동의하는 게 당연하며 특히 경찰이 입법 기능을 담당하는 나라에서 살고 싶지는 않을 것이다. 경찰이나 때로 군부가 자신들 입장을 직접 입법하는 식으로 입법기능을 통제하는 나라들 사례가 있긴 하다. 하지만 이것은 필자가 영국이 따라가야 할 모델은 아니라고 생각한다. 고위직 경찰 관리자급은 일반적으로 경찰이 정부와 시민들에게 복종하는 상태로 남아 있기를 바란다. 이런 바람과 더불어, 경찰활동 분야에서 도대체 어떻게 현재의 입법구조에 대해 뭐라고 주장을 제기할 수 있는가 하는 물음은 잘못된 것이다.

경찰은 항상 입법과정에 대해 투입 기능을 해 왔다. 경찰은 연구 차원에서 관련 법제정이나 개정에 대해 입장을 언급해 주도록 요청을 받게 된다. 법제화 단계에서 초안 작성에서 있을 수 있는 오류들을 시정해야 하는 피드백 단계가 있다. 최근 사례를 보면 음주측정기 관련 입법, 위험한 개에 대한 입법, 가정폭력 관련 입법 등이 있었다. 이 경우 경찰의 경험은 의회 측의 토론과정에 대해 피드백 작용을 했으며, 공적이 아닌 사적인 방식으로 시정하여 조정하는 과정을 거쳤다. 하지만 경찰이 모든 게 잘못되었다며 정부(의회) 측에 직접 가서 이를 일일이 꼬치꼬치 지적하는 전례는 전무한 실정이다.

하지만 마약 사용 분야에서 우리는 매우 독특한 사태에 직면하게 된다. 지금까지 경험으로 미루어 보건대, 다른 어떠어떠한 정책이 보다 많은 목표들을 달성할 수 있는 보다 나은 기회들을 제공하는 것임에도 불구하고 이 메시지를 알려서 이해시키는 데에는 훨씬 더 미묘하며 복잡한 접근법이 필요한 것이 현실이다. 영국모델에 있어서 경찰은 정부 측에 대해 법제정이나 개정을 강제할 수 없다.

경찰이 할 수 있는 것은 실제 경찰 운영과 작전을 통해서 사회적 기준 그 자체에 대해 변화를 유도하는 그런 방식으로 이루어지며, 이런 식으로 잘 진행된다는 점은 영국 시민들도 모두 잘 안다. 경찰은 특정 분야의 전문경찰인력을 줄일 수 있으며, 서로 다른 우선순위를 정하는 방식으로 대처할 수 있고(이때 특정 '범죄'는 경찰활동의 우선순위에 포함되어 있지 않다고 확인하는 식이다), 경찰은 공개적으로 현재 상태나 회의 등에 대해 뻔한 비판을 하지 않은 채 정책대안들에 대해 공개 논의할 수도 있으며, 상대방이 토론에서 정확한 자료를 사용할 수 있도록 해당 자료를 제공할 수도 있고, 특정 범죄에 대해 기소하기보다는 훈방 조치를 취하도록 함으로써 막 조성되는 여론을 반영하기도 하는 것이다.

하지만 경찰 관리자가 이런 식의 우선순위 조정을 위해 움직인다면, 이런 조정과 변화에 있어서 어떤 요인들이 중요한 것으로 부각되어 왔는가?

첫째, 경찰조직은 무엇보다도 먼저 자체적으로 보유하고 있는 자원, 즉 경찰력을 가장 먼저 고려하게 된다. 마약 관련 업무는 한 가지 중요한 문제를 던져주고 있다.

영국 시민들에게 경찰이 존재하는 이유에 대해 다음과 같다고 말할 수 있다. '효율적인 경찰의 가장 우선적인 목적은 범죄예방이며, 그다음 그래도 범죄가 일단 발생한 이후에는 그 범죄자를 탐문하여 체포하는 데 있다.' 물론 지금도 당초 1829년 초대 런던경찰청이 한 이 말에서 새로울 것은 하나도 없다. 생각해 봅시다. 예방이 최우선이지요. 실제로 범죄가 발생하게 되면 경찰활동은 실패한 것이 되고 만다.

거의 모든 범죄의 경우 시민들 흔히 피해자인 시민들이 경찰에게 범죄를 당한 사실을 알리고 그런 연후 비로소 수사가 이루어지는 것이 일반적인 패턴이다. 일정한 범죄 패턴이 있는 경우 혹은 동일 범죄가 반복적으로 발생하는 경우 경찰은 사전 예방차원에서 범행 현장에 배치되거나 아니면 범죄발생을 예방하기 위해 체포에 나서게 된다. 경찰조직은 신고된 범죄 기록을 간직하고 있으며 그 해결과 체포에 있어서 효율성을 추구한다.

경찰의 효율성 측정은 발생한 범죄차원과 체포율, 이 둘의 비교치로 이루어진다. 그런데 경찰의 마약업무는 이와 같은 경찰의 업무수행 측정 모두를 파탄에 빠뜨리고 있다. 저 혁명의 1960년대를 회고해 보면 마약사범 체포율은 오로지 통계목적만을 위해 기록되었을 따름이다.

1960년대 범죄기록백서에는 유해범죄가 전혀 없다. 런던에서 중요도 측정은 강절도 범죄를 다루는 런던경찰청 신속수사대 인력은 거의 2백여 명인 반면, 훨씬 더 공포의 대상이며 신고건수도 훨씬 더 많고 항의도 더 많이 받는 마약수사대의 경우 인력은 고작 27명이었다는 사실에서 경찰력 운용의 허구성이 상징적으로 드러

런던경찰청 입구 표지탑

난다. 런던경찰청의 이런 경찰력 배치는 대처 총리가 보다 많은 경찰력을 지원해야 하는지 여부를 결정해야 하던 1980년대 초반까지도 고수되어 오던 방식이었다. 오늘날 중앙범죄수사대(NCS)는 중앙범죄정보국(NCIS)의 정보제공 및 세관 측과의 협력을 바탕으로 일하는 마약부서를 두고 있다.

그럼 결국 경찰 관리자는 어떤 일을 하는가? 최근 몇 년 동안 마약소지는 '범죄기록대상' 범죄가 되었으며, 마약수사대가 창설되었고 수백 건에 달하는 체포 사건들이 다뤄졌으며 수백 건 이상의 범죄 발생이 급증했다. 이런 사실들은 여러분이 속해 있는 커뮤니티 경찰활동, 가정폭력 대처를 위해 경주해 온 온갖 노력들을 몽땅 무력화시키고 말았다. 마침내 일제히 일반시민들은 아, 그 '마

약문제'라는 게 있구나 하는 것을 알게 된 것이다. 잘 알다시피 마약 사용에 관해 아는 게 전혀 없으면 도대체 그 마약문제라는 게 별 게 아니거나 아예 존재하지조차 않는 법이다. 적극적인 경찰활동이야말로 이 마약문제를 드러내어 주목하게 만드는 것이며 보다 더 많은 수요나 요구를 만들어 내게 되는 장본인인 것이다.

하지만 이것이 새로운 논쟁인 것은 아니며 단지 보다 더 공개적으로 논의가 이루어지는 문제일 따름이다. 앞서 1973년으로 거슬러 올라가 마약수사대에 대해 이 문제를 논의한 바 있다. 우린 전혀 '마약문제'라는 게 없는 고립적일 수 있는 영역을 찾아냈다. 우린 런던 남동부 크로이든 인근에 있는 뉴 아딩톤 지역을 활용해 보았다. 이 지역은 전원개발, 커뮤니티 센터, 나름대로 활동을 하는 커뮤니티 시민단체와 각종 단체, 정기적으로 발행되는 뉴스레터, 지역경찰서, 아무런 문제가 없는 마약문제, 낮은 범죄발생률 등으로 이어지고 있었다.

경찰은 두세 명의 경찰만을 이곳에 투입했으며 이들은 암페타민이 디스코장, 파티장 등에서 매우 활발하게 유통되고 있으며, 서너 명의 녀석들이 작당하고 있다고 보고했다. 그 후 이곳을 급습하여 이들을 체포하였다.

이렇게 되자 이제 갑자기 뉴 아딩톤 지역은 문제 지역이 되고 만다. 모든 게 표면으로 드러난 것이다. 커뮤니티 시민단체들이 걱정하기 시작하여 지역경찰 측에 대해 조치를 취해 주도록 요구했으며, 수색정지 횟수가 증가하고, 지역경찰 측은 런던경찰청 측에 대해서도 관련 활동을 요구하며, 지역신문에는 관련 기사가 게재되기 시작하고, 이렇게 해서 경찰에 의해 마약문제가 만들어졌던 것이다.

그 다음, 경찰은 보다 더 많은 것을 해 주겠다고 약속은 해 놓고 실제로 하는 일은 거의 없었으며, 한동안 이 '마약문제'는 사라지게 되었다.

(1) 실무운영상 문제

"경찰의 마약업무는 그 자체가 범죄를 다시 만들어 낸다."는 딜레마는 모든 경찰 관리자들이 직면하고 있는 문제이다.

이들은 마약담당 경찰의 부패와 비리 발생가능성에 대한 염려로 가득하다. 전 세계적으로 마약경찰의 역사는 경찰부패로 가득 차 있다. 필자가 이렇게 말하긴 하지만 독자 여러분은 아무리 하찮은 계약조차도 갑과 을이라고 하는 양쪽이 있어야 한다는 점에 유의해야 한다. 마약경찰업무의 경우 이것은 부패가 발생할 것인지 여부가 아닌, 언제 발생하느냐의 타이밍 문제일 따름이다.

이런 경찰부패나 비리 위험에 대처하기 위해 다양한 관리기법들이 나왔으며 그중 하나는 소규모 교육훈련이 잘 이루어진 질서가 잘 잡혀 있는 팀을 이 마약수사 분야에 투입하는 것이다. 이것은 영국의 대다수 경찰조직들이 채택한 방식이기도 하다. 개별 경찰관들이 각기 마약범죄자를 찾아 나서기보다는 오히려 소규모의 마약수사 전담팀이 특정한 마약공급 측면을 목표로 삼고 있는 것이 가장 일반적인 현상이다. 이 마약수사팀은 구체적인 정보에 입각하여 활동하며 공급망에 대해 일대 혼란을 조성하기 위해 노력하고 대중성을 통하여 가장 강력한 억지력을 발휘하고 있다. 반면, 이 방식은 수많은 체포 건들로 인해 오히려 범죄발생률을 증가시키고 있다. 양이 아닌 질을 활동상의 모토로 삼고 있는 것이다.

그럼 왜 경찰부패가 특히 이 경찰마약업무 분야에서 빈발하게 되는가? 분명 이 분야에서는 돈이 철철 흘러넘친다. 하지만 이에 대해 필자는 나름대로 지론을 가지고 있다. 즉 마약 분야 말고도 모든 범죄분야에 있어서도 악당(범죄자), 피해자, 경찰이라는 세 가지 요소가 있기 마련이다. 이 중 어느 둘만이라도 뭉쳐서 정의를 아무리 유린하려 한다고 하더라도, 나머지 한 당사자가 이를 눈치 채고 이를 세상에 꺼내어 드러낼 수 있다. 만일 범죄자와 피해자가 뭉치는 경우 경찰이 정의의 길을 뒤틀리게 하려는 이 음모를 찾아낼 수 있다. 만일 범죄자와 경찰이 자기소임을 어기고 서로 결탁하게 되면 이 경우 분노를 금할 수 없는 피해자가 경찰로부터 독립된 기관인 경찰옴부즈맨에 이를 신고하여 진상을 밝혀낼 수 있다.

하지만 마약범죄사건의 경우 오로지 두 당사자만 있을 따름이다. 범죄자와 경찰이 상호이익을 위해 결탁하며 흔히는 범죄자가 경찰에게 돈을 주고 자유를 사는 유착관계를 형성하게 되는 경우라 하더라도 이 경우 제3의 당사자란 전혀 존재하지 않기 마련이다. 마약범죄는 피해자 없는 범죄 유형에 속하기 때문이다. 경찰마약업무에서는 이 점이야말로 바로 경찰 관리부서가 개입하여 잘 감당해 내야만 하는 기능인 것이다.

결국 경찰 관리자급은 경찰력에 대하여 더욱더 많은 증원 요구를 할 명분이 생기게 되면, 이것은 밑 빠진 독과 같아서 뒤지지 않으려면 더욱더 많이 부어야 하는 것과 같다. 그리고 경찰마약업무란 부패에 극도로 취약하다. 얼마나 환상적인(?) 결합인가! 되도록이면 마약업무에는 가지 않으려는 풍조가 명백히 나타날 수밖에 없다.

하지만 이게 전부는 아니다. 경찰마약업무는 법원과 실험소에 가봐야 할 일이 무척 많다. 런던의 경우 1990년대 초반 실험소 업무 대부분이 마약분석이었던 관계로 보다 중대한 범죄에 대한 실험업무들이 도대체 착수될 수조차 없는 지경에 빠진 상황에 처해 있었다. 경찰의 훈방조치 남발이 경찰이 사회적 수용자세의 변화에 부응한 결과라고 보는 것은 사실 순진하기 짝이 없는 것이며, 실제 현실은 한정된 경찰력을 효율적으로 절약해서 운영해야 하기 때문인 것이 보다 큰 이유였다.

이런 현상들을 통하여 모든 게 지속적으로 업무수행 측정의 문제로 화하고 말았다. 마약압수를 보다 더 많이 하는 것은 결국 성공을 나타내는 것인가 아니면 고삐 풀린 마약시장, 즉 결국 이는 실패를 나타내 주는 징표에 불과한가? 체포된 마약사범 수는 성공을 나타내는가 아니면 보다 더 많은 마약사범들은 현행법을 위반하고 있음을 나타내 주는 것에 불과한가?

그리고 온갖 자료들이 수집되었다. 생각해보자. 이제 벌써 경험이 쌓일 대로 쌓이고 연구와 제대로 된 사유를 전개할 수 있는 마약업무 고참 경찰관들을 배출할 정도로 30여 년의 세월이 흘렀다. 그럼 필자와 같이 이들 고참 마약업무 경찰관들이 깨닫게 된 것은 과연 무엇인가? 마약업무는 엄청난 경찰력을 투입해야 하는 것이기만 한 것은 아니며, 마약분야 현장업무는 실적을 갉아먹으며 시민들에게 불안을 야기하고 부패에 매우 취약한 것이 현실이다. 나아가 모든 범죄의 절반 정도가 마약과 관련된 범죄라는 사실을 깨닫게 되었다.

범죄는 항상 있어왔으며, 이때 범죄를 저지른 사람들은 마약 사용으로 인해 사회적 관여나 참여가 부족해졌으며 그래서 더더욱 범죄를 저지르도록 부추겨지고 있다. 대마의 경우 그런 경우가 전무하다시피 하다는 점은 그렇다 치고 다른 마약물질들의 경우 이것이 그대로 적용된다고 볼 수 있다. 연관범죄들의 대부분은 마약 사용에 필요한 돈을 대기 위해서였다. 연구가 진행되면 될수록 특히 헤로인과 크랙코카인 같은 마약비용과 범죄의 연결고리는 더욱 명백하다는 사실이 밝혀졌다. 그럼 이제 마약금지정책이 결국 마약가격을 상승시키며 마약오남용으로 인하여 2차 피해자들이 양산되는 사태가 벌어지고 있음을 잘 알 수 있다. 즉 절반 정도의 범죄 피해자들은 마약 사용에 필요한 돈을 대기 위해 저질러지는 범죄로 인한 것이다.

결국 이상과 같은 사태 속에서, 경찰은 전통적으로 보수적임에도 불구하고 경찰이 과연 왜 마약 합법화를 비롯한 정책대안을 모색하게 되었는가에 대해 잘 이해할 수 있을 것이다.

독자들은 필자가 경찰관리 문제를 논의하는데 '개인의 권리'라는 요소가 전혀 개입되지 않았음을 눈치 챘을 것이다. 경찰 관리자급은 실용적이다. 이들에게 우선순위는 3R이다. 즉 경찰력(resources), 실적(results), 반향(repercussions)이다. 관리자급 경찰들에겐 이 셋이야말로 전부인 것이다.

마약 분야에서 왜 '법질서'가 무너지고 말았는가? 그리고 무너질 때 왜 다른 모든 시민들에게 엄청난 부작용과 역효과를 미치게 되는가?

영국경찰활동의 모델은 기본적으로 '시민 동의에 바탕을 둔 경찰활동'이다. 일반적으로 시민들은 각각 자신의 이익을 추구하며, 각자의 행위는 오로지 다른 사람에게 해악을 초래하거나 사회의 기본질서를 무너뜨리는 것으로 받아들여질 때에만 제약을 가할 수 있다고 보고 있다.

해악을 입히는 온갖 형태의 마약들이 있는 상황에서 남을 해치거나 사회기본질서를 무너뜨리는 것을 수량화하기는 어렵게 되어 있으며, 마약금지법에 대한 집단적 정당화의 근거는 단지 마약 사용자들이 자기 자신을 '해친다.'는 점에 있을 따름이다.

마약 사용자들이 수적으로 충분히 급증하며 이미 그와 같은 지점에 도달해있는데, 이 경우 시민 동의에 바탕을 둔 경찰활동은 할 수 없다.

우리는 단지 억제기능이 있다고 주장하는 마약금지정책을 시행하고 있을 따름이다.

하지만 실상 마약금지정책은 억제기능조차 하고 있질 못하다. 모든 연구사례들을 통하여 마약 사용자 수는 모든 종류의 마약을 막론하고 급증하는 추세에 있다.

(2) 제3의 길 가는 정치권

런시만 보고서 및 의회 국내문제특위 보고서 둘 다 대마 관련 법률이 마약에 의해 초래된 어떠한 위험성에 대해서도 전혀 부합하지 않는다는 점을 확인했으며, 이렇게 되자 영국정부 측은 비로소 마약 사용자들에 대해 좀 더 너그럽게 대하기 시작했다. 대마소지 측면에 대해서는 그다지 우선순위를 두지 않겠다고 약속을 하면서도, 정치권은 자신들의 정치적 편의주의에 따라 모든 불법마약의 공급자들에 대한 처벌은 한층 더 가혹하게 하도록 요구했다.

이렇게 서로 다른 상반된 접근법이 안고 있는 아이러니는 너무도 명백한 것이다. 마약 사용이 일반 시민들에게 피해를 입히는 가장 큰 측면은 마약 사용에 필요한 돈을 대기 위해 범죄를 저지르는 데 있다. 마약공급 측면에 대해 경찰력을 보다 집중시키는 것은 단지 시장의 리스크를 반영하여 마약구입비용을 상승시키도록 만들며 이로 인해 마약 사용에 필요한 돈을 대기 위해 더욱더 많은 범죄를 저지르도록 유도하는 결과를 초래할 따름이다. 물론 마약소지 측면에 대한 경찰력 집중투입을 크게 축소시켰을 때 확실히 마약 사용자 수는 증가하게 될 것이다. 정직한 마약 합법화 론자라면 이 합법화 정책 시행이 마약 사용자 수를 증가시키지 않을 것이라고 주장할 수 없을 것이다.

현재 영국정부가 약간의 마약 사용에 대해서는 관용을 취하는 대신 공급 측면을 타깃으로 삼겠다는 정책을 표명하고 있는데, 이는 경찰활동에 대해서는 명백히 딜레마에 빠뜨리는 것이 된다. 경찰활동은 마약 공급자 체포에 따라 역효과가 초래된다는 점을 너무도 잘 알고 있다. 무심하며 아무런 상관도 없는 일반 시민들이 고통을 겪게 만드는 다른 모든 범죄들의 원인이라고 하는 것은 정작 마약 공급망에서 거둬들이는 엄청난 수익 및 범죄충동을 일으키도록 만드는 마약가격상승에 있다고 보아야 한다.

마약 사용자 차원에 대해서는 우선순위를 그다지 두지 않겠다는 것은 동기 측면에서 보면 '해악의 최소화'를 위한 솔직한 움직임이다. 이런 가운데 지속적인 마약 사용에 대항하기 위한 교육과 보건이 발전할 수 있다. 최근 '체포 이첩'의 혁신조치들은 법집행에서 교육과 보건 쪽으로 인력과 자원을 이동시키면 장점이 매우 크다는 점을 보여준 것이다.

그리고 2002년 국무부장관은 경찰에 대해 대마 소지에 대해서는 엄하지 않게 다루며, 경미한 소지행위에 대해서는 우선순위를 두지 말고 훈방해 주도록 요청했다. 그와 동시에 국무부장관은 당시 최근 나온 보고서들을 감안하여 대마 등급을 낮출 예정임을 표명했다. 국무부장관은 이어서 경범급들에서 마약소지나 저차원의 공급행위가 학교주변이나 경찰의 권위에 도전하는 장소에서 이루어질 경우 적절한 조치를 취해 주기를 바란다는 점을 명확히 밝혔다. 하지만 이런 국무부장관의 입장표명은 경찰 측에 대해 예기치 못한 문제점들을 야기하고 말았다.

영국의 전반적인 정책을 문서화한 최초의 시도는 '삼진아웃' 정책이었다. 이 제도는 대마 소지혐의에 대해 두 차례까지는 훈방 조치하며 세 번째 같은 혐의가 있을 때에는 기소한다는 내용으로 되어 있다. 그런데 바로 여기서 현실적인 어려움이 발생한다.

처음 두 차례의 '훈방' 조치를 기록한다는 것은 곧 전국적인 기록 형태를 띠게 될 것이며, 명백한 자료보호와 인권보호 필요성 때문에 정확성을 기해야 한다. 대마등급 재분류 방안은 체포대상이 아닌 범죄유형으로 전환하겠다는 것을 뜻하며 따라서 대마 소지 혐의로 '정지'를 명령받은 사람은 누구든지 어떤 형태로든 신원이 정확해야 한다. '미키 마우스' 가면을 쓴 대마 소지혐의에 대한 수천 명에 달하는 훈방조치 사태들이 예견된다는 점은 일선경찰관 대표인 경찰노조총연맹 측이 지적한 바 있다. 일선경찰관들은 학교 주변 대마소지, 청소년의 대마소지, 대마 사용자가 어느 한 경찰관에게 '마약을 탄 드링크를 마시게 하는' 경우 등등에 대해서도 실제로 어떤 확고한 조치를 취하기란 사실상 불가능하다는 점을 명백히 밝히기도 했다.

이런 상황은 영국정부의 원래의도에 대해 별생각 없었다는 점을 명백히 한 것이며, 국무부장관은 이런 사태에 대해 대응책으로서 C등급과 같은 낮은 등급도 체포대상 범죄로 격상시켜 처벌수위를 높이겠다는 의사를 표명했다. 영국정부 측은 대마에 대해서는 별다른 대응을 하지 않고자 하면서도 법적으로는 이를 체포대상 범죄로 놔두고 싶어 했다. 이렇게 원하는 것을 모두 하려는 상황에서 나온 정부의 이중적인 조치는 경찰 측에게 더욱더 커다란 문제만을 던져주고 말았다는 것은 그리 놀랄 일만도 아니다.

정부의 의도는 비교적 명확했다. 정부는 대마소지에 대해 수용가능한 관용 조치를 취하는 동시에, 경찰 측에 대해서는 영국정부가 비준한 국제마약조약을 전혀 부인하거나 변경하지 않는 길을 가기를 원했던 것이다. 하지만 이런 '제3의 길'은 정치권에게는 유리한 것일지 모르지만, 경찰이나 경찰활동에 있어서 그런 제3의 길이란 아예 존재할 수조차 없는 것이다.

(3) 마약정책의 현재상황

영국경찰을 떠받치고 있는 주춧돌 중에는 경찰관 개개인의 책임제도가 있다. 경찰관들은 각각 자신의 행위에 대해 법적으로 책임을 지며, 법정에서 자신이 특정 행위를 왜 했는지 혹은 하지 않았는지 등에 대해 명백히 밝혀야 하게끔 되어 있다. 그래서 어떠한 간부경찰도 어느 한 경찰관에 대해 특정 법률을 '집행하지 말도록' 명령할 수 없다. 물론 어떤 정치인도 그렇게 할 수 없다는 것은 확실한 것이다. 대마소지가 형사범죄이며 체포대상이도록 하거나, 아니면 형사범죄가 아니며 체포대상이 아니도록 해야 한다. 하지만 이 점이 바로 현재 영국 정부의 이중적인 접근법 때문에 경찰활동이 난관에 봉착해 있다.

관리자급 경찰간부에 대해 과거 법원 측이 내린 지도 때문에 더욱 복잡해지고 있다. 간부경찰은 누구도 특정 법률에 대해 집행하지 '말도록' 결정할 수 없으며, 만일 그런 결정으로 인해 어떤 사람이 피해를 입었다면 해당 경찰관은 그 손해에 대해 법적 책임을 져야 한다. 이것은 만일 단 한 명의 자치경찰청장 계급 경찰관이 소속 경찰관에게 대마소지 금지법 집행을 하지 말도록 지휘했다면 그래서 어떤 강절도 피해자가 대마사용에 필요한 돈을 대기 위해 강절도를 저질렀거나, 그 강절도범이 대마사용으로 초래된 보다 낮은 수준의 사회적 책임이 있다는 점을 입증한다면, 강절도로 인한 피해에 대해 해당 자치경찰장 계급 경찰관에 대해 소송을 제기할 수 있음을 뜻한다.

어떤 법률 집행을 하지 않는 것과 이 법률에 대해 우선순위를 그다지 부여하지 않는 것은 전혀 다르다. 모든 경찰 관리자는 각각 경찰력 동원에 있어서 우선순위를 정할 수 있으며, 이것은 현재 간부경찰이 하고 있는 관리 방식이기도 하다. 하지만 정치인들은 유쾌하게 받아들일지 모르지만 이들 간부경찰은 기존하는 법률을 집행하지 말도록 지시할 수는 없는 노릇이다.

이 점이야말로 현재 경찰이 당면한 문제점이다. 경찰 관리자들은 대마소지 행위에 대해 집중하지 않거나 중점을 두지 않도록 하는 데 대해 지지와 마지못해 동의하는 것 사이에서 머뭇거리고 있다. 그러나 동시에 과거 법원 판결의 제약을 받고 있으며 더더욱 개별 경찰관의 '입헌적' 위치로 인한 제약도 함께 받고 있다. 이 문제는 법률 자체가 개정이나 개혁되지 않는 한 지속될 수밖에 없다.

현행 위상에 대한 아무런 개정이 이루어지지 않거나 C등급으로 재분류되더라도 그만큼 C등급에 대한 처벌 수위를 높임으로써 결국 대마소지 행위가 계속해서 체포대상 범죄로 남아 있게 된다면,

영국 전역의 지역마다 바로 그 서로 다른 접근자세가 나타날 수밖에 없을 것이다. 그런데 불행하게도 바로 이 영국 각지의 서로 다른 취급방식이야말로 모든 사람은 법적으로 동등한 취급을 받도록 해야 하는 '인권' 보장이라는 원칙과 취지에 배치되는 것이 된다. 그러나 영국정부가 법규를 고치긴 하면서도, 여전히 경찰 측에 대해 오로지 법률 개정을 통해서라야 비로소 해결이 가능한 엄청난 문제점들을 처리하도록 떠넘겨 버리고 있는 것이 2004년 영국 마약정책의 현주소이다.

최근 영국경찰은 대마에 관한 한 전국적으로 훈방조치를 더욱더 많이 취하는 쪽으로 나아가고 있다. 보다 더 심각한 마약의 경우 영국 전역에서 이첩방안이 확산되고 있다. 그런데 이것은 아직 정책변경 계획이 잡혀 있지 않는 분야가 으레 그렇듯이 단지 경찰력과 예산 부족으로 인한 제약을 받고 있는 것에 불과할 따름이다.

경찰은 마약 사용 및 중대한 경찰활동이 몰고 올 역효과 등에 대해 어느 정도 잘 알고 있으며 이미 많은 검토가 이뤄졌다. 지역별 '마약작전팀'을 매개로 하여 이루어지는 경찰활동은 여러 해 전부터 시작된 관련기관협력 접근법을 통해 교육으로 이어지는 지역문제 해결방식으로까지 이어지고 있다.

경찰은 1960년대 이후 '마약문제'에 대한 온갖 접근법들과 그에 관한 지식정보에 대해 오랜 축적을 이뤄왔다. 이제는 단지 정치인들 차례이다.

3. 영국경찰의 클리블랜드 보고서

네덜란드의 삼 비범죄화는 2002년 영국정부가 마약정책 개혁을 통해 삼 등급을 낮춰 경찰이 삼 소지자에 대해서는 체포하지 않도록 하는 조치를 취함으로써 각국으로 퍼져 나가는 추세의 단초를 마련하여 이를 더욱 가속화시키는 계기를 만들었다. 영국경찰은 이미 1999년 클리블랜드 보고서를 통해 그와 같은 입장 변화의 단초를 열어놓은 바 있다. 한 걸음 더 나아가 영국 자치경찰청장급 협의회(ACPO) 측은 2001년 하원마약청문회에서 중독성 마약과 관련하여 헤로인의 합법화를 지지하기까지 하는 새로운 입장을 밝히기도 했다. 이는 1999년 잉글랜드 북동부에 위치한 클리블랜드 자치경찰청이 공개한 논란 많았던 연구결과에 바탕을 둔 것이다.

1999년 당시 배리 쇼우 클리블랜드 카운티 자치경찰청장은 당시 클리블랜드 자치경찰위원회에 제출한 보고서 때문에 지금까지도 '마약과의 전쟁'에 대한 새로운 접근법을 주장했다는 비난을 받고 있을 정도이다. 당시 클리블랜드 지역에서 이 제안이 받아들여지진 않았지만, 최근 들어서서 이 보고서는 영국 경찰의 마약단속 논쟁에 있어서 급속하게 자유화의 바람이 불면서 단연 전국적 차원의 논쟁 중심에 놓이게 되었다. 영국 마약정책 개혁운동을 전개하고 있는 시민단체 '트랜스폼' 홈페이지에서 그 전문을 볼 수 있는 이 클리블랜드 보고서는 다음과 같이 요약할 수 있다.

1) 접근도

유흥용 마약은 수천 년 전부터 전 세계적으로 사용되어 왔다. 금지와 처벌 위주의 현행 영국의 마약정책은 '1971년의 마약남용금지법'에서 유래하며, 이는 명확하게 미국의 경험에 바탕을 두고 있다. 한편 영국 정부는 전 세계적으로 마약거래를 불법으로 규정한 각종 국제조약 비준국이기도 하다.

2) 논리성의 부재

현행 불법마약 규정에는 아무런 논리도 없다. 알코올과 니코틴 같은 일부 약물은 해롭다는 명명백백한 증거가 있음에도 불구하고 자유롭게 사용되고 있다. 대마 같은 약물은 많은 의학자들이 알코올보다 덜 해롭다고 보고 있음에도 불구하고 단지 소지만 해도 중한 처벌을 받게 되어 있다. 단순한 역사적 사건들에 근거를 두고 있을 따름인 이들 접근법의 비논리성으로 인하여 특히 수많은 젊은이들은 '기성 체제와 권위'에 대하여 위선적인 자세를 취할 수밖에 없게 되어 있다. 이런 점을 반박하기는 매우 힘들다.

3) 금지정책의 실패

1971년 이후 금지에 바탕을 둔 마약정책이 자리를 잡게 된 이후 지금까지 금지된 마약에 대한 접근이나 사용을 통제하는 데 실효성이 없었다는 점을 보여주는 증거들은 무수히 많다. 설령 '마약과의 전쟁'이 있었다손 치더라도 그 전쟁에서 결코 이겨 보질 못했다. 즉 마약은 과거 그 어느 때보다도 저렴하며 손쉽게 접할 수 있게 되었다. 마치 교과서대로 공급과 수요의 법칙이 관철되고 있다.

1920년대 미국의 알코올 금지 정책, 1940년대 인도 간디의 시민불복종 운동, 1980년대 영국의 인두세 반대 운동 등을 통해서 과연 영국경찰이 어떤 교훈을 배웠는가 하는 데 대해서 스스로에게 곰곰이 물어보고 싶을 것이다. 영국 국민들 중 충분하리만큼 다수가 이유야 어떠하든 간에 관련법을 무시하기를 선택한다면 그 법은 이미 실효성이 없으며 시행될 수도 없다. 실제로 영국 국민들 중 그렇게 선택하는 비율이 점점 증가하고 있다는 것은 명백한 사실이다. 국민들 동의에 의한 경찰활동 및 법의 지배 원칙에 바탕을 두고 있는 현대 서구민주주의 체제는 지금과 같은 통제된 마약의 수입 및 사용이라고 하는 불법 활동을 막는 데 아무런 힘도 쓸 수 없는 무력한 존재임을 스스로 깨달아 가고 있다.

4) 마약과 범죄

이 보고서는 마약과 범죄의 연결고리 문제를 검토하면서 마약공급자들이 불법이라고 규정된 탓에 커다란 위험을 무릅써야 하며 그렇기 때문에 시장 가격은 엄청나게 높은 수준에서 형성될 수밖에 없다고 주장하고 있다.

5) 조직범죄

이 보고서는 영국정부의 통계를 인용하여 불법마약거래 규모가 전체 국제무역거래 규모의 8%에 해당하는 4천 억 파운드 규모에 달하며 이는 전 세계 석유와 가스 총거래액 규모와 같다고 지적하였다. "수익의 발생은 정말 막대한 규모에 달한다. 즉 헤로인의 경우 1그램당 제조비용은 1파운드 미만인 데 반하여 영국에서 그 시중가격은 80파운드 이상에 달한다. 이런 엄청난 수익률을 감안할 때 투자를 보호하기 위해서는 권총을 살 만한 충분한 가치가 있다는 점은 두말할 나위도 없다. 실제로 1998년 클리블랜드 지역에서 저질러진 총기사건 전체의 3분의 1 정도가 마약과 관련되어 있다는 사실이 밝혀지기도 했다. 이미 마약 관련 조직범죄가 뿌리를 내리고 있으며 그 시장이 실제로 존재하고 있다는 조건에서라면 어느 모로 보든지 간에 이들 조직범죄 단원들 모두를 테러분자로 낙인찍기는 매우 힘들게 되어 있다. 이를 보여주는 가장 좋은 사례는 미국의 마피아이며 마피아 발전과정은 한마디로 말해 알코올

즉 술 금지정책으로부터 엄청나게 덕을 보았다는 점이다.

6) 범죄 저지르기

금지된 마약의 상당수가 매우 강한 중독성을 가지고 있으며 또한 그 가격이 매우 비싸다. 헤로인 중독자는 그 중독의 필요를 충족시키기 위한 헤로인 구입을 위해 매일 최소한 50파운드 정도의 현금이 있어야 한다. 이 정도의 돈은 정상적이거나 합법적인 방법으로 벌어들이기는 매우 어려운 노릇이며 따라서 이들은 범죄에 손을 대게 된다. 영국에서 전국적으로 경찰에 체포되는 사람들 중 약 30%는 한두 가지 불법마약과 관련되어 있으며, 범행과정을 들여다보면 32%의 범죄가 헤로인, 코카인, 크랙 등의 마약 구입과 맞물려 있는 것으로 나타난다. 주로 저지르는 범죄는 그 압도적인 비율이 상점절도인 것으로 되어 있으며, 마약 팔기와 주거침입 강절도 등도 많다. 한 연구 결과를 보면 1천 명의 마약중독자가 치료시설에 수용되기 전 90일 동안 7만 건의 범죄행위를 저질렀음을 밝혀내기도 했다. 바로 그 마약의 엄청난 고가 측면 때문에 불법행위가 저질러지며 그 고비용이야말로 엄청난 건수에 이르는 취득범죄들을 저지르게 만들고 있다는 점은 명명백백하다. 이 보고서는 이런 현상을 과연 받아들일 만한 것인지 자문하고 있다.

7) 범죄화

마약 사용자들의 절대 다수는 범죄를 그다지 저지르지 않는다. 죄가 있다면 이들이 단지 기술적으로 불법으로 규정되어 있는 마약을 사용하기로 선택했다는 점에 있을 따름이다. 이를 가장 잘 입증하는 것은 대마류이다. 영국 국민들의 대마류 사용 비율은 유럽에서 가장 높으며, 심지어 관용정책이 실시되고 있는 네덜란드보다 더 높다. 아무런 논리성도 갖추고 있지 못한 마약금지규정 패턴으로 인해 술을 과음하거나 담배를 너무 많이 피우는 국민들은 곧이 곧대로 피해자가 되고 있는 반면, 대마류를 많이 피우는 사람들은 범죄자가 되고 있다. 마리화나 등 대마류를 피우다 적발되면 범죄기록을 갖게 되고 그렇게 되면 나아가 사회적 배제를 당하게 된다.

8) 대안

이 보고서에 따르면 마약 금지정책에 대한 진지하며 유일한 대안은 일부 마약 혹은 마약 전체를 모두 합법화한 다음 이를 규제토록 하는 방안이라고 결론을 내리고 있다. 이 접근법에 대한 어떠한 토론도 마약의 사회에 대한 영향이 무엇인가에 대한 근본적 물음으로 이어지게 만들며 실제로 그 질문에 답할 수 있어야 한다. 만일 마약을 합법화하게 된다면 과연 건강 및 사회적 충격에 대해 어떤 영향을 미칠 것인가? 이 경우 마약 사용이 증가할 것인가 아니면 감소할 것인가? 범죄에 대해 미치는 영향은 어떻게 나타날 것인가? 결과가 어떻게 나타날 것인가 하는 점은 매우 중요하다. 이 접근법이 과연 지지를 받을 수 있는가?

이 클리블랜드 보고서에 따르면 담배나 알코올 등의 합법적 약물에 대한 규제 및 자유화 정책으로부터 간접적으로 교훈을 배울 수 있다손 치더라도, 현행 금지된 마약을 합법화하면서 그와 동시에 규제토록 하는 접근법은 세계 어느 나라에서도 제대로는 한 번도 시행된 적이 없기 때문에 확고한 증거를 가지고 이야기하기는 매우 어렵다고 지적하고 있다.

유럽의 몇몇 도시들에 있어서도 처방에 따라 헤로인을 지급하는 급진적인 실험을 해 오고 있다. 그중에서도 특히 제네바와 런던이 주목된다. 이제 그런 실험의 결과가 범죄감소 효과가 매우 크다는 점이 많은 연구 결과들을 통해서 입증되고 있다. 몇몇 도시들의 경우엔 그 성과가 놀랄 만큼 크기까지 하다. 마약과 범죄의 악순환 속에 있다가 붙잡힌 헤로인 사용자들은 그 후 안정적인 삶을 누리기 시작했다는 점에 대해서 주목들을 하고 있으며 그중 상당수는 이전과 같은 직업이나 직장을 얻어 정상적인 가정생활을 영위하게 되기까지 하였다. 이들 실험 결과가 어느 경우에나 반드시 칼로 무 자르듯 그렇게 명백한 건 물론 아니다. 그 이유는 대체로 이들 실험이 마약중독을 줄이기 위해 현재 널리 승인되어 있는 방법으로서 시행 중인 '메타돈 프로그램'에 대해 피해를 입히는 측면이 있기 때문이다.

심지어 정반대되는 결과가 나왔다는 증거도 있다. 남미 일부 지역에서는 이미 사실상의 마약 합법화가 이루어져 있다. 즉 남미 일부 지역은 마약거래에 대해 아무런 통제도 하고 있지 않기 때문이다. 그런데 이들 지역에서 나타나고 있는 마약 합법화의 효과 및 영향은 정말 두렵고도 공포스러운 것이기까지 하다. 하지만 이들 지역의 경우엔 아무런 실효성 있는 규제도 하고 있지 않으며 건강증진 및 마약피해 축소 프로그램의 뒷받침도 전혀 없는 상황에서 벌어지는 것들에 불과하다. 반면, 영국의 경우 건강증진 및 마약피해 축소 프로그램이 1990년대 후반 극히 제한적인 수준과 규모로만 시행되었음에도 불구하고 그 운영 성과는 매우 뛰어났으며 성공적인 것으로 나타났다.

9) 결론

○ 지금까지 제시된 증거들 속에서 많은 가설적 결론들을 도출

할 수 있다.

○ 불법마약에 대한 접근도를 제한하기 위한 온갖 시도들은 어느 곳을 막론하고 지금까지 모두 실패하고 말았다.

○ 민주주의 사회에서 불법마약 제한조치가 용인될 수 있는 수단과 방법을 통하여 성공할 수 있다는 증거는 극히 희박하거나 전혀 없다.

○ 마약 수요는 지역 수준과 전국 수준에서 모두 여전히 크게 증가하고 있다. 마약시장은 아직 포화상태에 이르진 않은 상태이다.

○ 전통적인 유죄평결과 처벌이 범죄수준에 대해 어떤 영향을 미칠 것이라는 점에 대해서는 거의 아무런 증거도 존재하지 않는다.

○ 그러나 치료 및 재활 프로그램이 마약남용과 마약 관련 범죄수준에 대하여 커다란 충격효과를 거둘 수 있다는 증거들은 점점 더 많아지고 있다.

○ 국민들의 마약에 대한 사회적 가치관과 태도는 기획의도와 동원된 방법에 따라서는 장기적 기간을 두고 변화할 수 있다는 증거들이 일부 나타나고 있다. 최근 드러난 가장 좋은 사례는 음주운전 문제이다. 그러나 음주문제 측면에 있어서 지금과 같이 국민들의 가치관과 시각이 바뀌는 성과를 거두기까지는 거의 한 세대 정도나 걸렸다.

○ 금지 일변도의 마약정책이 도대체 작동하지 않는다면, 그로 인한 여러 결과들을 받아들이든지 아니면 대안적 접근법을 찾아보든지 하는 양자택일을 해야만 한다.

○ 가장 명백한 대안적 접근법은 일부 마약 혹은 모든 마약에

대해서 합법화하고 이를 규제토록 하는 방법이다.

o 어느 나라에서도 포괄적이며 종합적인 형태로 이 접근법이
  몰고 올 수 있는 정말 중요한 사회적 의의와 영향들이 어떻
  게 나타날 것인가 하는 데 대해서는 진지하게 연구 검토되거
  나 논의된 바가 전혀 없다.

4. 리처드 브룬스트롬 자치경찰청장

2007년 10월 노스웨일즈 카운티의 리처드 브룬스트롬 자치경찰
청장은 '비윤리적 마약금지법'의 철폐를 요구하면서 모든 마약을
합법화하도록 촉구하였다. 그는 당시, 삼은 물론이고 헤로인과 코
카인을 포함하여 정부가 모든 마약에 대해 합법화해야 하며, 마약
과의 전쟁이 실패했으므로 그 종식을 선언해야 한다고 요구했다.
이는 "영국의 마약금지주의 정책"의 종식 입장을 지지하는 것이기
도 하다. 그의 발언은 영국 국무부(과거 우리나라 내무부와 법무부
를 합친 부처의 이름) 측이 향후 10년 동안 마약정책을 검토하는
전문가 견해를 수집하는 절차를 마무리하는 기한에 맞춰 나온 것이다.

그는 이런 입장을 노스웨일즈 카운티 자치경찰위원회에 제출하
였으며, 불법마약은 과거 그 어느 때
보다도 값이 더욱더 저렴해졌으며 양
도 훨씬 더 많아졌다고 밝혔다. 마약
사용자 수는 천정부지로 치솟아 마약
관련 범죄 수익은 1위인 석유에 이어
2위 규모로서 전 세계 기업을 떠받쳐
주고 있다. 브룬스트롬 청장은 "향후

리처드 브룬스트롬 노스웨일즈
자치경찰청장

마약정책이 윤리도덕 아닌 실용주의에 입각하게 되면 현행 마약금지주의는 작동할 수도 없을 뿐만 아니라 비윤리적인 것으로서 사라져 버리고 말 것이며, 대신 담배나 술처럼 해악의 최소화를 위한 증거에 기반을 둔 통합체제로 나아갈 수밖에 없다."고 지적했다.

물론 브룬스트롬 청장의 이런 지적에 대해 영국 정부 측은 지지하지 않고 있다. 고든 브라운 총리는 오히려 현행 마약금지주의를 강화하겠다며 마약 비범죄화는 전혀 고려하지 않고 있다고 밝힌 바 있다. 보수당 역시 브룬스트롬 청장의 이런 방안을 거부하였다. 데이빗 데이비스 보수당 그림자내각 국무부장관은 오히려 마약재활센터 확대 외에도 국경경찰을 강화하여 실효성 있는 마약유입 단속을 주문하였다.

브룬스트롬 청장은 '영국 자치경찰청장 연합회(ACPO)' 해당 분야 담당자로서 자동차속도 카메라를 강력 추진 운용함으로써 운전자단체로부터 엄청난 비난을 불러일으킨 바 있으며, ACPO 측은 2007년 10월 브룬스트롬 청장의 입장 표명에 대하여 마약과의 전쟁은 결코 승리할 수 없다고 보면서도, 전면적인 마약 자유화는 해악을 감소시키기보다 오히려 격화시킬 것이라고 주장하였다.

30쪽에 달하는 브룬스트롬 청장의 당시 의견서는 설득력 있는 내용을 많이 담고 있다. 그는 2007년 봄 왕립예술진흥협회가 밝힌 "마약금지법은 의도에 전혀 부합하지 않는다."는 입장을 뒷받침하여 이를 입증하는 증거로 제시한 여러 가지 점들을 인용하면서, 1971년 마약오남용금지법을 새롭게 개정할 것을 촉구하였다. 즉 1971년 당시 제임스 캘러헌 국무부장관이 도입한 마약 ABC 등급 제도를 개편하여 훨씬 큰 해악을 초래하는 술과 담배까지도 여기에 포함시키도록 하자는 것이다.

브룬스트롬 청장은 병원 측 자료에 따르면 영국의 북부 스코틀랜드 지역에서만 해도 담배로 인한 사망자 수가 1만 3천 명, 술로 인한 사망자가 2,052명인 반면, 불법마약으로 인한 사망자는 356명이라는 점을 지적하면서, A 등급 마약 소지자에 대한 최대 형량이 14년 형, 마역 공급자에 대한 최대 형량이 종신형인 반면, 술과 담배 공급은 아예 합법이라는 점을 비판하였다.

브룬스트롬 청장은 마약정책 개혁 움직임이 강화되고 있다며, 하원 과학테크놀로지 위원회 측에서 정부 측에 대하여 증거에 입각한 정책으로 전환하지 않는 데 대해 비판한 점, 전국무부장관 존 레이드가 마약금지주의가 먹히고 있지 않음을 시인한 점, 중앙 정부기구인 런던올림픽부 테사 조웰 장관이 "마약을 지하화하도록 내몰 뿐"이라는 점을 인정한 점 등을 거론하였다. 한편, 영국의 고등법원 판사를 은퇴하고 교정시설 수석감사관으로 있는 람스보탐 씨와 스코틀랜드 마약분야 거물인 톰 우드 등도 동일한 입장을 취하고 있다. 영국의 잉글랜드와 웨일즈 지역에서 A 등급 마약으로 인한 손실 비용만 해도 170억 파운드에 달하며 그중 90%는 사회적 피해가 큰 마약범죄로 인한 것이다.

그는 마약금지주의로 인하여 형사사법제도가 위기에 빠졌다고 주장하면서, 동시에 마약생산국가를 불안에 빠뜨리며 전 세계적으로 인권을 크게 훼손하고 있음을 지적하였다. 브룬스트롬 청장은 마약에 대해 합법적 규제 정책을 통해 정부는 마약사범을 획기적으로 줄일 수 있으며 그 대신 막대한 법집행 비용을 마약 해악감소 및 마약치료로 전용할 수 있다고 결론을 내렸다.

한편, 트랜스폼의 대니 쿠실릭 대표는 브룬스트롬 청장의 입장 표명을 찬양한 반면, 영국 최대 규모의 술과 마약 치료단체인 어댁션(Addaction) 소속의 클레어 맥닐 정책위원은 합법화 논란보다 오히려 재활 측면이 훨씬 더 중요한 이슈가 되어야 한다면서 브룬스트롬 청장의 입장 표명에 대해 동조는 하지만 지지까지 하지는 않는다고 밝혔다.

자유민주당 닉 클레그 대변인은 브룬스트롬 청장의 그런 발언은 너무 앞서나간 것이긴 해도 고위직 경찰의 그러한 입장 표명은 매우 중요한 의미가 있다며, 완전한 합법화가 성공할 것이라고 보진 않지만 어쨌든 현행 마약정책은 잘못되었으며 보다 더 일관되고 증거에 입각한 정책으로 바뀌어야 한다고 지적한 바 있다.

제8장 전직 런던경찰청 마약수사대장의
마약합법화론

에디 엘리슨은 퇴직한 수사총경으로서 수사 분야 중에서도 가장 실전에 속한다는 마약수사대에서 경찰생활을 했다.[5] 그는 런던 히드로 공항 세관에서 세관원들과 함께 마약밀수를 막는 수사경사로 2년 동안 일했다. 이어서 2년 동안은 런던 전역의 중요 마약공급책 및 판매책들을 척결하는 일을 맡아 했으며, 런던경찰청 마약수사대로 수사경감으로 복귀해서 3년 동안 확대된 마약수사팀 작전 책임을 맡았다. 특수작전국 범죄정책팀장을 이끄는 수사총경으로 일하던 에디 엘리슨은 자치경찰청장계급 연합회(ACPO) 소속의 정책심사팀 소속으로 일하기도 했다. 이 팀은 지역범죄수사대 마약팀을 구조 조정한 것으로서 중앙범죄정보국(NCIS) 창설의 바탕이 되는 조직이었다. 그런데 에디 엘리슨은 바로 이상과 같은 경력을 바탕으로 하여 마약합법화를 주장하게 된 것이다.

왜 그랬는가? 간단히 말해 다른 어떠한 문제보다 마약 오남용 문제야말로 사회 전체의 웰빙에 대해 가장 커다란 위협이며, 단순히 금지만으로는 이에 대해 해결책을 제시해 주진 못한다고 보기 때문이다. 에디 엘리슨을 포함하여 대다수 시민들은 "마약 오남용이 가능한 한 최저수준에 그치도록 해야 하며 이때 사회의 다른

---

5) 그의 홈페이지는 http://eddie.gn.apc.org

구성원들에게 끼치는 해악은 최소한에 그치도록 하는 그런 정책을 동원해야 한다."는 공동의 목표의식을 가지고 있다.

이 마약합법화 논쟁은 마약사용 지지나 반대나 저주를 둘러싼 것이 아니라, 마약 오남용으로 인한 파국을 최소화하기 위한 가장 실효성 있는 정책과 방법론을 둘러싸고 벌어진 것이다. '합법화'라는 말의 뜻이 이 말의 통상적 용법으로부터 변질을 일으키게 된 것은 1960년대 마약금지법 개정을 시도하면서 대마초 흡연을 적극 장려하고 권장하기 위하여 '합법화' 논리를 동원하였던 데에서 유래했다.

에드워드 엘리슨,
법원 전문증언자,
2007년 작고

에디 엘리슨이 지지하는 '합법화' 정책이란 기실, 장점을 훨씬 능가하는 피해만을 양산해 내고 있는 현재와 같은 마약금지정책으로부터 벗어나 교육, 보건, 해악감소 등의 힘이 유죄 경력, 배제, 처벌 등보다 우선시되는 다른 접근법과 정책으로 옮아가는 루트 그 이상도 이하도 아니다. 오히려 에디 엘리슨은 '합법화'가 뜻하는 것이 아닌 게 무엇인가를 보다 더 분명히 하고 있다.

우선 합법화란 우리 모두 마약을 해야 한다는 걸 뜻하진 않는다. 합법화란 어떤 한 가지 마약을 하도록 장려하자는 것을 뜻하지도 않는다. 심지어 합법화란 도대체 마약 하는 것 그 자체를 동의하겠다는 것을 뜻하는 것조차도 아니다.

이상과 같은 마약합법화론이 제시하는 것은 마약사용 증가로 인해 사회 전체적으로 초래되는 문제들을 감소시킬 수 있는 정책대안을 제시하려는 데 있다. 에디 엘리슨이 목표로 하고 있는 것은

그가 경찰로서 마약 공급책과 밀수꾼
등을 격퇴하는 일을 할 때 "마약사용을
최소 수준으로 묶어두도록" 하기 위해
일했던 것과 정확히 일치하며, 그래서
그는 합법화 정책을 발전시킴으로써 그
러한 목표가 가장 잘 달성될 수 있다고
주장하고 있다.

에드워드 엘리슨,
전 런던경찰청 마약수사대장

그는 그와 같은 마음이 결코 변하
지 않았으며, 경찰 퇴직 후 그가 마약사범 현장 위주의 활동을
위주로 하는 시민운동단체 릴리스(RELEASE), 마약정책 개혁
을 위한 싱크탱크로서 전문가 단체를 표방하고 있는 트랜스폼
(TRANSFORM), 마약금지정책을 반대하는 전 현직경찰관 모임인
리프(LEAP) 등과 함께 협력하여 활동을 벌이고 있는 것은 이전의
마약퇴치 운동가로서 경찰의 역할과도 전혀 다르지 않다고 확신하
였다.

그와 동시에 에디 엘리슨은 현행 형법이나 마약금지법에 크게
의존하고 있는 마약정책을 고수하는 것은 다음과 같은 기능을 수
행하도록 담보하는 것이라고 보고 있다.

- 전체 사회의 높은 범죄발생률을 유지 강화시키도록 담보한다.
- 범죄단체에게 엄청난 불법수익을 거두도록 공급독점을 담보
  해 준다.
- 경미한 마약 사용자들이 지속적으로 범죄자의 공급망에 접촉
  하도록 만들며 이로 인해 보다 더 위험천만한 마약으로 보다
  용이하게 이행하도록 담보해 준다.
- 마약 사용자들이 지속적으로 과량의 마약을 하도록 만들며,
  때로는 테스트나 합법적이며 청결한 공급이 이루어지지 못한

관계로 사망사고에 이르도록 담보해 준다.

- 솔직하며 열린 자세 속에서 이루어지는 토론과 그와 같은 교
  육을 방해하도록 담보하고 있다.
- 다른 사람들에게 아무런 위협도 가하지 안 하면서 홀로 자신
  의 행위를 선택한 개개인들을 범죄자로 규정함으로써, 이들
  이 장래 사회에 대해 기여할 수 있는 가능성을 상실케 하도
  록 담보해 준다.
- 마약금지정책에 내재해 있는 비논리성 및 엄청난 치욕스러움
  을 통해 나머지 온갖 다른 법률들에게 오명을 뒤집어쓰도록
  담보해 주고 있다.
- 젊은층이 경찰직 입문을 하지 못하도록 담보해 준다.
- 보건지원 및 교육에 훨씬 더 활용될 수 있는 엄청난 공적 자
  금을 낭비하도록 담보해 준다.

이상은 마약금지정책의 고수가 담보하는 것들의 리스트이다. 에
디 엘리슨은 자신의 홈페이지를 통해 마약금지정책의 한계, 합법
화가 갖는 상대적인 장점, 마약오남용 문제에 대한 몇 가지 통찰,
마약 사용자들에게 가장 밀접하게 다가오는 몇 가지 안심시키기
방안 등을 제시하고 있다.

정부 당국이 오랫동안에 걸쳐 반복해 온 사망 위험 경고에도 불
구하고 실제로 마약 그 자체가 사람을 죽음에 이르게 하진 않는
다. 그보다는 오히려 나쁜 마약, 마약의 나쁜 사용, 범죄적 마약공
급책들 간의 다툼, 무지, 적절한 뒷받침의 결핍 등이야말로 죽음에
이르게 할 수 있는 것이다. 사실적 증거는 명명백백한 것이며, 대
다수 마약은 죽음에 이르게 하지 않고, 보다 동조적이며 지원의
자세를 갖춘 사정에 밝은 접근방법만 갖추기만 해도 마약사용이
그 사용자나 해당 공동체에게 초래하는 해악을 감소시킬 충분한

호조건을 만들어낸 것이 된다.

에디 엘리슨은 결론적으로 다음과 같이 지적하고 있다.

"경찰관은 각기 모두 흔히는 자신들의 인생경험에 바탕을 두고 온갖 범죄들에 대해 서로 비교하여 경중의 순서를 매기는 나름대로의 방법을 터득하고 있습니다. 이들 경찰관들은 아무리 노력해도 자신들의 태도와 행동이 그와 같은 자신들의 범죄 경중 가늠자에서 자유로울 수 없습니다. 나의 경우 마약 사용자를 '범죄자'로 만들거나 그렇게 생각해 본 적이 결코 없습니다. 나는 마약 사용자란 다른 무엇보다도 반골과 반항 기질의 젊은이, 위험을 무릅쓰는 백치, 안도감을 부단히 추구하는 사람, 독립적 사상과 자유를 찾기 위해 일하는 운동가, 안내와 도움을 필요로 하는 사람, 부모나 친구한테 엄청난 분노가 치미는 사람 등등으로 생각하며 그렇게 묘사해 봅니다. 하지만 마약사용에 관한 한 어떤 하나의 형법이나 형법 그 자체로는 결코 마약사용의 선택을 막거나 억제시킬 적절한 수단이나 방법은 결코 될 수 없습니다."

1. 에디 엘리슨의 마약 합법화론

에디 엘리슨은 다수 국민들과 더불어 마약사용이 가능한 한 최소 수준에 머물며 그렇게 함으로써 모든 국민들 삶에 피해가 최소한이 되기를 바란다. 그는 마약금지정책은 마약사용이나 공급을 줄이는 데 실패하고 말았으며 오히려 범죄증가, 범죄수익증대, 사회적으로 그리고 교육적으로 극히 비생산적인 불신과 무지 분위기 조성 등을 가져왔다고 본다.

합법화 정책은 해악으로 고통받는 사람들을 지원하며 교육시켜주고 해악을 감소시키며, 영국 사회에서 저질러지는 범죄의 절반에 해당하는 범죄의 동기를 제거하고, 범죄집단의 공급망의 수익과 힘과 위험을 줄여주며, 마약제품의 품질을 엄격하게 규제하고, 유죄판결과 박해를 동정심과 이해로 대체시켜 준다.

합법화라는 말을 두려워할 필요는 없다. 이 말은 권장이나 승인을 뜻하는 것이 아니며 마약사용이 필수적이라는 뜻은 더욱 아니다. 합법화라는 말은 단지 마약문제에 대한 다른 하나의 정책 다른 하나의 처리방법을 가리키는 것일 따름이다.

현재 영국은 금지와 기소 등의 사법처리를 위주로 하면서 극히 제한적인 마약교육을 실시하고 있다. 그런데 관용, 동정심, 지원 등을 위주로 하면서 마약교육을 제대로 하는 것이 훨씬 나을 것이다. 금지정책은 먹혀들지 않고 있으며, 사회에 대해 엄청난 영향을 미치고 있는 마약문제란 너무 중대한 것이어서 마냥 무시할 수만은 없다.

합법화 정책은 경찰서에서 치료센터로 자금지출 대상을 전환하며, 범죄조직의 공급의 수익을 막으며, 범죄발생 동기의 절반 정도를 감소시키는 것이 되고, 마약품질을 제대로 규제할 수 있게 해준다. 합법화정책이란 전혀 새로운 것이 아니다. 예컨대 길거리의 경마 마권 장사치를 합법적인 사영 마권매장으로 전환토록 한다든지, 뒷골목의 낙태시술소 제도를 시정하여 합법적인 보건소로 전환한다든지, 남색 '범죄'를 전환하여 호모를 이해해 주며 합법화해 준다든지, 자살이라는 '범죄'에 대해 동정심을 갖고 자살 시도자들을 오히려 지원토록 한다든지 등과 같은 사례들이 충분히 있다. 이 중 어느 것에 대해서도 그 합법화라는 시계 방향을 거꾸로 돌릴 수 있는 사람은 아무도 없을 것이다.

합법화 정책은 마약 분야에서도 충분히 가능하며 시행해 보도록 할 필요가 있다.

에디 엘리슨은 비범죄화라고 하는 게 과연 올바른 용어이며 정책인가 하는 논란과 관계없이 이 비범죄화 정책에 대해 정말 문제가 많다고 본다. 그가 합법화 정책을 지지하는 이유는 금지정책이 너무 많은 문제를 야기하고 있으며 비효율적이기 때문이다. 비범죄화 정책은 마약소지는 받아들이되 마약공급에 대해서는 여전히 범죄자 수중에 내맡겨두자는 것으로 비쳐진다. 영국에서 그렇게 마약을 비범죄화한다면 그것은 전 세계 범죄조직들이 합법적인 마약시장으로 용인되는 영국으로 몰려들어와 마약 공급과 수익을 독점하도록 전락시키고 마는 것이 되고 만다.

이것은 최악의 선택에 불과하다. 이제 마약 소지뿐만 아니라 공급에 대해서도 합법화하도록 해야 한다. 이것이 바로 마약합법화 정책인 것이다.

영국은 헌법상 정부에 대한 견제장치가 있다. 형사정책의 경우 의회 국내문제특위가 정부가 제안한 범죄정책 및 그 실효성에 대해 검증하게 되어 있다. 2002년 국내문제특위 측은 현행 마약정책의 실효성을 검토한 후 합법화 정책의 실행을 권고할 수 없다고 결론을 내렸다.

에디 엘리슨은 의회가 진행하면서 제출된 각종 증거들에 입각하여 보았을 때 의회 측이 내린 결론과 다른 결론을 내릴 수 있다고 주장한다. 그는 청문회에서 제시된 반대논거들의 거의 모두가 현행 마약정책 담당 차관이 주장한 것임을 강조한다. 그런 만큼 반대 주장은 별 설득력이 없다고 보는 것이다.

아래에서는 엘리슨이 마약합법화론의 주요 문건으로 지목한 영국 하원마약보고서와 시민단체 트랜스폼 측의 각국의 마약합법화 사례

등의 자료를 소개하기로 한다. 그는 영국 하원의 마약보고서에 대해 다음과 같이 언급하였다. "자, 영국의 배심원 여러분, 범죄발생률, 유럽에서 최고 수준인 마약사용 증가율, 서유럽 국가 중 최고의 재소자 비율, 마약공급과 관련된 총기범죄 발생률, 사망자 증가율 등을 보십시오. 과연 마약합법화의 그날이 정녕 온 것 아닙니까?"

2. 마약 합법화와 마약규제 방안:
영국 하원 마약보고서(발췌)[6]

2001년 5월 하원국내문제상임위원회에서 마약보고서가 채택되었다. B등급으로 되어 있는 대마와 A등급으로 되어 있는 엑스터시를 각각 한 등급씩 낮추도록 권고하였다. 이에 같은 해 7월 10일 블렁킷 국무부 장관이 하원 발언을 통해 대마에 국한해서나마 등급완화를 밝힌 것은 커다란 의미를 갖는다. 이와 같은 정책변화로 모든 계층과 계급을 망라한 수만 명의 청소년들이 혜택을 보게 되었다. 그간 영국은 유럽에서도 가장 엄격한 마약법을 가지고 있다. 그러면서도 유럽 국가들 중 가장 커다란 비율의 청소년층이 마약을 하고 있기도 하다.

48. 마약금지법에 대한 가장 급진적 개혁론자들은 현행 불법마약 금지정책은 전혀 작동하지 않고 있으며 가능하지도 않다고 본다. 마약금지정책은 마약사용으로 초래되는 해악을 제한하기는커녕 마약금지정책 그 자체야말로 오히려 엄청난 해악을 초래하고 있다고 본다. 이 논리는 불법규정 그 자체야말로 안전하며 공개적

---

6) Home affairs committee, *The government's drug policy: Is it working?* HC 318, Stationary Office, 2001.

인 사용을 방해할 뿐만 아니라, 마약사용·범죄화·사회적 배제 3자를 불필요하게 융합시키고 마는 위험천만한 환경을 조성한다는 것이다.

49. 이 입장에 서는 가장 명확한 논자는 아마도 시민단체 트랜스폼(Transform)인 것으로 보인다. "지금까지 모든 증거들을 살펴보건대 영국 마약정책은 결코 간단치 않은 재난을 초래해 왔음을 여실히 보여주고 있다. 마약관련 범죄, 사망사고, 이너시티 커뮤니티의 파괴, 수십억 파운드에 달하는 예산낭비, 발전도상국들의 정치적 자율성 훼손 등은 전 지구적 마약금지정책이 치른 대가들이다. 마약금지정책은 재앙을 불러오는 보증수표나 다름없다. 우리는 범죄, 사회적 배제, 폭력, 매춘, 전반적인 빈곤과 고통 등으로 귀착될 가능성이 농후한 제도를 찾는 데 골몰한 셈이 되고 말 것이다. 트랜스폼은 마약금지정책이 마약의 사용과 오남용과 결부된 숱한 문제들을 야기해 왔다고 보며, 마약금지정책은 조직범죄 및 고삐 풀린 밀거래상들을 일방적으로 유리하게 만들고 있다. 정부측은 시장의 공급 측면에 대한 관리책임을 전적으로 포기한 상태이며 그야말로 혼란이 지배하게끔 방치하고 있는 실정이다."

50. 마약금지법 개정 선언문인 앤젤선언문 역시 트랜스폼과 유사한 논리를 내세우고 있다. "현재 '1971년의 마약오남용금지법'에 나타나 있는 영국의 통제마약에 대한 금지정책은, 그 목표 달성에 있어서 실효성이 전혀 없으며, 그 부작용 측면에 있어서는 온갖 역효과만을 가져왔고, 공적 자원을 낭비했을 따름이며, 범죄행위와 상업적 남용의 좋은 토양을 가져왔다는 점에서 지극히 파괴적이었고, 그 집행 측면에 있어서는 비인간적이 비인도적인 모습을 노정해 왔음을 입증하고 있다, 따라서 동법은 더 이상의 영국의 '인권법' 준수공약과 일치되는 적절한 사회규제형식이 될 수 없다."

51. 그 외 여러 공술인들도 1920년대 미국의 알코올금지정책 역시 오늘날 마약금지정책과 유사하게 실패하고 말았다는 점을

증언했다. 가디언 신문의 닉 데이비스 기자는 동 위원회에서 다음과 같이 지적했다. "정부 당국이 마약을 불법화하는 경우 국민건강이나 사회적 피해 등의 견지에서 어떠한 마약이 보다 더 안전하게 되겠습니까? 정부가 알코올을 금지시켰을 때 어떤 일이 벌어졌는지 보십시오. 메틸알코올을 섞은 독주를 만드는 갱단 조직에게 알코올주조를 내맡기는 것이 국민들 건강을 보다 더 안전하게 했었습니까? 이 술은 국민들 눈을 멀게 만들었지 않습니까? 과연 정부가 알코올금지 정책을 통해 알코올로 인한 해악을 감소시켰습니까? 전혀 아닙니다."

52. 제시된 대안은 모든 통제대상 마약에 대한 합법화 및 규제 정책이었다. 트랜스폼 측은 술, 담배, 의약품 등에 대한 기존 마약물질 공급통제에 적용되고 있는 것과 같은 다양한 공급방식이 있을 수 있으며 이를 현행의 불법마약에 대해서도 적용할 수 있다고 주장했다. 여기에는 카운터 판매, 판매 라이선스 제도, 약국 판매, 의사처방제도 등과 같은 여러 가지 소매 방식이 있을 수 있다. 이 메커니즘들을 원용하는 경우 이용도 제한 수준 등이 다양하게 이루어질 수 있으며, 다양한 마약이 다양한 방식으로 판매될 수 있다.

53. 현행 불법마약을 그와 같은 방식으로 이용할 수 있게 만든다고 해서 정신에 작용하는 물질의 사용을 피하도록 하는 국민건강교육과 운동을 강력하게 전개하는 것을 배제하는 것은 아니라는 지적도 함께 제시되었다. 알코올과 담배 판매에서와 마찬가지로 마약에 있어서도 합법적 소비자 나이 규제가 이루어져야 하며, 알코올과 담배를 포함하여 해악 가능성이 있는 모든 마약에 대한 마케팅도 엄격하게 금지토록 해야 할 것이라고 밝혔다.

54. 의회는 철학적이며 현실적인 고려사항들을 망라하여 이상과 같은 제도에 대해 일련의 논리와 주장들을 청취했다. 시민단체

리버티 측은 이상의 방안이 바람직한 철학적 이유에 대해 의견서를 동 위원회에 제출하였다. "각 시민은 자유롭고 민주적인 사회 구성원으로서, 달리 긴급한 사회적 이유가 없는 경우 국가의 간섭 특별히 형법의 제재로부터 벗어나, 자신에 행위에 대해 전후사정을 잘 알고 결정을 내리고 이런 자신의 행위결정대로 행동할 수 있어야 합니다. 리버티는 개인의 마약을 하기로 한 결정 역시 그와 같은 범주에 속하며 개인의 자율성 및 사적 생활 영역에 속한다고 봅니다. 존 스튜어트 밀은 각 시민들이 다른 사회구성원에게 해악을 미치지 않는다면 자기 자신에 대해 해악을 저지르는 행위에 대해 국가가 개입할 권리가 없다고 주장했습니다. '자기 자신, 자신의 신체 및 정신 등에 대해 각 시민은 스스로가 최고 주권자이다.' 이 근원적인 권리는 개별 시민들이 예컨대 술 마시기, 극도로 위험한 스포츠 등의 활동을 허용하는 것에서 나타나는 것처럼 정부 측이 인정하고 있으며, 국제조약에서도 인정하고 있는 바와 같습니다."

55. 스태플포드 메디컬 센터 국장인 콜린 브루어 박사는 매우 솔직하게 다음과 같이 주장했다. "1916년까지만 해도 여러분은 여러분이 좋아하는 어떤 마약이라도 할 수 있었습니다. 여러분은 여러분 손수레를 끌고 지옥도 갈 수 있을 정도로 법의 간섭과 개입은 최소한에 그쳤습니다. 개인적으로 말한다면 본인은 우리가 빅토리아시대의 가치관으로 되돌아가야 한다고 강력히 주장하는 바입니다."

56. 현실적인 근거와 관련하여 합법화론은 마약이용의 통제제도야말로 정부 측에게 마약이 사용되는 방식에 대해 지금보다 훨씬 더 강력한 통제를 가할 수 있게끔 해 줄 것이라고 주장한다. 트랜스폼은 이를 "마약을 합법화해야 하는 이유는 마약이 안전해서가 아니라 오히려 위험하기 때문"이라고 표현했다. 이에 따르면 마약합법화 제도는 정부 측이 공급되는 마약의 품질과 조제에 대

해 규제와 보증을 하며, 마약을 관리하는 데 가장 안전한 장구와 시설을 이용할 수 있게 하고, 이 모두가 건강에 대한 조언 및 자문과 함께 이루어질 수 있도록 해 주게 된다. 마약합법화 조치는 마약사용의 범죄화 사태를 제거하며 더욱더 많은 마약 중독자들이 치료를 받도록 장려하게 될 것이다. 헤로인 과용으로 아들이 사망한 풀톤 질레스피 씨는 동 위원회에서 다음과 같이 지적했다. "만일 우리 자신이 발전소를 맡지 않고 있다면 도대체 어떻게 전력공급을 규제할 수 있겠습니까? 우리는 통제권을 범죄자에게서 뺏어와 원래 가지고 있어야 할 바로 우리 자신이 그 통제권을 쥐도록 해야 합니다."

57. 만일 마약 관련법이 술 담배 관련법과 일치되는 일관적인 것이라고 한다면 진실된 교육정책을 통해 마약을 새로 사용하는 층의 증가를 좀 더 쉽게 막을 수 있다는 주장도 제기되었다. 이것은 최근 담배흡연 보급추세에 대해 건강교육이 긍정적인 영향을 미치고 있는 것에서도 여실히 드러나고 있다는 것이다. 심지어 마약합법화 조치가 실험적 마약사용을 증가시킨다고 할지라도 마약사용 보급의 확대현상은 마약시장을 합법적 규제 대상으로 삼는 다른 여러 가지 장점들을 얻으면서 약간의 대가를 치르는 것에 불과하다는 지적도 나왔다. 이 경우 마치 마약사용이 반드시 오남용 같은 문제성 많은 사용형태로 귀착되는 것은 아니게 되기 때문이라는 것이다. 적지 않은 마약 중독자들은 소규모 거래(즉 새로운 마약 사용자들을 만들어냄)를 통해 스스로 마약비용을 대고 있는 현실에서 그와 같은 기호품 비용을 제거해 줌으로써 새로운 마약 사용자를 끌어들여 비용을 대야 하는 압박감은 사라지게 될 것이며 이는 다시 마약사용 보급률 감소로 이어질 수 있다고 보는 것이다.

58. 합법적 공급제도는 현재 마약시장에 마약 공급을 담당하고 있는 조직범죄 집단에게 엄청난 소득원을 제거하며 결국 조직범

죄 발생을 감소시킬 수 있다는 주장도 제시되었다. 마약합법화론자들은 불법마약시장이 완벽하게 제거되진 않겠지만 논리적으로 보아 합법적 마약시장이 출현하게 되면 불법시장을 크게 축소될 것이며 따라서 적어도 단기적으로나마 조직범죄 집단의 자금조달을 더욱 어렵게 만들 수 있다고 본다.

59. 마약 합법화 및 규제 조치를 취하면 마약 중독자들의 자금 조달을 위한 범죄를 줄이게 될 것이라고 본다. 왜냐하면 그렇게 되는 경우 마약 중독자들은 라이선스를 가진 소매상에게서 비교적 저렴하게 마약을 살 수 있기 때문이라는 것이다. 브루어 박사는 다음과 같이 지적했다. "헤로인 의존증으로 인해 구입비용을 대기 위해 범죄를 저질러야 함을 깨달은 많은 이들이 이제는 그런 범죄를 저지를 필요가 없게 되거나, 아니더라도 그런 범죄가 훨씬 줄어들 것입니다. 이는 궁핍한 알코올중독 환자들에게서 똑같이 일어난 현상입니다."

60. 상반된 주장도 제기되었다. 에인스워드 차관은 다음과 같이 진술했다. "마약합법화를 지지하는 이들은 반드시 아래쪽을 보지는 않은 채, 형사사법기관에 대해 부과되는 그 많은 비용들 문제를 해결하는 만병통치약인 양 마약합법화를 주장하는 경우가 많습니다." 경찰노조총연맹 측 역시 마약합법화가 조직범죄에 대해 커다란 타격을 줄 수 있다는 주장에 대해 반박하였다. "마약 합법화론자들은 마치 강력한 국제 마약범죄 카르텔이 단지 어둠 속으로 사라지게 되고 말 것이라고 봅니다. 하지만 보다 가능성이 큰 시나리오는 국제 마약범죄 조직이 수지가 엄청나게 나는 시장의 마약거래를 유지하기 위한 투쟁에 나설 것이라고 보아야 합니다."

61. 에인스워드 차관은 마약 합법화 제도가 도입되더라도 "거의 아무에게나 아주 저렴한 가격으로 마약을 판매할 준비를 갖추지 않은 한 마약범죄시장은 결코 완전히 제거되진 않을 것"이라고 지적했다. "마약에서 세금을 거두며 가격을 규제하고 혹은 여러분이 원치 않는 사람들 수중에 빠져들지 않도록 하려 한다면, 합법적 마약시장 주변에서 부차적이나마 제2의 마약시장이 형성되어 횡행할 수 있으며 지금 겪고 있는 법집행상의 문제점들과 똑같은 일을 다시 겪게 될지도 모릅니다." 시민단체 드럭스콥의 니콜라스 돈(Nicholas Dorn)은 조직범죄가 살아남는 데 마약시장에만 의존하고 있는 것은 아니라는 점을 지적했다. "저는 엄청난 범죄집단에서 마약을 제거한다고 해서 그들이 붕괴될 것이라고 보진 않습니다. 영국이나 유럽의 통상적인 마약 밀매상들을 보면 그들은 전적으로 마약밀매에만 매달리는 것이 아니며 다른 활동들에게도 관계합니다. 우리는 부패를 일소하며 조직범죄를 제거하게 될 것 같지는 않습니다."

62. 마약합법화 반대론자들은 새로운 마약 사용자 및 오남용과 중독 등의 급증현상이 합법적 규제 시스템이 가져올 수 있는 어떠한 해악감소 효과도 상쇄시키고 말 것이라고 주장하였다. 의회 마약청문회에서 마약합법화론에 대한 가장 광범위하게 제기된 반대논리는 불법화 규정을 제거하는 경우 새로운 마약 사용자를 더욱더 많이 만들어내며 이들이 더욱더 용이하게 마약을 시험적으로 해보도록 부추길 것이라는 점이었다. 예컨대 에인스워드 차관은 청문회에서 다음과 같이 지적했다. "저는 마약 합법화론자들이 묘사하는 시스템에서처럼 헤로인이 젊은층에게 자유롭게 공짜로 이용될 것이라고 보진 않습니다. 저는 헤로인이 훨씬 더 많이 이용될 것으로 봅니다."

63. 국무부 마약과 수 킬렌 과장은 불법화 규정이 억지효과를 발휘하고 있다고 지적했으며, 이스트 라이딩과 헐 지역 '마약행동

팀' 코디네이터인 지오프 오그덴 시는 다음과 같이 지적했다. "시중에서 삼에 대해 아주 오래전부터 떠도는 말 중에 젊은층은 삼이 곧 합법화될 것인데 뭘 삼을 하는 건 아주 멋진 일이라고 생각하고들 있습니다." 에인스워드 차관은 다음과 같이 지적했다. "불법화 규정이 마약사용을 억제하고 있으며, 반면 합법화 조치는 상당 부분 마약사용의 급증을 가져올 것이라는 점은 추호의 의심도 없이 입증되고 있다고 할 것입니다."

64. 억제효과에 대한 데이터는 극히 드물지만, '경찰재단 독립적 청문조사팀'이 용역을 의뢰하여 이루어진 모리(MORI) 여론조사결과를 보면, 시민들이 마약을 하지 않는 가장 큰 이유는, 마약의 악영향을 무서워하거나 법적으로 범죄로 규정되어 있기 때문이라기보다는, 오히려 (마약을 하지 않겠다는) 개인적 선택 때문이라는 점이 밝혀진 바 있다. 즉 설문에 응한 시민들 중에서 56%는 마약을 하지 않는 가장 큰 이유는 단지 마약을 원치 않기 때문이라고 답변했으며, 51%는 건강에 대한 악영향이 무서워서, 50%는 사망할까 봐 두려워서, 46%는 중독될까 봐 두려워서라고 답변했다. 성인 중 30%와 어린이 중 19%는 현행 마약금지법을 어기고 싶지 않아서 마약을 하지 않는다고 생각한다고 답변했으며, 성인 중 17%와 어린이 중 12%는 경찰에 붙잡혀 가게 될까 봐 마약을 하지 않는다고 답변했다.

65. 동 위원회는 각계 주장을 경청하였으며 마약 합법화와 규제정책을 지지하는 이들이 커다란 설득력이 있음을 인정하게 되었다. 그렇게 된다면 범죄시장은 근절까지는 아니라도 당연히 축소될 것이며 마약관련 범죄들도 줄어들 것이라고 본다. 마약이 좀더 폭넓게 구할 수 있으며 싸게 접하게 된다면 해악은 감소하겠지만 이는 다시 마약 오남용자 수의 필연적인 증가 현상으로 인해 그 해악감소 효과는 상쇄될 수밖에 없다. 마약판매를 아무리 타이트하게 규제한다고 해도, 술과 담배에서 이미 겪은 바 있는

것처럼 마약에 있어서도 합법화하게 되면 미성년자층의 남용이 크게 증가할 수밖에 없을 것이다. 동 위원회는 마치 합법화된 것처럼 이미 미성년자층에서 마약이 광범위하게 이용되고 있다는 주장에 동의하지 않는다. 대신, 우리는 마약 합법화가 마약을 하지 않고 있는 압도적인 다수 젊은층에게 잘못된 메시지를 전달할 수 있다는 입장에 동의한다. 동 위원회는 마약이 불법으로 규정되어 있기 때문에 매우 많은(물론 그 규모에 대해서는 논란이 있을 수 있지만) 젊은층들이 마약남용에 빠지지 않도록 억제효과를 발휘하고 있다는 점도 인정하기로 했다. 마지막으로 동 위원회는 마약 합법화론이 아무리 설득력이 크다고 해도 아직도 다른 어떤 나라도 합법화하여 규제대상으로 삼는 쪽으로 마약정책을 바꾸진 않았다는 점에 대해서도 주목하기로 하였다. 동 위원회는 폭력행위와 도저히 예측할 수 없는 행동으로 몰아가는 크랙코카인 같은 위험천만한 마약을 합법화할 날이 과연 언제가 될 것인가에 대해서도 도저히 예견할 수 없다는 입장을 밝힌다.

66. 현재는 불법으로 되어 있는 마약 중에서 과연 어떤 것이 그리고 언제 합법화되어 규제하는 쪽으로 대차대조표가 바뀌게 될 날이 올 수 있다는 점을 한편으로 인정하면서도, 그러나 그와 같은 급격한 조치를 취하도록 권고하지는 않기로 하였다.

3. 트랜스폼이 제시한 합법화 방안과 각국 사례[7]

마약의 합법화에는 여러 가지 문제들이 도사리고 있다. 우선 누가 어떤 체제로 마약을 어떻게 팔도록 할 것인가 이다. 나아가 예컨대 비행기 조종사가 코카인을 복용한 후 비행에 나서지 못하도록 막기 위한 보다 엄격한 테스트제도를 과연 도입해야 하는가,

---

7) 트랜스폼은 "금지 위주의 마약정책의 전환을 촉구하는 시민들 모임"을 가리키며, 홈페이지는 www.transform-drugs.org.uk 이다.

그리고 마약 사용자가 환각제를 복용하고 자동차를 운전하는 것을 규제하기 위해서 추가적인 테스트 장치를 도입해야 하는가 하는 문제들도 대두되고 있다.

한편 영국의 교통관련 법규에 따르면 반사회적 행위를 규제하는 측면과 관련하여 "음주 혹은 마약을 복용해 적정하지 못한 상황에 놓였을 때" 자동차를 운전하는 것을 불법으로 간주토록 규정하고 있다. 영국 국무부에 따르면 1999년 기소가 받아들여진 교통관련 사건은 모두 92,486건이었으며 이 중 단지 1,800여 건만이 음주와 마약복용을 이유로 한 것이었다.

마약 합법화와 관련하여 과연 누가 이득을 보는가 하는 문제 역시 명쾌하게 해명되어야 하는 문제로 떠오르고 있다. 마약으로 인한 소득에 대해 과세하는 경우 영국정부 측은 이 수입을 과연 보건업무에만 쓰도록 지정해야 할 것인가? 과연 마약 제조자는 광고 행위를 할 수 있도록 할 것인가? 대마 광고에 대해서는 담배나 알코올 제품의 광고에 대해 가하고 있는 제한보다 더 엄격한 제한조치를 가해야 하는가?

시민들에게 마약 관련 자문을 제공하고 있는 영국의 한 시민단체인 '릴리스'(Release) 측은 그간 오랫동안 마약관계법을 검토해 온 왕립위원회 측의 방안을 지지한다고 입장을 밝히고 있다. 이 단체의 그레인느 웨일리 씨는 "많은 국민들이 예컨대 헤로인을 복용한 사람이 희생양이 되어서는 안 된다고 평가하게 될 때까지는 법을 바꾸어서는 안 됩니다."고 밝혔다.

2000년 영국경찰노조총연맹 측이 영국의 낡은 법에 관하여 독자적으로 벌였던 연구조사에서 국제법은 국내법이 어떻게 마약 사용자들을 다룰 것인가에 관하여 상당히 커다란 재량권을 인정하고 있다는 점을 밝혀내면서 마약논쟁이 한층 더 뜨거워졌다.

같은 해 런시만 보고서에서는 영국의 마약금지 기본법에 해당하는 '1971년의 마약류 오남용 규제법'상의 여러 규제장치들에 대하여 면밀한 검토작업을 벌인 바 있다. 80개 항에 이르는 이 보고서의 권고사항들은 대마의 등급을 현재의 B급에서 C급으로 낮추며 그 소지 행위에 대해서는 체포대상 범죄에서 제외토록 하자는 정책도 들어 있었다. 이 런시만 보고서는 물론 마약에 대해 비범죄화라든가 합법화 방안을 제시하진 않았다. 그럼에도 불구하고 당시 영국정부는 이 보고서의 권고사항 중 24개 항을 거부하는 서툰 모습을 보여주었다. 물론 이 일은 모두 2001년 총선 전해에 일어난 일이었다. 사실 마약의 해로움에 대한 현대적 분석방법에 따라 그 등급을 재분류한 런시만 보고서는 매우 유용한 논의의 출발점이 되고 있다. 예컨대 이 보고서에 따르면 대마 소지 행위는 합법화하는 조치를 취할 수 있게 된다. 영국의 수석재판관(대법원판사)도 1993년 당시 바로 그와 같은 접근 방안에 대해 운을 뗀 바 있었다.

한편 세계적으로 각국이 마약무역을 불법행위로 규제하고 있는 상황에서 단지 영국만 혼자서 마약을 비범죄화한다든가 아니면 합법화하게 된다면 필연적으로 상황이 훨씬 더 복잡하게 꼬이게 될 것이라는 우려도 있다. 우리나라도 마찬가지지만 영국은 이미 '마약류 및 향정신성 물질 금지에 관한 1988년 유엔조약'에 조인한 국가이다. 이 조약은 몇몇 마약 종류의 화학물질 합법화를 제한하고 있다. 그래서 완화 여지가 없는 것은 아니지만 이 협약은 마약의 합법화 논의에서 필연적으로 맞닥뜨릴 수밖에 없는 장애물이 되고 있다.

이 조약은 각국으로 하여금 개인적으로 소비할 목적으로 불법마약류를 소지, 구입, 재배하는 행위를 형사범으로 다루도록 규정하고 있으나 그 처벌에 대해서는 구체적으로 규정하고 있진 않다. 현재 많은 국가들은 이 조약이 허용하는 범위 내에서 융통성을 발휘하고 있다. 예컨대 이탈리아의 경우 금전수수가 없는 마약공유는 형사법이 아닌 것으로 하고 있다.

1976년부터 대마 판매를 허용하고 있는 네덜란드의 경우 주말에 국경 너머 독일에서 마약을 사기 위해 들어오는 사람들이 많아지게 되면서 오히려 마약이 더욱더 많이 유입되고 있는 실정에 있기도 하다. 그래서 작년 여름 네덜란드 측은 국경근처 도시인 벤로의 외곽 지역에 관광객들이 차에서 내리지 않고 지나가면서 마약을 살 수 있는 그런 커피숍 두 곳을 개장하도록 허가했다. 이미 네덜란드의 1천 5백여 모든 커피숍에서 손바닥에 시간을 적고 습관성이 없는 마약을 판매해 오고 있다.

호주는 마약 관련 국민여론을 바꾸도록 하는 게 얼마나 힘든지를 잘 보여주는 케이스가 되고 있다. 여러 해 전 시드니의 유흥가 지역에서는 세계 최대 규모의 '마약주사 맞는 곳'인 합법적인 헤로인 주사실이 처음 개장한 바 있다. 하지만 이렇게 개장하여 18개월 동안 시범 실시되고 있는 이 방안의 시행은 마약 과다 복용으로 인한 사망자가 1964년 6명에서 1999년 958명으로 급증했기 때문이었다. 하지만 호주에서 이 방안이 시행되기 위해서는 호주의 총리뿐 아니라 로마 교황 측의 비판도 극복해야 하는 어려움을 거쳐야 했다.

제9장 어느 평생 삼 사용자의 고백

1. 조지 로어바처

이 장에서 소개하는 평생 삼 사용자의 고백은 조지 로어바처 (George Rohrbacher)가 2008년도 '아버지의 날' 메시지 형태로 자신의 삶을 뒤돌아보면서 쓴 고백형식의 글이다. 아버지의 날은 나라마다 차이가 있으며, 2008년의 경우 미국을 포함하여 대다수 나라는 6월 22일이다. 우리나라는 어버이날이라 하여 5월 8일이다. 조지 로어바처는 태평양 연안에 있는 미국 워싱턴 주 동부의 소목장주이다. 포도, 박하, 사탕옥수수 등과 그 외에도 대여섯 가지 작물을 재배하는 관개농장을 소유 운영하고 있다. 러시아와 이집트에서 국제농업 컨설턴트로 활동도 하고 있다. 그는 국제규모 시상식까지 열고 있는 보드게임의 창시자이기도 하며, 과거 여러 해 동안 농업경제발전을 위한 비영리단체 대표를 맡기도 했다. 버락 오바마 미국 민주당 대통령 후보가 일리노이 주의회 상원의원을 8년 동안 한 것과 마찬가지로 삼 사용 고백을 하는 조지 로어바처는 워싱턴 주의회 상원의원 (공화당 소속)으로 당선되어 활동했으며

스웨일협곡, 워싱턴주 클릭키테트 카운티에 있다.

'컬럼비아 강과 협곡 국립명승지구' 기관장으로도 일한 바 있다.

그가 '미국삼금지법개정연합'(NORML) 활동에서 한 언급을 일부 소개하면 다음과 같다.

워싱턴주-스웨일협곡

"지난 1백 년 동안 주요국가의 마리화나 연구들에 따르면, 모두 삼 금지를 위한 처벌로 인해 사회가 치르는 손실이야말로 삼 소비 그 자체로 인한 피해보다 훨씬 더 크다. 2007년 미국은 삼을 막아보기 위해 72만 명을 체포(그중 85%는 단순 삼 소지 혐의)했다. '자유의 고향'이라는 미국은 전 세계 최대 규모의 '경찰국가'라는 공산주의 국가 중국보다 더 많은 국민들을 투옥하고 있다. 미국은 재소자 비율이 전 세계 1위이며 러시아나 중국보다 훨씬 더 높다."

"미국 연방정부가 의료용 삼에 대해 지속적으로 공격하는 것만 보더라도, 80% 이상의 미국 국민들이 삼은 의료용이라고 보고 있는 현실과는 얼마나 괴리되어 있는가를 여실히 보여주고 있다. 삼은 인류 역사상 가장 안전한 치료약물이라는 사실이 수도 없이 입증되어 오고 있다."

"조지 워싱턴과 토머스 제퍼슨 대통령이 재배한 병충해에 매우 강한 삼은 다모작과 윤작이 절실한 현실에 매우 적합한 작물이다. 미국 북서부는 얼룩올빼미 보호를 위하여 펄프원료로 삼림자원 대신 재배작물 쪽으로 돌려야 하는 상황으로 내몰려왔다. 국가적으로 엄청난 복사용지 수요를 충당하기 위하여 수만 에이커의 땅에 펄프원료를 충당하기 위해 포플러를 심어오고 있다. 삼을 합법화하여 심을 수만 있다면 훨씬 더 효율적이며 생산력도 훨씬 더 좋은 펄프원료와 섬유생산이 가능하다. 삼은 음식과 기름을 만드는 데도 탁월하며 씨앗은 모든 식물 중에서도 건강에 매우 좋은 오메가 3 지방산이 가장 풍부한 자원이기도 하다."

아래 글은 2008년 6월 12일, 조지 로어바처가 "마리화나와 부모노릇 제대로 하기"라는 제목으로 'NORML에서 드리는 아버지날 수필'이라는 형식으로 쓴 글 전문을 소개하는 것이다.8) 삼 사용자의 모습들을 생생하게 엿볼 수 있는 글이다. 아직 우리나라에서는 삼 비범죄화 운동 내지는 삼 합법화 운동이 활성화되지 않은 탓인지 이런 유형의 글을 쓴 사람이 아직 없다.

NORML 운영위원 – 조지   NORML 운영위원 – 조지 로어바처 씨 가족
로어바처 씨

2. 마리화나와 부모노릇 제대로 하기

1969년 뉴욕 시 교외에 있는 우드스톡에서 록페스티벌이 열린

---

8) http://blog.norml.org/2008/06/12/marijuana-prohibition-and-fatherhood-2008-a-fathers-day-message-from-norml/

지 6주가 지난 어느 가을날 그때는 내가 덴버 대학 4학년 때였다. 당시 난 학교 캠퍼스에서 두 블록 떨어진 어느 한 아파트로 이사한 직후였다. 아파트에 입주한 첫날인 그 화요일 날, 난 이웃집에서 프라이팬을 빌렸다. 프라이팬을 빌려준 여성은 아주 젊고 키가 크며 꿀과 같은 갈색머리를 하고 있었다. 난생 처음 보는 가장 아름다운 여성이었다. 전기가 튀어 그녀의 집 현관 앞에서 빌려준 프라이팬을 든 채 서서 10여 분을 서 있어야만 했다.

다음날인 수요일 저녁, 커튼을 쳐놓지 않은 창문을 통해 누군가 노크하는 사람이 있어 내다보았다. 거기 밖에는 땅딸막하지만 와일드하기 짝이 없는 눈매에 아래턱 수염이 있는 한 사나이가 있었다. 그런데 그 사나이 얼굴엔 만면에 미소와 웃음이 가득했다. 그의 팔꿈치는 멋지게 살이 쪄 있으며 엄지손가락과 집게손가락으로 그 팔꿈치를 괸 채 다른 손 집게손가락으로 이웃집 문을 가리키고 있었다. 정말 눈에 번쩍 띄는 이웃집의 바로 그 여성이 심부름꾼으로 이 사나이를 보낸 것이었다. 그 아름다운 여성이 날 먼저 만나자고 하다니! 가슴이 뛰었다. 정말 가서 만나도 되나요? 정말이라니까! 그 뒤로는 누구도 두 번 다시는 나를 그렇게 유인할 필요가 없게 되고 말았다.

잠시 후 그녀의 아파트에 가서 우리 둘은 이윽고 바로 그 마리화나에 불을 댕겼다. 둘이서 함께 정말 믿을 수 없을 정도로 환상적인 시간을 보냈다. 새 이웃이 된 바로 그 앤이었다. 앤은 정말 아름다웠을 뿐만 아니라 재기발랄하며 재미있고 정말 친절하기까지 했다. 외모뿐만 아니라 내면도 정말 아름다웠다. 내 눈에 앤은 마치 비행기 착륙을 돕는 자동유도 표지처럼 빛났다. 난 목요일 날, 난 강의실까지 그녀와 나란히 함께 걸어갔으며 시를 써서 주었다. 금요일이 되자 우리 둘은 시애틀로 비행기를 타고 가서 그녀의 부모님을 만나 뵈었다. 그리고 1주일 조금 더 지난 후 마침내 난 그녀에게 청혼하였다. 그리고 지금 그로부터 38년이라는 세월이 흘렀으며, 그동안 여태껏 족히 몇 파운드(1파운드는 약 375그램이며 12온스에 해당한다) 정도 되는 마리화나를 피웠을 것이다.

우린 1970년 6월 워싱턴 주 서북부에 있는 태평양 연안의 퓨짓 사운드만(灣)에서 요트경기가 내려다보이는 언덕에서 결혼식을 올렸다. 그리고 6년 후, 첫 아이를 낳았으며 그리고 자식 셋을 더 두어 모두 네 아

배저산에서 보는 월출

이를 두어 지금까지 수십 년 동안 애비 노릇을 해 오고 있다. 난 일생 동안 아버지 노릇이야말로 인생에서 가장 아름다운 일임을 잘 알게 되었다. 그러나 할아버지 노릇만은 정말 그렇지 못한 것 같다. 자식들을 기르는 마라톤과도 같은 이 일은 정확히 앤과 내가 이 한 세상에 존재하는 이유 그 자체였다. 아들 셋과 딸 하나를 두었는데 이제 모두 25~33살 되었다. 각각 예일대학, 라파이엣

워싱턴주의 겨울 해 지는 모습

트 대학, 콜게이트 대학, 코넬 대학을 졸업시켰다. 그중 셋은 운동도 1등급을 받았으며 넷 다 대학에 입학하여 졸업까지 했고 그것도 모두 4년 안에 졸업들을 하였다. 그중 둘은 이미 결혼하였으며 현재 손자손녀만 해도

넷을 두고 있다.

앤과 결혼한 것은 히피족 사상의 중심인 사랑과 평화의 슬로건인 '꽃의 힘'과 그 시대의 온갖 덕분이기는 했어도 난 그것과는 상관없이 부모로서 부모노릇을 제대로 하기 위해 정말 엄격하며 사랑하는 아버지가 되었다. 우리 부부는 농사를 지으며 드넓은 소목장을 운영해 왔다. 우리는 지금껏 이웃집에 가려면 3마일씩이나 가야 할 정도로 드넓은 대목장 일을 하고 있다. 우리 자식들이 집에 TV, 케이블 TV, 인터넷 등이 전혀 없어서 그런 곳에 시간과 주의력을 소모하지 않은 채, 그 대신 마치 개척시대 가정처럼 서로 마주 이야기하며 시간을 보냈다. 우리 애들은 모두 학교에 등교하기 전부터 벌써 책을 읽어야 한다는 것을 배웠다. 우리 집에서는 모두가 싫증이 날 때까지 책을 읽었기 때문이다. 책을 읽지 않으면 나가 놀든가 그것도 아니면 놀이를 만들어 가며 놀아야 했다. 시장이나 쇼핑몰에 가서 노닥거릴 시간이 전혀 없었다. 학교성적은 B등급 이하는 절대 용납하지 않았다. 그리고 농장에서 살아가는 동안 이러저러한 해야 할 온갖 일들이 지천에 널려 있음은 두말할 나위가 없다. 우리 집 식사시간은 언제나 함께하였다. 아내인 앤과 나는 온갖 일들 중에서도 부모로서 해야 할 일의 으뜸은 자식들의 삶에 대한 부모의 통제를 점차 줄여 나가는 것이라고 보았다. 그래서 우리 부부는 가능하면 자식들이 매우 어려서부터 되도록이면 그들 스스로 삶을 영위해 나가도록 해 주려고 노력하였다. 우리 부부가 이 땅에서 해야 할 일은 자식들 부모 노릇을 제대로 하라는 것이지 자식들 친구가 되라는 것은 아니었다. 그래서 우리 부부는 자식들이 스스로 날 수 있도록 준비하고 가르쳐주고자 하였다. 그래서 4-H, 스포츠 등 여러 가지 과외활동을 시켰다.

청소년 때 에너지를 제대로 발산하도록 해 주는 것이야말로 체력과 체격을 튼튼하게 해 주는 것일 뿐만 아니라 그것은 모든 부모들이 정신 차려 도와주어야 할 핵심적인 일이기도 한 것이다. 그래서 우리 아이들은 각자 두 종목의 스포츠를 필수적으로 하도록 했다. 당시 스포츠가 아니면 극장에 가거나 밴드를 하는 게 정한 이치였다. 우리 집에서 원칙은 약은 안 돼, 맥주나 위스키나 와인도 안 돼, 일체의 약과 마리화나 팝송도 안 돼, 물론 담배도 안 됐다. 그 외에도 우리 부부가 다른 집 부모와 유별나게 다른 한 가지는 우리 집에서는 카페인은 어떤 형태로든 절대 안 된다는 것이었다. 우리 집은 소다 음료수는 일체 들이질 않고 있다. 다만 우리집에 차와 커피를 보관은 하였다. 그런데 이는 차와 커피를 찾는 어른 방문객들을 위한 것일 따름이다. 그런데 놀라운 것은 우리 애들이 성인이 다 된 지금도 넷 다 모두 카페인을 찾지 않는다는 점이다. 바로 이상이 우리 부부의 마약에 대한 원칙이었던 것이다. 모든 마약을 손대지 말라. 이것이었다. 세 살 버릇이 여든까지 가기 마련이다. 하려거든 커서 해라는 것이다.

어디를 가나 널려 있는 바로 이 카페인에 대하여 한마디만 덧붙이자. 도대체 미국에서만 유일무이한 '관문 마약'이라는 게 있기나 하다면 그것은 바로 이 카페인인 것이다. 즉 카페인이 들어가 있는 온갖 캔디에도, 그리고 '마약음료'에 설탕만을 첨가했을 뿐인 '건강음료'에도 카페인이 들어가 있다. 골목골목마다 들어서 있는 에스프레소 커피 판매 가게들 커피 제조기들이 임시 미니 메타암페타민 제조기로 전용되고 있는 실정이다. 청소년들에게 도대체 어떠한 카페인도 가까이 해선 안 된다. 아이들은 한 잔에 설탕이나 옥수수 시럽을 12스푼씩이나 타 마시게 하거나 공업용 화학물질이 들어가 거품이 흘러넘치는 탄산음료를 마시게 해서는 안 된다. 미국이라는 나라는 거기서 깨어나야 한다. 그런 것들은 자라나는 청소년들에게 먹여서는 안 된다. 어린이와 청소년들의 몸과 마음은 그렇게 부산떨지 않아도 내면적으로 엄청난 소용돌이가 이는 시절이다. 사람의 신경조직이 성숙하는 데에는 천천히 그리고 섬세하게 이루어지는 과정이 필요하며, 거기에 정신에 작용하는 어떤 약물이 끼어들 여지가 전혀 없다. 어떤 형태로든 약물에 취한다는 것은 마치 세미트럭을 운전하거나 스카이다이빙 하는 것이나 진배없는 것으로 취급해야 한다. 모두가 '성인에게만' 허용해야 하는 정말 위험천만한 일들이기 때문이다.

내가 아는 사람 중에서 실제로 술과 마약으로 많은 문제를 겪은 이들은 절대다수가 어려서부터 그런 술과 마약에 손댄 이들이었다. 13~14살 때 또래들과 함께 아니면 약국에서 파는 것으로 그렇게 손을 댄 경우였다. 좋은 버릇이 몸에 배기 전에 나쁜 버릇은 어려서 쉽게 시작되기 마련이다. 내 아내와 나는 우리 애들이 아주 어려서부터 헤로인과 코카인과 술 같은 마약의 위험성에 대해 매우 솔직하며 열린 마음으로 이야기해 주었다. 아내인 앤의 형제자매 중 어린 두 동생들은 헤로인과 코카인과 술로 인하여 악몽 같은 세월을 보내야 했으며, 할아버지는 음주운전을 하기도 했으며, 삼촌은 매일같이 술을 마시고 필름이 끊겨 집에 돌아왔으며, 다른 삼촌은 술에 취해 추태를 부리며 음주운전을 하다 감옥살이까지 했으며 그러다 보니 그 삼촌이 두고 간 자식들을 돌봐줄 사람이나 기관을 찾느라 감옥에서 여기저기 전화를 해야 할 정도였다. 이런 끔찍한 이야기들을 우리 자식들에도 해 주었다.

우리 애들에게 이런 직설적인 예방주의 접근법이 가져온 한 사례를 들어보면 다음과 같다. 우리 집에서는 충분히 헤아려 그렇게 교육시켰지만 외부에서 보면 여과되지 않은 생생한 가정교육으로 표출된 것이다. 즉 아들 애 하나는 우리 집 사람 쪽 술로 인한 문제들 때문에 본인 스스로 21살 때까지는 절대 술을 마시지 않겠다고 비밀서약을 하였으며, 실제로 이 약속을 지켜냈다. 하지만 미국의 현실은 아들 또래로 아직 미성년인 대학생 애들이 미국 전체 술 소비량의 1/5을 퍼 마셔대고 있다. 예일대 다니던 아들애 룸메이트는 우리 아들에게 "제발 날 살려줘라, 제발 날 살려줘" 하고 빌었다고 한다. 아들애 친구는 살아났지만, 딸 아이 친구들 여러 명은 콜게이트 대학에서 술로 인해 발생한 사건으로 인해 사망하고 말았다. 우리 부부가 자식들을 대학 학부를 마칠 때까지 16년 동안씩 길러본 부모로서 갖게 된 소감은, '술'은 미국 대학사회에서 다른 어떤 마약도 결코 근접할 수 없을 정도로 정말 가장 위험한 마약이라고 하는 사실에 주목해야 한다고 본다. 그와 동시에 그리고 가장 위험한 술과는 반대로, 마리화나조차도 피워서 가장 위험한 것이라면 그건 오로지 체포당하는 것밖에 없으며 마리화나 그 자체는 전혀 위험하지 않다는 점이다.

앤과 나는 대가족 출신이다. 우리 부부 양쪽 집안 형제자매와 배우자를 합쳐 보면 직계만 해도 식구가 모두 29명이다. 양쪽 집안 모두 베이비 붐 세대인 것이다. 둘 다 1960년대 성장기를 보냈으며 그 세대 자체가 이전의 다른 어떠한 미국 세대들보다도 더 많은 온갖 마약과 술을 가까이한 세대에 속한다. 결혼생활 38년이 흐른 지금 보았을 때, 29명의 대식구들의 하나하나인 우리 집에서 가장 위험한 마약은 과연 무엇이라고 판명이 났을까? 바로 술이다. 미국에서 가장 위험한 마약은 정말 술이다! 누구도 이의를 달지 않고 명백히 술이라고 말한다. 지난 40여 년 동안 우리 집안에서 술이라는 마약으로 작살난 상황만 봐도 그렇다. 내 쪽 형제와 처남처형들 중 8명, 즉 우리 양쪽 집안 식구 전체의 거의 1/3에 가까운 식구들이 어떤 형태로든 외부 개입을 받아야 하는 심각한 술 문제를 겪어야 했다. 그런데 29명의 대식구 중 누구도 그리고 나나 집사람의 형제자매 중에서는 누구도 마리화나 때문에 그런 고통은 누구도 겪질 않았다.

우리 집이 사는 곳은 정말 농촌 지역이다. 여기서 농촌이라고 하는 것은 우리가 사는 카운티 행정구역 전역에 2년 전까지만 해도 신호등이 하나도 없었을 정도이기 때문이다. 이런 동네에서 살아나가야 하는 자식들을 지키기 위해 모두에게 가장 좋은 일은 내가 마리화나를 하는 것에 대해 극도로 조용히 하며 은밀히 해야 하는 것이었다. 주 경찰이나 카운티 경찰이 아버지를 체포해 가지 못하도록 하여 자식들을 안전하게 지켜주도록 해야 했다. 실제로 우리 애들은 지금까지도 잘 자라주었으며 지금은 부모 품을 떠나갔다. 그러나 바로 오늘, 나는 결심했다. 자식들을 지키도록 한다는 나의 부모로서 해야 하는 원초적 일 그 자체를 바꾸도록 하고자 한다. 지금부터 나는 이미 다 자란 자식들과 그리고 손자 손녀들을 가장 잘 지켜내는 일을 해내고자 한다. 요컨대 내 자손들과 자손들의 친구들이 고기분쇄기 같은 궤멸작전에 말려들어 체포되는 일이 발생하지 않도록 해야 하며, 그러기 위해서는 미쳐 버렸으며 파괴만을 일삼고 역효과만 가져오는 미국의 마리화나 금지법을 개정하기 위해 목소리를 내며 적극적으로 활동하고 혼신을 다해 지원을 아끼지 않도록 다하련다.

아내인 앤은 아이를 임신하고 그리고 낳아서 아이들을 기르는 동안 아이들 안전을 위하여 일체의 약물을 쓰지도 먹지도 않았다.

동시와 아내는 심지어 아스피린 한 알을 먹는 일조차도 전무하다시피 했다. 나 자신도 술을 완전히 끊었으며, 그러면서 점차 오로지 삼, 즉 마리화나만 하는 쪽이었다.

자식들이 자라면서 정말 솔직담백하게 자식들의 삼촌들과 고모 이모 분들이 술이라는 마약으로 인해 온갖 고통을 겪은 일을 알려 주었다면, 그럼 정작 아버지는 마리화나를 피우는 것도 알게 되었을까? 확실히 그랬을 것이다. 그러나 그건 자식들이 훨씬 더 나이를 먹어서야 비로소 그들 스스로 정말 아버지가 마리화나를 한다는 것을 알게 되었을 것이다. 난 자식들 앞에서는 전혀 삼을 하지 않았다.

매일같이 나는 밖에 나가 송아지들을 검사하거나 아니면 숲속으로 걸어가서 삼을 하였다. 그건 중년기에 접어든 수백만 명에 달하는 미국의 엄마 아빠들이 바로 오늘 밤에도 의도적으로 애완견을 데리고 밖에 나가 함께 거닐며 그들만의 삼을 즐기며 만끽하는 바로 그 모습과 흡사한 것이다. 하지만 집안에서는 그토록 오랫동안 비밀이 온전히 지켜질 리는 만무하다. 그렇다. 내가 마리화나를 피우는 걸 아무리 비밀리에 한다고 한들 마침내 자식들은 알아채고 말았다. 자식들은 가족사진 앨범 속에서 아빠가 1960년대 마리화나를 하는 사진들을 보게 되었으며, 아마도 가끔씩 내 숨소리에서 냄새를 맡기도 했을 것이다. 마리화나 문제에 대해 내 생각을 말한다면 난 내 삶의 다른 영역에서 극히 개방적이며 열린 자세를 가지고 있는 것과는 전혀 딴판으로 삼에 대해서는 일체 침묵을 지켜왔다.

이 자리에서 나는 정직하며 윤리도덕을 지켜온 한 사람으로서 처자식에 헌신적이었으며 납세의무를 충실히 지켜온 한 시민으로서 모든 일에 대해 법을 꼬박꼬박 지켜왔음을 밝힌다. 그러나 단 한 가지 나는 국가가 나에게 삼을 해서는 안 된다고 말하며 명령하는 것에 대해서는 결단코 거부해 마지않음을 밝힌다. 그러나 내가 자식들을 기르는 동안 내가 마리화나를 피우는 걸 자식들에게 결코 변명하진 않았다. 난 조용히 버텨왔으며 국가가 프로파갠더를 동원해 가며 악선전을 하도록 내버려두었다. 난 자식들이 좀 더 나이가 들면 옥석구분을 해 가게 되고 진실을 알게 될 것으로 믿어 의심치 않았다.

1980년 무렵 미국 정부는 전국적으로 삼나무가 조금이라도 자라는 곳이면 농장과 집을 샅샅이 뒤져 몰수하기 시작했다. 난 내가 쓰는 마리화나를 충당하기 위해 기르던 삼나무까지도 더 이상 재배하기를 중단하는 수밖에 없었다. 우리 집 농장과 내 가정을 지키기 위해서였다. 실제로 난 1970년대 후반에서 1980년대 초에 이르기까지 1천 1백 에이커에 달하는 우리 집 농장을 지탱하기 위해 정말 힘든 경제적 고통을 겪어야 하는 동안 자살까지 시도한 적이 있었다. 나는 과잉충성파 경찰이 우리 집 농장을 뒤져 불과 두어 온스 분량의 삼을 찾아내는 일이 없도록 일체 빌미를 주지 않았다. 그래서 다른 모든 사람들이 그러하듯 나도 암시장에서 내게 필요한 정도의 마리화나를 암시장 가격에 사서 하기 시작했다. 그렇다. 그래서 지난 30년 동안 난 농민임에도 불구하고 너무도 신중을 기하느라 내게 필요한 마리화나를 내 스스로도 재배하지 않았던 것이다.

난 삼의 연기와 증기를 만들어 깊이 빨아들임으로써 얻게 되는 엄청난 행복감을 더없이 사랑한다. 카나비노이드라는 활성 성분은 격랑과도 같이 생각의 흐름을 자유롭게 해 주며 그로부터 나는 가장 흥미 있는 것들을 물고기를 건지는 사내끼질 하듯이 건져 올리게 된다. 바위나 숲속의 나무 그루터기에 걸터앉아 삼에 취하여 자연세계와 교감을 나누는 일은 나에게 숭고하면서도 성스러운 명상의 시간이 된다. 나는 지난 40여 년 동안 이렇게 삼을 정말 즐겁고도 공경하는 마음으로 해 오고 있으며 앞으로도 40년 동안 삼을 더 계속할 수 있기를 바라 마지않는다. 정신에 작용하는 약물 효과를 위해 인간이 삼을 재배한 것은 농업이 시작된 바로 그 여명기부터였다. 지난 수천여 년 동안 힌두교는 삼이 정신에 작용하는 성질을 활용하여 이 세상에서 영적 수양을 하는 데 이 삼을 유용하게 써왔다. 이들 힌두교 신도들은 삼이라고 하는 게 신이 일부러 인간에게 선물로 줘서 거룩한 성사에 쓰도록 한 것이라고 믿는다. 이는 마치 성경의 창세기 1:29~31에 나오는 내용과 지극히 유사하다. 거기서 하느님은 다음과 같이 말씀하신다. "하느님이 가라사대 내가 온 지구상에 씨가 있는 모든 약초를 너희에게 주노니 그것은 너희에게 먹는 고기가 되리라."(삼 씨앗은 33%가 단백질 성분으로 이루어져 있다)...... "그리고 하느님이 지으신 모든 것을 보시고 가라사대 참 좋았다."

그렇지만 '마약 없는 미국을 만들기 위한 협의회' 등과 같은 단체들이란 도대체 뭔가? 지금 미국이 카페인으로 흘러넘치며 정제 마약들이 수도 없이 남용되고 있고 술로 인해 썩어가고 있는 실정임에도 불구하고 정부자금을 지원 받아 가며 이른바 스스로 옳으며 정의롭다며 설쳐대는 이 단체들을 보면 정말 슬프게도 구역질 나는 조크 한마디에 불과하다. 미국의 육상선수와 경주마들은 스테로이드제로 찌들어 있으며 미국 사회는 온갖 마약들에 대한 설명서와 처방전들이 흘러넘치며 마약에 푹 젖어 뚝뚝 떨어지기까지 하는 상황에 처해 있다. 온갖 마약 설명서와 처방전은 실제 설명서나 처방전 말고도 매일같이 인터넷 온라인상에서도 쏟아져 나오고 있는 실정이다. 보도에 따르면 미국에서 병원과 약국에서 모두 매일같이 40만 건 이상의 처방전과 판매가 이루어지고 있는 실정이다. 매일같이 가정의를 방문만 해도 이러저러한 마약 약물들 처방전을 손쉽게 받을 수 있다.

자, 이런 환경에서 독자 여러분은 자식들에게 뭐라고 말해 줘야 할까?

내가 엄지손가락으로 꼽는 마약에 대한 안전수칙은 다음과 같다. 첫째, 중독성이 있으면서 손쉽게 유해 알약으로 만들어진 모든 약물과 마약을 금한다. 둘째, 숙취나 부작용 그리고 금단증상 등을 일으키는 모든 약물을 금한다. (물론, 삼은 전혀 그런 숙취나 부작용이나 금단증상이 일체 없다. 진정 삼은 자연이 인간에게 준 은총과 같은 선물이며 정신에 작용하면서 치료효과가 있는 약물 중에서 가장 안전한 약물이다). 셋째, 정신에 작용하는 약물을 쓴다면 중독성이 없는 자연산 약물만을 고수한다.

우리 자식들이 모두 자라나서 품에서 떠나가 버린 지 벌써 여러 해가 지난 이제 그럼 나의 마리화나 산책 일은 어찌되었는가? 아직도 여전히 그렇게 삼을 하고 있는가? 난 진짜로 기회가 닿는 대로 삼을 한다. 일주일에 다섯 번 정도 한다. 자식들이 집에 있으면 숲속으로 나가서 삼을 하고 삼에 취해 있는 동안 일어나는 일들에 대해 잘 알고 있다. 즉 삼을 하러 산책 나가면 정말 나의 가슴과 심장은 정말 좋아지며 만성적이며 고질적인 요통과 화상을 입었던 다리도 훨씬 부드러워지고 그리고 정신과 마음은 정말 정말 좋아진다. 배저산(Badger Mountain)을 오르면 스웨일 협곡(Swale Canyon)에서 피어오르는 안개와 구름을 바라보며 붉은 꼬리의 매가 나를 향해 소리를 내는 걸 듣게 된다. ...... 그렇지 않고 어떤 때는 해가 뜨는 모습이나 해가 지는 모습을 보기도 한다. ...... 이러저러한 이유로 이렇게 걸으며 팔다리를 쭉쭉 구부리고 펴보는 일들은 정말 삼 때문에 내게 정말 더 좋은 효과를 가져다준다. 전보다 나는 삼을 더욱더 즐기고 있다. 전보다 나는 삼의 맛을 더욱더 잘 알 수 있게 되었다. 그리고 전보다 더욱더 자주 하고 있다. 이제 60살이지만 아직도 정력적인 농민으로 살아오고 있는 나는 25살 때부터 하던 똑같이 반복되는 힘든 육체노동을 엄청 많이 해 왔으며 지금도 하고 있다. 난 정말 운 좋게도 워싱턴 주에서 살아가고 있다. 이곳은 1998년 주민투표에서 의료용 삼이 압도적인 표 차이로 우리 주의 정치인들 반대를 물리치고 합법화된 주인 것이다.

오래오래 장수도 하며 행복하게 사는 삶의 비결은 내가 볼 때, 좋은 사랑을 나누는 것, 야외 운동, 배아나 껍질 등을 벗기지 않은 전립의 곡물 섭취, 과일, 채소, 쇠고기와 해산물, 신선한 공기, 맑은 샘물, 마리화나 등이면 족하다.

우리 자식들은 모두 이제 다 자라 막 청소년기를 벗어났다. 그럼 이들에게 난 마리화나에 대해 뭐라고 말해 주어야 할까? 손녀손자들이 삼에 대해 이야기할 만큼 철이 들면 또 그 손녀손자들에겐 뭐라고 말해 줘야 할까?

바로 다음과 같이 말해 주련다.

2008년 아버지의 날
나의 사랑하는 자식과 손녀손자들아 보아라.
마리화나는 인류에게 가장 안전한 치료효과가 있는 약물로 입증되어 있단다. 난 이 삼을 지난 40여 년 동안 항상 해 오고 있지만 아무런 해도 없었단다. 내 마음과 정신은 수십 년 동안 두개

골 사이의 그런 삼 모험을 해본 결과 여전히 삼이 정말 좋고 재미있으며 정말 깨닫게 해 주는 게 많음을 잘 알고 있단다. 너희들이 어른이 되어서 그런 의도로 어떤 약물을 해야 한다고 할 때 난 유일하게 마리화나를 추천해 주고자 한단다. 나에게 삼은 저쪽으로 산책하며 걸을 때 정말 재미있으며 정말 편하게 걸을 수 있게 해 준단다. 그뿐만이 아니다. 삼은 내가 정말 그럴까 하고 꿈도 꿔 보고 의심도 하던 치유효과가 정말 대단하더라. 그래서 내가 나이를 먹어가면서 그리고 스포츠와 일로 지치고 다쳤을 때 치료해야 하는 일이 생길 때마다, 정말 믿음직한 삼이 내 삶의 질을 높여주었으며 삶에 대한 사랑도 더욱 깊게 만들어주는 데 결정적인 도움을 주었단다.

너희들을 무척 사랑하는 아빠(이제는 할아버지가 되었구나)가

15년여 전, 딸이 나에게 삼에 대해 진실을 물은 적이 있다. 당시 난 딸에게 대답을 해 주지 못했다. 그때부터 난 정말 그때 제대로 대답해 주지 못한 것에 대해 부끄러움을 금할 수 없었다. 사랑하는 딸아, 정말 뒤늦게나마 아래와 같은 대답을 해 주마.

닉슨 대통령시대 이래로 지금까지 마리화나로 인하여 체포당한 미국 국민들 수가 무려 2천만 명씩이나 된단다. 이게 바로 미국 정부가 벌인 삼과의 전쟁에서 발생한 사상자 수란다. 하지만 바로 지금 미국은 깨어 일어나 이 문제를 시정해야 한다. 바로 지금 마리화나에 대해 세금을 매겨 규제하는 방향으로 가야 할 때란다. 당장 삼과의 전쟁을 중단해야만 한단다!

|참고문헌|

● 국내문헌

김성진, "대마초 마약 아니다: 위헌법률심판재정신청"(2004. 10. 수원지법), 『마약범죄학연구』 제1호(창간호) 2004. 12. 1., 148-71쪽.

대마초 논란, 『MBC 100분 토론』, 2005. 3. 10.

마이클 폴란, 『욕망의 식물학』(이창신 번역, 최재천 감수), 서울문화사, 2002.

문성호, "네덜란드 경찰과 마약정책", 『치안정책연구』 제16호 2002. 12. 211-37쪽.

문성호, "영국의 마약 비범죄화 논쟁", 『Jurist』 제383호 2002. 8. 49-54쪽.

유지나, "개인적인 것이 정치적인 것이다! 김부선의 대마 비범죄화와 위헌소송에 부쳐", 『오마이뉴스』, 2005. 3. 7.

유 현, 『대마를 위한 변명』, 실천문학사, 2004.

이종화, "대마초는 위험하고 중독성 있는 약물이다", 『오마이뉴스』 기사, 2004. 12. 10.

전경수, "대마초 규제정책의 합리적 방안", 『마약범죄학연구』 제1호(창간호) 2004. 12. 1., 172-90쪽.

최덕수, 『대마 사용의 비범죄화 논쟁에 관한 연구』, 광운대 정보복지대학원 석사논문, 2004. 2.

최용민, "대마초 인식 오류와 진실", 『마약범죄학연구』 제1호(창간호) 2004. 12. 1., 136-47쪽.

• 외국문헌

Advisory Council on the Misuse of Drugs (ACMD). (1988). *AIDS and drug misuse: Part 1.* London: HMSO.

Ashton J. & Seymour, H. (1993). The setting for a new public health. In A. Beattie, M. Gott, L. Jone, & M. Sidell (Eds.), *Health and wellbeing: A reader.* London: Macmillan Press.

Auditor General of Canada. (2001). *Illicit drugs: The Federal Government's role.* Downloaded on October 17, 2003 from: http://www.oag-bvg.gc.ca.

Bailie, R., & Brett, A. (2001). "The Government's drugs policy: Is it working?" Home Affairs Select Committee, *Memoranda of evidence?* Volume 2I, Memorandum 8. Retrieved October 28 2004 from http://www.parliament.the-stationery-office.co.uk/pa/cm200102/cmselect/cmhaff/318/318m12.htm.

Bertram, E. et al. (1996). *Drug war politics: The price of denial.* Berkeley: University of California Press.

Bewley-Taylor, D. R., (2003). "Challenging the UN drug control concentions: Problems and possibilities." *The International Journal of Drug Policy 14,* pp.171~179.

Bhabha, H. (1994). *The location of culture.* London: Routledge.

Braithwaite, J. (1989). *Crime shame and reintegration.* Cambridge University Press.

British Columbia Aboriginal HIV/AIDS Task Force. (1999). "The red road-pathways to wholeness: An aboriginal strategyfor HIV and AIDS in BC." Victoria, BC: British Columbia. Downloaded August 2003 from: http://www.hlth.gov.bc.ca/cpa/publications/index.html#R.

Brochu, S. (1995). "Estimating the costs of drug-related crime." In Second International Symposium on the Social and Economic Costs of Substance Abuse, Montebello. October 1995, 2~5.

Burris, S. (2004) "Harm reduction' first principle: 'the opposite of hatred'", *International Journal of Drug Policy 15* (2004), pp.243~244.

Cain, J. V. (1994). *British Columbia Task Force into illicit narcotic overdose deaths in British Columbia.* (Also called, *The Cain Report*). *Report of the Task Force into Illicit Narcotic Deaths in British Columbia.* Victoria, BC: Ministry of Health.

Canada's Drug Strategy. (2001). *Reducing the harm associated with injection drug use in Canada. Health Canada.* Sept. 2003. Downloaded in September 3, 2003 from: http://www.hc-sc.gc.ca/hecs-sesc/cds/publications/injection-drug/toc.htm.

Canadian HIV/AIDS Legal Network. (1999). *Injection drug use and HIV/AIDS: Legal and ethical issues.* Montreal, Que. Downloaded on August 30, 2003 from: http://www.aidslaw.ca./Maincontent/issues/druglaws/e-idu/tofc.htm.

Dayton-Johnson, J. (2001). *Social cohesion and economic prosperity.* Toronto: James Lorimer & Company Ltd.

Domhoff, G. W. (2003). *Changing the powers that be.* Oxford: Rowman and Littlefield.

Edwards, G., Anderson, P., Babor, T. F., Casswell, S., Ferrence, R., Giesbrecht, N., (1994). *Alcohol policy and the public good.* Oxford: Oxford University Press.

Erickson, P. G., (1995). "Harm reduction: What it is and what it is not." *Drug and Alcohol Review 14,* pp.283~285. Abstract-PsycINFO.

Ezard, N., (2001). "Public health, human rights and the harm reduction paradigm: From risk reduction to vulnerability reduction." *The International Journal of Drug Policy 12,* pp.207~219.

Faculty of Public Health Medicine of the Royal Colleges of Physicians of the United Kingdom. (2002). Available from: http://www.fphm.org.uk/CAREERS/Careers.htm(accessed August 2002).

Flacks, R. (1988). *Making history: The radical tradition in American life.* New York: Columbia University Press.

Fromberg, E. (1992). "A harm reduction educational strategy towards ecstasy." In P. O'Hare, et al. (Eds.), *The reduction of drug related harm.* London: Routledge.

Grinspoon, L., & Bakalar, J. B. (1979). *Psychedelic drugs reconsidered.* New York: Basic Books. Republished by the Lindesmith Centre in 1997.

Grob, C.S. et al., (1996). "Human psychopharmacology of hoasca, a plant hallucinogen used in ritual context in Brazil." *The Journal of Nervous and Mental Disease 184. 2.,* pp.86~94.

Grob, C. S. (1999). The psychology of ayahuasca. In R. Metzner (Ed.), *Ayahuasca: Human consciousness and the spirits of nature.* New York: Thunders Mouth Press.

Haden, M. (2002). "Illicit IV drugs: A public health approach." *Canadian Journal of PublicHealth 93 (6).* Nov/Dec 2002, 432.

Haden, M. (2004) "Regulation of illegal drugs: An exploration of public health tools," *International Journal of Drug Policy 15* (2004), pp.225~230.

Hamilton, M., Kellehear, A., Rumbold, G. (1998). "Addressing drug problems: the case for harm minimisation." In G. Rumbold, A. Kellehear, & M. Hamilton (Eds.), *Drug use in Australia: A harm minimisation approach.* Oxford University Press.

Haraway, D., (1985). "A manifesto for cyborgs: Science, technology, and socialist feminism in the 1980s." *Socialist Review 15,* pp.65~108.

Hathaway, A. D., (2001). "Shortcomings of harm reduction: Towards a morally invested drug reform strategy." *The International Journal of Drug Policy 12,* pp.125~137.

Health Canada, Population and Public Health Branch. (2001). *Responding to an emergency: Education, advocacy and community care by a peer-driven organization of drug users. A case study of Vancouver area network of drug users* (VANDU). Downloaded October 17, 2003 from: http://www.hc-sc.gc.ca/hppb/hepatitis-c/pdf/vanduCaseStudy/.

Hermer, J., & Mosher, J. (Eds.). (2002). *Disorderly people: Law and the politics of exclusion in Ontario.* Halifax: Fernwood Publishing.

Hunt, N., (2001). "The importance of clearly communicating the essence of harm reduction." *The International Journal of Drug Policy 12,* pp.35~36.

Hunt, N. (2004), "Public health or human right: What comes first?," *International Journal of Drug Policy 15* (2004), pp.231~237.

Husak, D. (2002). *Legalize this! The case for decriminalizing drugs,* Verso, London.

IHRA. (2003). *Is harm reduction and drug law reform the same thing?* Available from: http://www.ihra.net/index.php?option=articles&Itemid= 3&topid=0&Itemid=3# (accessed April 20, 2003).

Insurance Institute for Highway Safety and Traffic Injury Research Foundation. (2003). *Graduated licensing: A blueprint for North America.* July 2003, Downloaded on October 17, 2003 from http://icbc.com/Licensing/lic-getlic-undglp-research.html#top.

Kushlik, D. and Rolles, S. (2004), "Human rights versus political capital," *International Journal of Drug Policy 15* (2004), p.245.

Lenton, S. and Single, E., (1998). "The definition of harm reduction." *Drug & Alcohol Review 172,* pp.213~220.

Levine, H. G., (2003). "Global drug prohibition: Its uses and crisis." International Journal of Drug Policy 14, pp.145~153.

Levine, H. G. (2004). *Ralph Nader as suicide bomber.* 5 May 2004, The Village Voice.

Levy, J. A., Persosolido, B. A. (2002). *Social networks and health.* Elsevier Science Publishing Co.

MacCoun, R. J. and Reuter, P. (2001). *Drug war heresies: Learning from other vices, times and places.* Cambridge University Press.

Meesubkwang, S. (2004). "Thailand: Drug war II has started." *Chiangmai Mail.* 20 March 2004.

Mill, J. S. (1946/1859). *On liberty.* Oxford: Basil Blackwell.

Miller, P. G., 2001. "A critical review of the harm minimization philosophy in Australia." *Critical Public Health 11. 2.*, pp.167~178.

Morris, A. (1984). *Origins of the civil rights movement.* New York: Free Press.

Mugford, S. (1993). "Harm reduction: Does it lead where its proponents imagine?" In N. Heather, A. Wodak, E. A. Nadelmann, & P. O'Hare (Eds.), *Psychoactive drugs and harm reduction: From faith to science*(pp.21~33). London: Whurr Publishers.

Nadelmann, E. (1989). "Drug prohibition in the united states: Costs, consequences and alternatives." *Science Sept 1989, 939~947.* Downloaded August 30, 2003 from: http://www.soros.org/lindesmith/library/science.html.

National Action Plan Task Force. (1997). *HIV, AIDS and injection drug use: A national action plan.* Canadian Centre on Substance Abuse and the Canadian Public Health Association. May 1997.

National Association for Public Health Policy. (2000). "A public health approach to mitigating the negative consequences of illicit drug abuse." *Journal of Public Health Policy, 20 (3)* 268~281.

National Centre on Addiction and Substance Abuse at Columbia University. (2002). *National survey of American attitudes on substance abuse VII: Teens, parents and siblings.* Aug 2002, Downloaded on July 3, 2003 from: http://www.casaco-lumbia.org/publications1456/publications.htm.

Newcombe, R. (1992). "The reduction of drug related harm: A conceptual framework for theory, practice and research." In P. O'Hare, et al. (Eds.), *The reduction of drug related harm.* London: Routledge.

Nolin, P. C. (2003, April 15). Presentation at the Health Officers Council of BC Surrey, BC, Canada.

Office of National Drug Control Policy. (2002). "CTAC's quest for anti-cocaine medications." Available from: http://www.white-housedrugpolicy.gov/ctac/quest.html (accessed August 11, 2002).

Reinarman, C. (2004). "Public health and human rights: The virtues of ambiguity," *International Journal of Drug Policy 15* (2004), pp.239~241. Links | PDF (46 K).

Rhodes, T., Singer, M., Bourgois, P., Frudman S., & Strathdee S. (in press). "The social structural production of HIV risk among injecting drug users." *Social Science and Medicine.*

Riley, D. (1998, November). "Drugs and drug policy in Canada: A brief review and commentary." Canadian Foundation for Drug Policy and International Harm Reduction Association (prepared for the House of Commons of Canada).

Rolles, S. and Kushlik, D. (2004), *After the war on drugs: Options for control,* Transform Drug Policy Foundation, Bristol.

Ruck, C. A. P. et al. *Journal of Psychedelic Drugs 11* (1/2), Jan~June 1979, 145~146, Downloaded on May 3, 2004 from http://www.merculialis.com/biblioteca-virtual/'Entheogens'-de-Ruck-et-al.htm.

Saffer, H., Chaloupka, F. J. (1999, July). "The demand for illicit drugs." *Economic Inquiry,* 401?411.

Single, E., & Tocher, B. (1991, April). "Legislating responsible alcohol service: The New Liquor License Act of Ontario." Paper presented at the fifth annual forum of the Responsible Beverage Service Council. Tampa, USA. Downloaded on September 25, 2003 from: http://www.ccsa.ca/plweb-cgi/fastweb.exe?getdoc+view1+General+503+22++server%20intervention%20programs.

Stewart, O. C. (1987). *Peyote religion: A history.* University of Oklahoma Press.

Stimson, G. V. (1992). "Public health and health behaviour in the prevention of HIV infection." In P. O'Hare, et al. (Eds.), *The reduction of drug related harm.* London: Routledge.

Strang, J. (1993). "Drug use and harm reduction: responding to the challenge." In N. Heather, et al. (Eds.), *Psychoactive drugs and harm reduction: from faith to Science.* London: Whurr.

Szymanski, A. A. (2003). *Pathways to prohibition: Radicals, moderates, and social movement outcomes.* Durham, North Carolina: Duke University Press.

The Angel Declaration. (2002). Available from: http://www.angeldeclaration.com.

The Special Committee on Non-Medical Use of Drugs. (2002, December) Chair Paddy Torsney, MP. *Policy for the new millennium: Working together to redefine Canada's drug strategy* (pp.179~182). Supplementary Report by Libby Davies MP. Downloaded on June 12, 2003 from: www.parl.gc.ca/InfoComDoc/37/2/SNUD/Studies/Reports/snudrp02-e.htm.

The Special Senate Committee on Illegal Drugs, (2002, September). *Report of the Special Senate Committee on illegal drugs* "Cannabis: Our position for a Canadian Public Policy", Government of Canada. Downloaded on September 10, 2003 from: www.parl.gc.ca/illegal-drugs.asp.

United Nations International Drug Control Programme. (1997). *World drug report.* Oxford: Oxford University Press.

US Department of Justice, Drug Enforcement Administration. (2003). *Illegal drug price/purity report.* Downloaded on October 19, 2003 from: http://www.usdoj.gov/dea/pubs/intel.htm.

van Ree, E., (1999). "Drugs as a human right." *The International Journal of Drug Policy 10,* pp.89~98.

Wellman, D. (1995). *The union makes us strong: Radical unionism on the San Francisco Waterfront.* Cambridge: Cambridge University Press.

Wharry, S. (1999, November 24). *Change drug laws to help stop the spread of HIV, hepatitis: Report.* eCMAJ: Canadian Medical

Association Journal [online].

Wodak, A., (2003). "The international drug treaties: 'Paper Tigers' or dangerous dehemoth?." *International Journal of Drug Policy 14,* pp.221~223.

World Health Organization. (1992). *The ICD-10 Classification of Mental and Behavioural Disorders.* Geneva: World Health Organization.

● 인터넷 사이트

인터넷 외국 사이트

마약에 대한 전향적 생각을 하는 사람들 모임
www.forward-thinking-on-drugs.org

드럭스콥 www.drugscope.org.uk

베클리 재단 www.internationaldrugpolicy.org

초국가 연구소 : 마약과 민주주의 www.tri.org/drugs

올바르며 실효성 있는 마약정책을 위한 유럽연맹
www.encod.org

센리스연합회 www.senliscouncil.net

마약정책연합회 www.drugpolicy.org

보다 올바르며 동조적인 마약정책을 위한 종교지도자 모임
www.religiousleadersdrugpolicy.org

마약금지정책을 반대하는 경찰 등 법집행기관 출신 모임(LEAP)
www.leap.cc

인터넷 국내 사이트

Hall of Opium www.goldentrianglepark.org

IAPC www.iapc.or.kr

The Good Drug Guide www.biopsychiatry.com

가족치유연구소 www.familyhealing.org

가톨릭대학교 성가병원(알코올의존치료센터) sungka.com

계요병원 www.keyo.co.kr

관세청 마약신고	www.customs.go.kr
구세군 ARC	arck.hompee.org
국립공주정신병원	knmh.go.kr
국립과학수사연구소	www.nisi.go.kr
국립나주정신병원	www.najumh.go.kr
국립부곡정신병원 부설 마약류중독진료소	www.bgnmh.go.kr
국립서울정신병원	snmh.go.kr
금연금주센터	www.jaseng.co.kr
금연길라잡이	www.nosmokeguide.or.kr
금연나라	nosmoking.hidoc.co.kr
금연매니저	www.zetasys.net
금연짱	www.nosmoke.or.kr
김천베데스타알코올상담센터	www.bedesda.or.kr
노스모크	www.no-smok.net
다락웬	www.darakwen.net
다일 공동체	www.dail.org
대검찰청 마약부	www.spo.go.kr/kor/depart/drug/main.jsp
대경청소년약물상담센터	www.in4u.or.kr
대구의료원	www.taegumc.co.kr
대한음악치료학회	www.kamt.com
대한정신보건협회	www.kfamh.or.kr
두란노 아버지 학교 운동본부	www.father.or.kr
두레공동체	www.doorae.or.kr
디아코니아	www.kordiakonia.or.kr
떼제공동체	www.taize.fr
로뎀	www.rodem2000.org
마약류 종합정보	antidrug.kfda.go.kr
마약류대책협의회	team.mohw.go.kr/drug
마약의존재활연구소	www.dfreehouse.com
마약중독자후원사업(HFF)	www.herbalifefamilyfoundation.org
마약퇴치운동본부	www.drugfree.or.kr
모레노사이코드라마	cchki.kr21.net

목포가톨릭병원	www.mpcatholic.co.kr
무용동작치료학회	www.kdmta.com
미라클하우스	www.miracle2000.net
미술치료연구센터	www.katc.org
바라보기명상	www.paroboki.net
베티포드센터	www.bettyfordcenter.org
복지와 사람들	www.hopeople.or.kr
복지와 사람들 해피로그	happylog.naver.com/hopeople.do
삼마을	sammall.tistory.com
새봄	www.sebommental.co.kr
서울발달심리상담센터	www.seoulpsy.co.kr
서울시립은평병원	www.ephosp.seoul.go.kr
서울중독심리연구원	www.siap.co.kr
성장상담연구소	www.arirangfree.or.kr
세계십자가선교회	www.wcrossm.org
소리야	www.soriya.com
소망을 나누는 사람들	www.saramdeel.org
식약청 종합상담센터	call.kfda.go.kr
아름다운미래재단	www.brightfc.com
아봐타	www.avatakorea.co.kr
알코올예방협회	www.bacchus.o.kr
알콜중독회복 한국연합단체	www.aakorea.co.kr
약물예방지역사회연계본부	www.kdpcc.or.kr
어울림예술치료연구소	www.awoollim.org
얼터넷 뉴스 사이트	www.alternet.org
예수살이 공동체 배동교육	www.jsari.com
예수원	www.jabbey.org
예수회(말씀의집), 이냐시오로욜라 영성연구소	
	www.sogang.ac.kr/gesukr
용인정신병원	www.yonginmh.co.kr
원광예술치료연구센터	www.wkat.or.kr
유엔마약통제프로그램	www.unodc.org/unodc

은혜병원	www.eunhyehospistal.com
음악치료연구실	www.ewhamtclinic.com
음주문화연구센터	www.kodcar.or.kr
이미형알코올상담센터	www.kosacc.com
인천광역시 청소년 종합상담실	www.inyouth.or.kr
인터넷 회복방송	www.werecovery.org
인터넷중독센터	www.psyber119.com
전원살림마을	www.habiram.or.kr
지방공사 인천의료원	incheonmc.or.kr
청소년상담원	www.kyci.or.kr
치유상담연구원	www.chci.or.kr
컴퓨터질환연구소	www.vdt.co.kr
퀘이커	www.quaker.org
크리스찬 가정사역센타	www.littleheaven.or.kr
파워음악치료	www.powermt.com
표현예술심리치료협회	www.keapa.or.kr
풀무원	www.pulmuone.co.kr
한국가정경영연구소	www.haengga.com
한국마약의존재활연구소	www.dfreehouse.com
한국미술치료학회	www.korean-arttherapy.or.kr
한국사이버마약감시단	www.drugcci.or.kr
한국신경과학소식	www.hallym.ac.kr/~neuro/kns/headk.html
한국음악치료연구소	www.ahamusic.com
한국음악치료학회	www.musictherapy.or.kr
한국정신치료학회	www.psychotherapy.co.kr
한국중독정신의학회	www.dependency.co.kr
한빛음악치료	www.hanvitmtherapy.com
한성대학교 마약학과	www.drug.ac.kr
한인중독증회복 선교센터	www.irecovery.org
해피니스트	www.happynist.net

· 저자 ·

문성호

•약 력•

군산 서수초, 임피중, 익산 남성고 졸업
성균관대 정외과(정치학박사)
서울대 사회과학연구원 선임연구원
런던정치경제대학 법학과 연구교수
국회 경찰정책 보좌관
성대, 인하대, 동국대 강사
전국대학강사노조 사무처장
한국경찰발전연구학회(전 시민을위한경찰발전연구회) 초대회장
사법개혁국민연대 상임대표
국민권익위원회 자문위원
현) 한국자치경찰연구소 소장
  영국범죄학회, 한국정치학회,
  한국지방자치학회 정회원,
  한국마약범죄학회 학술이사
  한국공안행정학회 이사
  대한민국 무궁화클럽 고문

•주요논저•

「루소 정치철학의 재해석」
「플라톤 정치철학에 있어서의 중간자적 인간관」
「전태일사상과 휴머니즘」
「민주주의와 자치경찰」
「경찰활동에 대한 시민참여와 민주적 통제」
「경찰부패와 경찰옴부즈만」
「사법비리와 영국의 '법조 옴부즈만' 제도」
『버락 오바마, 인간적인 너무나 인간적인』(사람소리, 2008)
『옴부즈맨과 인권』(한국학술정보, 2007)
『경찰개혁론』(공저, 법문사, 2006)
『영국경찰옴부즈맨』(경찰청·한국자치경찰연구소, 2006)
『삶과 사람(상·하)』(한국학술정보, 2006)
『민중주의 정치사상』(한국학술정보, 2006)
『경찰대학 무엇이 문제인가?』(한울, 2004)
『경찰도 파업할 수 있다』(한국학술정보, 2004)
『경찰정치학』(좋은세상, 2002)]
『우리는 부패의 사명을 띠고 이땅에 태어났다』(공저, 삼인, 2000)
『현대정당정치론』(대왕사, 1990)
『남북한의 비교연구』(일월서각, 1988)

외 다수

마약은 범죄가 아니다 |영국편|
- 마약인권논쟁 -

• 초판 인쇄	2008년 10월 31일
• 초판 발행	2008년 10월 31일
• 지 은 이	문성호
• 펴 낸 이	채종준
• 펴 낸 곳	한국학술정보㈜
	경기도 파주시 교하읍 문발리 513-5
	파주출판문화정보산업단지
	전화 031) 908-3181(대표) · 팩스 031) 908-3189
	홈페이지 http://www.kstudy.com
	e-mail(출판사업부) publish@kstudy.com
• 등 록	제일산-115호(2000. 6. 19)
• 가 격	19,000원

ISBN   978-89-534-0469-4 93330 (Paper Book)
        978-89-534-0513-4 98330 (e-Book)